商业活动论

（修订本）

纪宝成　著

中国财经出版传媒集团

经济科学出版社
Economic Science Press

图书在版编目（CIP）数据

商业活动论/纪宝成著．－－修订本．－－北京：经
济科学出版社，2022.6
ISBN 978 – 7 – 5218 – 3611 – 0

Ⅰ．①商…　Ⅱ．①纪…　Ⅲ．①商业活动 – 研究　Ⅳ.
①F71

中国版本图书馆 CIP 数据核字（2022）第 062922 号

责任编辑：王红英
责任校对：王京宁
责任印制：王世伟

商业活动论（修订本）

纪宝成　著

经济科学出版社出版、发行　新华书店经销
社址：北京市海淀区阜成路甲 28 号　邮编：100142
总编部电话：010 – 88191217　发行部电话：010 – 88191522
网址：www. esp. com. cn
电子邮箱：esp@ esp. com. cn
天猫网店：经济科学出版社旗舰店
网址：http://jjkxcbs. tmall. com
北京季蜂印刷有限公司印装
880 × 1230　32 开　9.875 印张　250000 字
2022 年 6 月第 1 版　2022 年 6 月第 1 次印刷
ISBN 978 – 7 – 5218 – 3611 – 0　定价：68.00 元
（图书出现印装问题，本社负责调换。电话：010 – 88191510）
（版权所有　侵权必究　打击盗版　举报热线：010 – 88191661
QQ：2242791300　营销中心电话：010 – 88191537
电子邮箱：dbts@ esp. com. cn）

本书以马克思主义经济学说话语体系展开，是一部力图紧密结合中国国情和商业实践的学术著作，是一部具有鲜明中国特色的经济学著作。本书 1987 年由经济科学出版社出版，当时为适应改革开放的时代要求，体系性探索研究社会主义商品经济条件下的商业活动理论而撰写的，曾经受到过广泛的好评。现在，相较于市场取向改革探索的初期，中国的经济体制、宏观经济现实和国际环境都已经发生了根本性的重大变化。因此，此书的生命力就在于必须与时俱进地进行重大修订。

自 1993 年《关于建立社会主义市场经济体制若干问题的决定》明确了社会主义市场经济体制改革目标，我国的社会主义市场经济体系已经基本建立。2013 年 11 月十八届三中全会《中共中央关于全面深化改革若干重大问题的决定》明确了全面深化经济体制改革核心问题是使市场在资源配置中起决定性作用和更好地发挥政府作用，经济体制改革与政治体制、文化体制、社会体制、生态文明体制改革并重。宏观经济上，经济增长方式由高速增长向中高速转变，增长方式由粗放型向集约型转变，我国经济进入了"新常态"，2012年消费对经济增长的贡献率首次超过投资对经济增长的贡献率。在全球范围逆全球化思潮涌动和新冠肺炎疫情全球蔓延的背景下，2020年9月1日习近平总书记在中央全面深化改革委员会第十五次会议上深入阐述了"加快形成以国内大循环为主体、国内国际双循环相互促进的新发展格局"的战略思想。十九届五中全会通过的《中共中央关于制定国民经济和社会发展第十四个五年规划和二〇三五年远景目标的建议》提出，要加快构建以国内大循环为主体、国内国际双循环相互促进的新发展格局。作为专业化的媒介商品交换的商业具有连接生产和消费的桥梁作用，是国内大循环的主体。在深化改革中进一步发挥好商业媒介商品交换的作用，是构建和完善这种新发展格局的应有之义，对稳定地高质量地发展国民经济、更好地服务国计民生、促进社会效益的整体提升都具有重要的研究意义。同时，随着互联网技术和数字经济、数字技术的深入发展，商业活动的组织形式从线下走到了线上、又进一步走到了线上线下融合。如何从理论上反映这些新的商业实践，已是时代的迫切要求。所有这些构成了本书修订的主要背景或主要内容。

此次修订再版，篇章布局与前版保持了一致，也仍然以商业活动为主线。此次修订，主要是对与如今现实不符的商业活动描述和宏观经济社会发展背景进行了删减或修订，补充了新发展格局的基本现实，以及针对现今新的商业活动实践努力进行新的规律性总结。

本书的此次修订，以笔者为主、石明明协助共同完成。石明明还执笔补写了新的一章，即第十章"良好的营商环境是商业活动的重要保障"。

感谢经济科学出版社再版本书的修订本，感谢中国人民大学贸易经济系和出版社为本书再版而付出心血和劳动的所有同志，欢迎广大读者对本书的不足和可能存在的错误批评、指正。

纪宝成
2021 年 10 月于北京
百旺家苑乐斋

第一版序

　　1981 年，当我任教于中国人民大学之初，就已萌动了一种愿望：我国商业经济理论园地一向是教材、专著寥若晨星，那么，能不能在同行们为改变这一局面而作的努力之中汇入自己的绵薄之力呢？随着经济体制改革的进展，学术空气的活跃，以及自己学习与思考的积累，这种愿望一发不可收拾，终于有了眼下这部书稿。只是不知这部书稿的问世，能否称得上是给这块园地增添了一个或多或少给人以某些新意的"花色品种"？

　　本书试图适应改革、开放的时代要求，较为集中、系统地探索和概括社会主义商品经济条件下的商业活动。这就规定了本书以商业活动为主线的研究领域，章节的安排自然应是循此主线而铺陈。第一、二章，中心是论述商业活动的社会经济功能，阐明商业活动是国民经济活动的有机组成部分，进而揭示商业活动与社会主义建设的关系。第三章提出并分析了形成商业活动的三要素，由此进入对商业活动本身的研究。从第四章至第八章，分别讨论了商业活动的各个主要方面，但各章的基本内容都是围绕商业活动的运行规律性这个中心而展开的。为此，侧重点并不是介绍过去、描述现状，而是既注重于对商品经济社会中商业活动一般的分析，也突出了对我国社会主义条件下商业活动特殊的探讨，其目的是试图从宏观与微观相结合的角度，揭示我国现阶段如何组织和开展好各项具体的商业业务活动。最后一章，探讨了商业活动的社会经济效益（国民经济效益）和企业经济效益问题。以此来归结全书也许是适宜的。

笔者曾经希望，本书能够较好地熔学术性、应用性于一炉，力求做到：阐述基本理论精一点，有一定深度；论述具体活动细一点，给人以实感。也曾希望，本书应有相当的理论容量，但不能因此而冗长拖沓，这就要求：内容集中而不单薄，力戒芜杂；行文放得开、收得住，详略相宜。然而，此乃初衷而已，真正实现却要困难得多。这部书稿是否在某种程度上体现了上述想法，看来还是一个问号。只能留下遗憾，以后另作努力吧！

继承与创新，是个古老而又常新的话题。我体会，纵向继承，横向借鉴，独立研究，此三者融为一体，或许可以认为是治学之一道。表面看来，继承和借鉴似乎是"袭旧"，且不免有"雷同"之嫌。其实，没有继承，何来创新？拒不借鉴，岂非傻瓜？问题在于继承和借鉴都要以独立研究为前提，厉行"深思而慎取"，做到不违心于己，不苟同于人。在此过程中，认同者，述成说而不作；有异者，发异议而求新；而认同或求异，均以符合事物本来面目、揭示事物本质规律、切合我国具体国情为准绳。这样去做，有所创新、自成一体，大概是有希望的；由此而出的作品，也许可以认为是："有同乎旧谈者，非雷同也，势自不可异也；有异乎前论者，非苟异也，理自不可同也。"对这样的认识，不知亲爱的读者们以为然否？本书的写作，总想体现笔者的这一认识，无奈水平所限，只能是"尽吾志而不能至"了。

动笔方知著述艰。不少内容，在课堂讲授是一回事，提笔写下来则是不完全相同、甚至完全不同的又一回事。特别是当前正值我国经济体制深化改革之际，对不少新问题一时还吃不透，加上笔者学力单薄，书中的粗疏、偏颇、纰漏之处定当不少。由此，心情是惴惴不安的。不过，笔者著书撰文有一信条：不求令人信服，但求引人思考；且从不敢恭维"必以己言为贵"。这样一想，似乎也就坦然了些。剩下的，就是恳切地期待着专家和读者的批评、指教了。

尽管有在中国人民大学讲学的讲稿为基础，本书从构思到搁笔，也历时近一年。由于繁忙的行政工作和教学活动占去了我的主要精力和时间，这部书稿可以说是伴着星星和月亮完成的。其间，经济科学出版社的编辑同志，以及我的师友和亲人，曾给了我许多的鼓励、鞭策和支持，此书才得以在数次中断停笔之后坚持写了下来。对此，笔者永志不忘，并致由衷的谢忱！

纪宝成
1986 年 8 月于
中国人民大学林园 10 楼

目 录

第一章

商业的存在是提高社会经济效益的客观要求

与在任何其他国家一样，在社会主义中国，商业是国民经济的一个重要部门。那么，什么是商业？它在经济生活中存在的客观必然性是什么？开宗明义，这是首先需要研究的问题。

第一节 商业是媒介成商品交换的"第三者的专业"

商业的概念

明确什么是商业，是确定商业经济研究对象的现象领域的关键，是讨论所有商业理论问题的前提。

世界上事物之所以不同，就是因为它们各有不同的质的规定性。商业，就是一个有特定含义的商品经济范畴。用马克思的话说，商业是"商品交换的发达形式"。① 这一命题包含着两层意思：商业是商品交换的形式；但只有商品交换的发达形式才叫作商业。

商品交换的发展共有三种形式：（1）物物交换（用 W—W 表示，W 代表商品），亦称简单商品交换；（2）简单商品流通（用

---

① 《马克思恩格斯全集》第 42 卷，人民出版社 2016 年版，第 175 页。

W—G—W 表示，G 代表货币），又称为商品流通的直接形式或最初形式；（3）发达商品流通（用 G—W—G 表示），又称商品交换的发达形式，或商品流通的第二形式。在这三种商品交换形式中，只有发达商品流通 G—W—G 才是商业。随着商品交换的发展有了专门的商人，他先买进商品，再卖出商品，从而在生产者与消费者之间媒介成商品交换。这就是说，商业所从事的商品交换活动，从一开始就不能单纯理解为直接生产者之间的商品交换；商业作为一种独立的经济活动是由商人来进行的，商业是商人的"经济化装"，商人则是商业的"人格化"。因而，也可以说，商业是商人进行的商品买卖活动，或者说，商业是商人通过商品的买和卖来媒介的商品交换。

理解商业的概念，必须把握住三个内容要点：

第一，商业是一种商品买卖活动，但并非所有商品买卖都是商业。在这里，关键是要明确"买卖"二字的含义。商品买卖可以有两种情况：一种买卖活动，买卖是一次交易行为的两个方面，对于商品所有者来说是卖，对于货币所有者来说则是买。W—G，就是这样一种矛盾统一体的买卖行为。另一种买卖活动，则是两次交易行为，一次是买：G—W，另一次是卖：W—G。这两次交易行为每一次都是独立进行的，但互相衔接构成一个完整的经济活动过程；次序则一定是先买后卖。因而这里的买者和卖者都是同一个人，而不是两个人。所以，这是一种由同一个当事人先买后卖，分两个阶段相继完成的商品买卖活动。以上两种买卖活动，只有后一种才是商业活动；前一种反映的是生产者之间直接进行的商品货币活动，仅属于简单商品流通，而简单商品流通只是商业存在的条件，并非商业本身。根据这个道理，农民在集市贸易上互通有无、工厂将产品直接卖给消费者之类的交易活动，都不属于商业活动之列。

第二，商业是由专门的人经营的专门行业，是介于商品生产者之间的"第三者的专业"①。这一点经典作家曾经反复论述过。马克思和恩格斯在《德意志意识形态》一文中指出："分工的进一步扩大表现为商业和生产的分离，表现为特殊的商人阶级的形成。"②这是指人类历史上的第三次社会大分工。这次大分工，从经济活动上看，"表现为商业和生产的分离"，出现了一个独立于生产之外的专门行业；从社会阶级关系看，"表现为特殊的商人阶级的形成"，亦即"创造了一个不从事生产而只从事商品交换的阶级——商人"。③马克思在《资本论》各卷中论及前资本主义商业和资本主义商业时，用了"寄生在购买的商品生产者和售卖的商品生产者之间的商人""专门工作""特殊行业""商品经营者的专门活动"等提法，这些都说明：只有商人经营的商品交换活动才是一个特殊的独立于生产之外的经济领域，并以此与生产者之间直接进行的商品交换相区别。

第三，商业是和独立的货币投资联系在一起的。商人要进行商品买卖活动，都必须首先买进商品，而要能够买进商品，就必须持有一定数量的货币，这就是商业货币投资。商人正是把自己拥有的货币投入流通领域，并在 G—W—G 的运动形式中媒介成商品交换的。这与生产者自销产品有着明显区别，生产者出售产品时投入流通领域的是商品，而不是货币。所以，马克思曾经把商业叫作"特殊投资的业务"④。这就进一步说明商业是区别于其他商品交换形式的发达形式。

综上所述，商业是商品交换的发达形式，是发展了的商品流通；它的质的规定性，就是要有专门的人（独立于生产者之外的

---

① 《马克思恩格斯全集》第45卷，人民出版社2003年版，第165页。
② 《马克思恩格斯选集》第一卷，人民出版社1972年版，第59页。
③ 《马克思恩格斯选集》第四卷，人民出版社1972年版，第162页。
④ 《马克思恩格斯全集》第46卷，人民出版社2003年版，第321页。

人）、专门的货币投资；商业，也就是专门的人、运用专门的货币投资、专门从事商品的买和卖而媒介成的社会商品交换。商业部门，则是指从事商品流通的国民经济部门。①

对于什么是商业这个基础性问题，学术界有过争论。有一种观点认为：凡是商品交换活动都是商业。这种观点既不符合商品交换发展的历史，也脱离了现状，在理论上是不正确的。如果这种说法可以成立的话，那么，人类历史上也就不必再提什么第三次社会大分工；商业成了商品交换的同义语，那样商业作为政治经济学中的一个独立的经济范畴也就被否定了。这种观点实际上是认为：凡能带来利润的经济活动都是商业活动，因此才有"厂商""开发商"等之说。其实，这些冠之以"商"的提法只是标明这类经济活动的资本求利属性，完全可用"商务"一词来概括。如果把所有资本求利活动都说成是"商业"，那么商品经济中所有经济活动就都成了混沌一片的"商业"，理论上说不通，组织、管理经济活动的实践更行不通。

商业与简单商品流通的区别

为了更准确地把握商业概念的内涵，为了阐明商业的职能，有必要进一步搞清楚商业这种发达商品流通与简单商品流通的区别。

商品流通，就是以货币为媒介的商品交换过程。对于这个概念，应当把握住两个要点。其一，"商品流通是以货币的存在为前提的"。② 一讲商品流通，必定有货币。其二，商品流通是从总体

---

① 这是经济学上"商业部门"的含义。作为一个特殊的国民经济部门，它包括一切以媒介成商品交换为其职能的经济单位，而不管这些单位归属于哪个行政管理部门管辖。以下各章，均在这个意义上使用"商业部门"一词。

② 《马克思恩格斯全集》第36卷，人民出版社1975年版，第195页。

上看的商品交换，是商品交换过程"连续进行的……整体"。① 商品流通，包含着两个互相对立、互为补充的商品形态变化：W—G是第一形态变化，G—W是第二形态变化。在商品流通中，一切商品都经历着由这两个相反的形态变化所组成的循环：首先是商品形式，然后由商品形式转化为货币形式，最后又复归为商品形式。而一种商品的形态变化，又和别种商品形态变化交织在一起：每一种商品的第一形态变化或者第二形态变化，就是另一种商品相反方向的形态变化。这在实际生活中的表现就是这个人的买（或卖）是和另一个人的卖（或买）联系在一起的。这样，许许多多商品的形态变化组成的循环交错地连接在一起，就形成了许多并行发生和彼此连接的商品流通过程。所谓商品流通，也就是各种商品形态变化系列所组成的循环，不可分割地交错在一起而形成的"一团锁链"。②

商品流通有简单商品流通和发达商品流通两种形式，即 W—G—W 和 G—W—G。后者也就是商业货币投资的循环形式。这两种流通形式有以下共同点：（1）都分离成买和卖两个对立的阶段；（2）每个阶段都存在商品与货币、买者与卖者的对立；（3）都牵涉三个当事人。这些共同点反映了它们内在的有机联系，因而可以从一种形式发展到另一种形式。

但商品流通的两种形式是不同的事物，存在着质的区别。形式上的区别一目了然。（1）运动阶段的次序不同。W—G—W 是先卖后买，起点、终点都是商品；G—W—G 是先买后卖，起点、终点都是货币。（2）运动的中介不同。前者货币为中介，同一货币两次换位；后者商品为中介，同一商品两次换位。（3）货币运动方向不同。前一形式中货币不再回来；后一形式中货币还要回来。

形式上的区别包含着内容上即本质上的区别。（1）运动的目的

---

① 《马克思恩格斯全集》第 13 卷，人民出版社 1962 年版，第 41 页。

② 《马克思恩格斯全集》第 31 卷，人民出版社 1998 年版，第 518 页。

不同。W—G—W 是为买而卖，卖是为了买，当事人取得货币的目的是为了用以购买商品满足自己的消费需要；G—W—G 则是为卖而买，当事人的目的不是满足自己的消费，而是货币本身，因此，确切的公式描述应当是：G—W—G′，也就是说，预付一定的货币是为了取得更多的货币。（2）运动的主体不同。前者是使用价值；后者是价值本身，"它不断地变换货币形式和商品形式，改变着自己的量"。① （3）运动的界限不同。前者一旦取得满足自己需要的使用价值，运动即告终结；后者则可以是无止境的运动，因为 G 与 G′（ = G + ΔG）在质上毫无区别。（4）体现的经济关系不同。前者反映的是生产者与作为消费者的生产者之间的直接联系，只涉及生产者、消费者的经济利益，交换双方仅仅是劳动产品的等价互换，价值形式变换本身并非增大价值的手段；后者反映的是生产者与消费者的间接联系，涉及生产者、商人、消费者三方的经济利益，不仅存在着生产者与商人、商人与消费者的关系，而且还产生了商人与商人的关系，同时出现了商业利润，即 G′ – G = ΔG，在这样一种商品货币关系背后，人与人之间的经济关系大大复杂化了。正是由于两者之间存在着上述质的区别，马克思指出："这个 G—W—G′，作为商人资本的具有特征的运动，不同于 W—G—W，即生产者本身之间的商品贸易。"②

商业的职能

分析商业货币投资循环与简单商品流通的区别，使我们进一步认识到，商业不等于商品交换，不等于商品流通，而只是商品交换、商品流通的一种形式。它作为社会分工的独特行业，以其货币投资的独特运动形式，执行着自己的特殊经济职能。

---

① 《马克思恩格斯全集》第 40 卷，人民出版社 2016 年版，第 140 页。
② 《马克思恩格斯全集》第 46 卷，人民出版社 2003 年版，第 384 页。

什么是商业的职能？用马克思的话说，就是"专门对商品交换起中介作用"。[①] 这就是说，在社会经济生活中，商业专门在生产者与消费者之间媒介成商品交换。对此，马克思还进一步指出："商人资本的职能就是归结为这些职能，即通过买和卖来交换商品。因此，它只是对商品交换起中介作用；不过这种交换从一开始就不能单纯理解为直接生产者之间的商品交换。"[②]

为什么商业的职能只是媒介成商品交换？从社会再生产过程来看，商业货币投资循环 $G—W—G'$，实际上始终只是商品生产者的 $W—G'$，只不过这里是把原先由生产者一次完成的 $W—G'$ 分解成两次相继出售来完成了。第一次出售是生产者将商品出售给商人，这就是商人业务的购买阶段 $G—W$。这时，对于生产者来说，他已出卖了自己的商品；但对于商品来说，并没有退出流通领域，仍然是有待于出售的商品，发生变化的仅仅是变更了商品的所有者，以前在生产者手中，现在在商人手中了。于是，将商品卖给消费者的职能，现在由商人从生产者手中接了过来。这里的商人可以是一个，也可以是一系列，但都改变不了问题的实质，即商人手中的商品始终只是有待于继续出售给消费者的商品。第二次出售，则是商人将同一商品继续出售给消费者，这就是商人业务的出卖阶段 $W—G'$。只是在这时，商品才最终卖掉，从而实现了生产与消费的联系。由此可见，商业货币投资循环 $G—W—G'$，只是对商品的最终出售起中介作用。这就是说，商业的购买，实现了生产者的出卖，而商业的出卖，又实现了消费者的购买；只是经过商业的这种买卖活动，才媒介成了生产者与消费者之间的商品交换。商业媒介成商品交换的职能作用如图 1-1 所示。

---

① 《马克思恩格斯全集》第46卷，人民出版社2003年版，第386页。
② 《马克思恩格斯全集》第46卷，人民出版社2003年版，第383页。

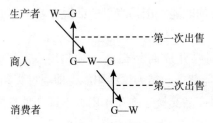

图 1-1　商业媒介成商品交换的职能作用

为准确把握商业的职能，必须明确认识以下几点：

商业的职能是在 G—W—G 这一价值形态转化过程中完成的，是通过商业的买卖活动完成的。商业企业只有不断重复为卖而买、先买后卖的业务行为，才能不断地实现生产与消费的联系。如果中断这种业务行为，也就失去了商业的职能作用，商业也就不成其为商业。

商业的职能是交换职能，是媒介成社会劳动的物质变换，而不是生产职能。这就是说，商业发挥职能作用的领域只是在流通领域，而不是在生产领域。因此，如果要求商业部门以主要精力去从事生产，就等于要求削弱商业的职能作用。

商业也不具有分配职能。商业活动起着实现国民收入分配、再分配的作用，但"实现分配"与"分配"本身不是一回事。显而易见，商业并不决定消费品在社会成员之间如何分配；在社会成员向商业部门购买商品以前，消费品的分配比例已经确定。

商业的职能具有一般性。商业的职能是由于社会分工而为商业所固有的职能，它并不因生产方式的变革而改变。在不同的社会形态中，只要存在着商业，它的职能都是媒介成社会商品交换，所不同的只是所媒介的商品交换体现着不同的经济关系。

这里研究的商业职能，是纯商业的职能，而不是商业部门的职能。商业职能是商业部门的基本职能，是商业部门得以区别于其他经济部门的专有职能，但并非商业部门的唯一职能。商业部门还有一些附带职能，如商品的加工、运输、保管、包装等。这些附带职能尽管实际上同商业的职能混淆或结合在一起，但并不能因此也认为是商业的职能。所以，"商业的职能""商业部门的职能"是两个并不完全相同的概念。后者包括前者，并以前者为主要内容，但前者并不反映后者的全部内涵。

商业的采购、销售、运输、储存活动不是商业的职能，而是商业职能借以实现的方式，两者不应混同。

也不能把商业的目的与任务混同为商业的职能，不同社会形态下的商业，其目的和任务尽可以不同，但商业的职能却是相同的。商业的目的和任务是由生产资料所有制状况决定的，商业的职能则是由商业在社会再生产中所处的地位决定的；前者反映商业在社会性质方面的本质，后者反映商业这一国民经济的专门行业区别于其他行业的本质；商业的目的和任务要通过商业职能的发挥才能实现。所以，商业的目的和任务，与商业的职能不是一个问题。只有把媒介供需作为商业工作的中心，商业的职能作用才能得到更好的发挥，商业的目的和任务才能实现和完成。

第二节 商业产生与存在的社会经济条件

商业产生与存在的社会经济条件

商业，只是在人类社会出现了商品交换和商品生产之后，经过第三次社会大分工，才出现在社会经济生活之中。商业，作为发展了的商品交换形式，是在物物交换发展到简单商品流通以后，在简单商品流通的基础上产生的。

在人类历史上，随着社会生产力的发展，发生过三次社会大分工。第一次社会大分工，指畜牧业与农业的分离，发生在原始社会后期（即野蛮时期中级阶段）；第二次社会大分工，指手工业与农业的分离，发生在原始社会末期（即野蛮时期高级阶段）；第三次社会大分工，指商业与生产的分离，发生在原始社会瓦解、奴隶社会形成时期。随着社会分工的发展，商品交换、商品生产相继产生，商品交换形式也随之而发展了。商品交换形式的发展过程，标志着社会生产力的发展过程和水平，反映了与生产力发展水平相适应的生产关系的发展状况。

物物交换 W—W，是商品交换的原始形式，它产生于第一次社会大分工之际。这种原始的、直接的实物交换形式，起初是在原始共同体之间通过各自的氏族首领来进行的，尔后才逐步渗入到原始共同体内部。正如马克思所指出的："商品交换是在共同体的尽头，在它们与别的共同体或其成员接触的地方开始的。但是物一旦对外成为商品，由于反作用，它们在共同体内部生活中也成为商品。"①

在物物交换过程中，虽然交换双方都在让渡自己商品的同时占有了对方的商品，但由于交换过程是两个互相矛盾的要求组成的统一体，这种交换形式就有着很大的局限性：首先，我需要你的商品的使用价值；其次，两种商品的价值量要相等；最后，我的商品的使用价值也为你所需要。这三者缺一，交换就不能进行。由于存在这样一种个人的限制，生产者为了换取自己所需要的商品，往往要经过迂回曲折的过程才能实现。同时，这种交换过程也强烈地受到时间、空间的限制。所以，物物交换只能满足偶然的需要。一旦商品交换在经济生活中占据重要地位时，这种交换形式存在的上述困难就突出了，实质上也就是价值形态与使用价值的矛盾尖锐了。但是，"商品的发展并没有扬弃这些矛盾，而是创造这些矛盾能在其

① 《马克思恩格斯全集》第43卷，人民出版社2016年版，第82页。

中运动的形式"。① 这就是：商品价值形态适应商品交换发展的需要也在向前发展着，由最初简单的或偶然的价值形态，发展到扩大的价值形态，又发展到一般价值形态，最后发展成为货币形态，即一般等价物固定地由某一种特殊商品来充当。货币出现后，商品交换主要以货币为媒介进行了。

以货币为媒介的商品交换，在历史上首先表现为简单商品流通 W—G—W。简单商品流通，早在第二次社会大分工之前就已出现，但它的普遍发展，还是在这次大分工之后。一方面，这次大分工导致手工业与农业的分离，由此产生了直接以交换为目的的商品生产——简单商品生产，并为简单商品流通的普遍发展提供了物质基础（这里附带明确一个问题：由上面的分析可知，人类历史上先有商品的交换，后有商品生产，而不是相反的情况）；另一方面，也由于产生了金属货币，特别是贵金属开始执行货币职能，并逐渐成为占优势的和普遍的货币商品，也为简单商品流通的普遍发展提供了有利条件。在简单商品流通中，由于消除了物物交换中的个人限制，时间、空间的限制程度也就大大减轻，商品交换范围扩大了，人与人之间的商品交换关系也就更加密切，这就加速了商品货币关系的发展。

在商品生产和简单商品流通的基础上，又进一步产生了发达商品流通 G—W—G，社会经济从此增加了一个新的独立行业——商业。

上述分析说明，W—W、W—G—W、G—W—G 这三种商品交换形式在历史上是依次出现的，反映了商品交换的发展过程，但应当注意的是：这三者并非此生彼亡的关系，而是长期共存的。即使在现代社会，W—W 这种原始的商品交换形式也并未绝迹。当然，

———————————

① 《马克思恩格斯全集》第 44 卷，人民出版社 2001 年版，第 146 页。

这种共存有着主次之分，后者总是占有主导地位。

商业作为发达商品流通形式，在历史上乃是商品货币经济长期发展的结果。具体说来，商业产生的社会经济条件如下：

首先，商业既然是商品交换的一种形式，商品交换产生的基本条件当然也就是商业产生的基本条件。所谓商品交换，就是商品的相互让渡和转手。它总是作为商品的不同劳动产品的相互交换，交换过程也就是社会劳动的物质变换过程。因此，商品交换必须同时存在两个基本条件。第一，生产的社会分工。只有不同的生产者分别从事不同产品的生产，才会存在生产品种单一性和消费需求多样性的矛盾，从而出现相互交换劳动产品的要求。如果没有生产的社会分工（不论这种分工是自然发生的还是分工本身已经是历史的成果），那就不会存在不同的劳动产品，也就不会产生互通有无的要求，当然也就不存在交换。第二，劳动产品归不同所有者占有。只有不同的劳动产品归不同所有者占有，才需要通过商品形式进行等价交换，来完成社会劳动的物质变换过程。如果仅有社会分工而不存在不同的所有者，尽管存在着交换，但却不构成商品交换关系。

将商品交换产生的上述两个基本条件归结为商业产生的基本条件，无疑是正确的。但是，这还不够。正是由于商业是商品交换的发达形式，它的产生还要有特殊的社会经济条件。这个特殊的社会经济条件，就是简单商品流通和货币流通的存在。马克思在考察历史上的商人资本时明确指出了这一点："它的存在……所需要的条件，无非就是简单的商品流通和货币流通所必要的条件。或者不如说，简单的商品流通和货币流通就是它的存在条件。"① 在简单商品流通的条件下，商品交换以货币为媒介进行，交换过程被分解为 W—G 和 G—W 这两个独立的过程，这就使得有一个第三者有可能

————————

① 《马克思恩格斯全集》第46卷，人民出版社2003年版，第382页。

插足于交换过程，这里的"第三者"可以是一个人，也可以是更多的人，他们既买又卖，作为互相交换商品的生产者之间的中间人，媒介成他们之间的商品交换。这个专门从事商品买卖活动的第三者，就是商人；他所从事的商品买卖活动，就是商业。这说明，货币的产生，导致买卖活动的分裂，为商业的产生提供了直接的可能性。

但这不是说一有货币就产生了商业。商业产生的历史必然性，应当归结为经济利益。在历史上，随着商品生产的发展和商品交换规模的扩大，商品的生产和消费在空间、时间上的矛盾也扩大了。对于商品生产者来说，作为生产时间扣除的商品出卖时间、作为劳动资料扣除的商品流通费用随之愈来愈多；对于其中需要长途运销其产品的生产者来说，自产自销日益难以实现。这种矛盾发展到一定程度，当简单商品流通已不足以解决这种矛盾时，商业才应运而生。这当然要有很长一段历史演变的过程。起初，有的生产者为了自身的经济利益，只是委托别的生产者代售产品；后来则干脆将产品卖给原先的代售者转售。而开始接受代售业务、继而兼营买卖业务的生产者，也能在代售或兼营买卖的活动中获取一定的经济利益，久而久之，他们便从生产者队伍中分离出来，成为专以商品买卖活动为许多生产者推销商品的商人。这就是划时代的第三次社会大分工。商业一经产生，立即把多数商品生产者的副业（指销售产品）变成了少数人的专业，显示出促进生产、提高社会经济效益的重大作用。这也是几千年来商业之所以能够在商品经济中独立存在并不断发展的根本原因。

不同社会形态下的商业

上述分析表明，商业是随着社会生产力的发展，在人类历史发展的一定阶段上产生和发展的；同样，商业也将随着社会生产力的发展，在人类历史发展的一定阶段上消亡。这就是说，商业是个历史范畴，它与存在着商品生产、商品流通的社会经济形态共存亡。商业自产生以来，已经经历了奴隶社会、封建社会、资本主义社会；在社会主义社会，仍然存在着商业所必需的社会经济条件，因而商业必然还会继续向前发展。只是到了共产主义社会，由于实现了社会的全部生产资料和劳动产品归社会的全体成员共同占有，商业也就随着它赖以存在的社会经济条件的消亡而消亡。不过，现在还很难具体想象出它将被何种共产主义的产品分配方式所代替。

商业的存在与发展虽然是商品经济社会所共有的经济现象，但由于生产力发展水平和商品经济发展程度的不同，不同社会形态下的商业发展规模是不同的；商业的社会性质、经济特点也随着生产资料所有制性质的改变而改变。

（一）不同社会形态下商业的发展规模

马克思指出："产品进入商业、通过商人之手的规模，取决于生产方式，而在资本主义生产充分发展时，即在产品只是作为商品，而不是作为直接的生活资料来生产时，这个规模达到自己的最大限度。"①

在前资本主义社会即奴隶社会、封建社会中，自然经济占据主导地位。自然经济的特点是生产出来的产品供生产者自己消费，自给自足，主要不是为了拿去交换。在这种情况下，尽管商业经营活动范围也在缓慢扩大，但不可能得到充分发展。正如恩格斯指出的，在资本主义生产方式以前，"以交换为目的的生产，即商品生产，还只是在形成中。因此，交换是有限的，市场是狭小的"。②

在奴隶社会，奴隶只是会说话的工具，没有人身自由，劳动产

---

① 《马克思恩格斯全集》第46卷，人民出版社2003年版，第363页。
② 《马克思恩格斯选集》第三卷，人民出版社2012年版，第803页。

品归奴隶主占有。奴隶的这种社会地位决定了他们既不能作为生产者参加商品交换，也不能作为消费者同市场发生联系。如果说他们与商品交换也有关系的话，那就是他们有时被当作商品而进入市场。所以，那时参加商品交换的主要是王公贵族和其他大小奴隶主，商品也主要是些奢侈品、手工艺品等，商业的规模自然十分有限。

在封建社会，虽然自然经济仍占主导地位，但随着生产力的发展，经济生活发生了重大变化。首先，个体农民尽管遭受地主的剥削，但缴纳赋税和地租后的劳动产品可以自己支配，农民与市场有了直接的联系，并随着农业生产的发展逐渐地扩大了这种联系。其次，手工业随着生产工具的改进和工艺水平的提高有了较大发展，产品产量有了较大提高；同时，随着社会分工的发展，手工业的内部行业有所增加，分化出来的农民也不断壮大着手工业者的队伍。最后，城乡分离普遍化，出现了许多大大小小的城市和集镇。随着这些变化，商品交换日益频繁，城乡间、地区间乃至国际间的贸易活动逐步扩大了，商业以前所未有的规模发展起来。但是，商品交换的发展毕竟是有限的，在整个经济生活中不起决定作用。

到了资本主义社会，商品生产成为社会生产普遍的、占统治地位的生产形式。商品生产发展到最高阶段，一切都成了商品，商品货币关系渗透到社会生活的各个领域，到处都被买卖原则支配着。这样，商业的规模随之发展到自己的最大限度；商业内部分工细，分化出了若干专业化商业行业；最新科学技术在商业中的运用，商业经营管理随之现代化；资本主义发展到帝国主义阶段后，出现了大规模的商业垄断组织。

在社会主义社会，实践证明，发达的商业仍然有其客观存在的必要性。现在，我国还处于社会主义初级发展阶段，不仅要保留商业，还要为适应国民经济发展的要求和满足人民日益增长的美好生活需要大力发展商业。

（二）不同社会形态下商业的经济特点

商业资本是历史上最古老的资本形态。由于生产方式的不同，资本主义商业与前资本主义商业各有不同的经济特点，它们在货币投资来源、职能服务目标、牟取利润方式以及所体现的经济关系等方面，都有许多不同。

在前资本主义社会商业资本有以下特点：（1）流通领域中的商业资本是孤立存在着的，与小商品生产者的投资并无必然的内在联系，商人有的是从富裕的农民和手工业者当中分离出来的，也有贵族、官吏等，他们手中积累起来的货币转化成为专门经营商业的商业资本。（2）由于商品生产是小商品生产（其特点是商品生产者占有生产资料并亲自参加生产劳动，产品归生产者自己所有），小商品生产者出卖商品是为了购买自己消费需要的其他商品，因此，商业主要是在小商品生产者的为买而卖的商品交换中起中介作用，主要是为交换双方的直接消费需要服务的。（3）商业资本是离开它所媒介的商品交换双方而独立运动的，因为，生产领域不存在资本形态的再生产运动，商人与生产者的往来也就不是资本与资本的联系。这样，就商业与生产的关系来说，是"商业支配着产业"，而不是相反的情况；"是商业使产品发展为商品，而不是已经生产出来的商品以自己的运动形成商业"。① （4）商业利润主要是依靠贱买贵卖和商业欺诈获得的，既在交换中剥削小生产者，也瓜分统治阶级剥削小生产者得来的一部分产品。这就是它所体现的经济关系。

与前资本主义社会商业资本的上述特点相对比，资本主义商业

---

① 《马克思恩格斯全集》第 36 卷，人民出版社 2015 年版，第 13 页。

资本有质的区别。（1）资本主义商业资本是社会总资本的一个组成部分，是停留在流通领域的商品资本的一部分的转化形态，也就是一部分商品资本从产业资本循环中独立而出的特殊资本。（2）资本主义商业的职能虽然也是媒介成商品交换，但实质上是在执行商品资本的职能，它只是对资本主义流通过程起中介作用，是为实现商品形态变化和实现剩余价值服务的。（3）资本主义商业资本不再像前资本主义商业资本那样独立运动着了，而是要服从于社会总资本的运动，是社会总资本运动的一个组成部分。这样，商业也就不再支配产业，恰恰相反，而是产业支配着商业；是已经生产出来的商品以自己的运动形成商业，而不再是商业的发展方才使产品卷入交换而成为商品。（4）资本主义商业利润，则是在平均利润率规律作用下，以平均利润的形式归商业资本所有的、总生产资本所生产的剩余价值的一部分。从纯粹意义上讲，资本主义商业已不可能再像前资本主义商业那样以贱买贵卖来维持牟取暴利了。这正如马克思所指出的："在资本主义生产中，商人资本从它原来的独立存在，下降为投资的一个特殊要素，而利润的平均化，又把它的利润率化为一般的平均水平。"① 资本主义商业利润体现了商业资本家与产业资本家共同瓜分工人创造的剩余价值的经济关系。

至于社会主义社会商业的经济特点，将在以后有关章节中讨论。这里只需要指出：社会主义商业（社会主义历史阶段的公有制商业以及公有制之光普照下的其他商业），是人类历史上第一次出现的以生产资料公有制为基础的新型社会形态中的商业，是人民的商业。它的经营活动要兼顾商品生产者、商品消费者、商业经营者这三者的经济利益，它的分配关系则体现着兼顾国家、企业、个人三者利益的经济关系。

---

① 《马克思恩格斯全集》第46卷，人民出版社2003年版，第365页。

第三节　社会主义时期商业存在的客观必然性

社会主义经济依然是商品经济的必然性

商品生产和商品交换是商业存在的基础。讨论社会主义制度下商业存在的必然性，首先必须明确社会主义制度下为什么还要继续保留和发展商品经济。

无产阶级革命导师关于商品生产、商品交换消亡的著名原理是"一旦社会占有了生产资料，商品生产就将被消除"。① 在这样的社会中，由于已经不存在生产资料和劳动产品的不同所有者，商品生产、商品交换就会因失去其赖以存在的客观条件而自行消亡。马克思主义认为，社会占有全部生产资料必须以生产力高度社会化为前提。而生产力高度社会化的过程，只有在商品经济的充分发展中才能完成。因此，发达的商品经济是人类社会历史进程中一个不可逾越的阶段。在人类历史上，只是在资本主义社会，"商品生产才表现为生产的标准的、占统治地位的性质"②，商品经济随之发展到最高阶段。正是基于这一点，马克思和恩格斯曾经设想，实现社会占有全部生产资料的无产阶级革命，将首先在几个资本主义有了充分发展、生产力水平先进的"文明国家"里同时发生（需要指出的是，即便如此，马克思和恩格斯并没有认定在这些国家通过剥夺剥削者而建立起来的公有制社会的初始阶段，就能立即清一色地实行全社会的共同劳动、共同占有）。当代社会主义实践与马克思和恩格斯的预料不同：由于历史的原因，无产阶级领导的革命，首先是在一些生产力比较落后、资本主义商品经济并不发达的国家取得

---

① 《马克思恩格斯全集》第 26 卷，人民出版社 2014 年版，第 300 页。
② 《马克思恩格斯全集》第 45 卷，人民出版社 2003 年版，第 40 页。

了胜利。在这些国家，历史的发展跳越了资本主义充分发展的阶段，但却不能跳越商品经济高度发达的历史阶段。由于"人们不能自由选择自己的生产力"①，尽管取得了社会主义革命的胜利，却还只能由社会占有一部分而不是全部生产资料，因而社会主义制度下必然存在着生产资料和劳动产品的不同所有者。这就是社会主义制度下仍然存在着商品经济的根本原因。当代一切社会主义国家，正是需要充分发展社会主义商品经济，促使生产高度社会化，才能为实现共产主义造成物质基础。

我国在新中国成立前，是一个经济十分落后的半殖民地半封建国家，商品经济很不发达。我国在 1956 年基本上完成了生产资料所有制的社会主义改造，建立了以生产资料公有制为基础的社会主义经济制度。但是，由于生产力发展水平总的说来还很低或比较低，而且多层次、不平衡，自然经济还占有相当比重。现阶段，我国的社会主义社会现在还处在初级发展阶段，这就决定了现阶段我国必然同时并存着与不同生产资料所有制（包括私有制经济控股的经济形式）相联系的多种经济形式。在改革开放中，我国确立了并不断完善"公有制为主体、多种所有制经济并存和共同发展"的基本经济制度，其中，社会主义公有制经济是基础，是重要主体。

社会经济是个有机整体。各种经济形式之间、不同所有制之间必然存在密切的经济联系。这种经济联系只能采取商品形式。全民所有制的国有（或国营）经济、劳动群众集体所有制的集体经济，是社会主义经济的两种基本经济形式。由于我国的国有（或国营）经济主要从事工业生产，农业生产则以集体经济为主，工农业产品交流的必要性使两者之间的经济联系尤为密切。由于国有（或国营）经济和集体经济是生产资料和劳动产品的不同所有者，有着各

---

① 《马克思恩格斯选集》第四卷，人民出版社 1972 年版，第 321 页。

自的经济利益，要实现相互间的经济联系，彼此取得对方的产品，就只能按照等价交换原则采取商品交换的形式，而不能相互无偿占有。这不仅对于大力发展社会主义商品经济具有重大意义，而且对巩固工农联盟具有重大意义。至于集体经济组织相互之间，国有（或国营）经济、集体经济与个体经济之间的经济联系，基于上述同样道理，同样只能按照等价交换原则采取商品交换的形式。

那么，全民所有制的国有（或国营）生产企业之间的经济联系，是否也应当采取商品形式呢？回答是肯定的。全民所有制是同社会化大生产密切联系的。根据社会化大生产的要求，国家所有的生产资料，只有拨给各个企业占有、支配和使用，在国家政策、计划指导下实行独立经营，才能有效地组织生产。这样，就出现了生产资料的国家所有权与企业经营权在一定程度上相分离，因而每个企业都必须对国家承担经济责任，并因占有、支配、使用生产资料的状况不同而负有不同的经济责任。这就要求各国有（或国营）生产企业都必须成为独立核算的经济组织，它们之间的产品交换也就不能不具有商品交换的性质。由于社会主义初级阶段生产力发展水平还不够高，产品远未极大丰富，劳动也就仍然只是谋生的手段。这样，必然存在着劳动者个人和劳动者从事生产经营的企业的相对独立的经济利益。劳动者劳动能力和贡献的不同，企业经营状况的不同，都会导致生产成果的不同，这又相应形成了企业间经济利益上的差别。为了维护企业各自的经济利益，有效地调动企业和职工的生产积极性，客观上要求各个企业都要以相对独立的商品生产者的资格互相对待，它们之间的经济联系也就只能通过商品的等价交换形式来实现。

在社会主义条件下，商品生产的存在不仅有其必然性，而且是大力发展社会主义经济的客观要求。一方面，运用商品生产的形式来组织社会生产，本身包含着生产规模不断扩大的内在机制，商品生产者只有不断地发展生产、扩大生产，才能持续地、在不断提高的水平上去实现自己的经济利益，所以，正如马克思所说：产品越是作为商品来生产，"就越能大量地进行生产"。① 而社会产品大规模地涌现，正是社会主义经济发展的主要标志之一。另一方面，运用商品生产形式来组织社会生产，也是发展社会生产力的最强有力的杠杆。马克思说：为价值而进行的生产，"包含着一种不断发生作用的趋势，就是要把生产商品所必需的劳动时间，即把商品的价值，缩减到当时的社会平均水平以下。力求将成本价格缩减到它的最低限度的努力，成了提高劳动社会生产力的最有力的杠杆"。② 而高水平的社会生产力，乃是社会主义经济发展的又一主要标志。

　　社会主义经济必定是商品经济，并不意味着可以等同于资本主义商品经济。两者的本质区别主要在于：前者是建立在社会主义生产资料公有制基础上的商品经济，是消灭了剥削阶级、很大程度上限制了剥削行为的商品经济，是主体方面能够协调发展的商品经济；而后者则是资本家私人占有制基础上的商品经济，是存在着剥削与被剥削关系的商品经济，是总体上盲目、无政府状态的商品经济。

　　上述分析说明，在社会主义制度下，商品经济的存在是不以人们的主观意志为转移的。中共中央十二届三中全会通过的《关于经济体制改革的决定》，明确提出了社会主义经济"是在公有制基础上的"商品经济这一科学论断，指出："商品经济的充分发展，是社会经济发展的不可逾越的阶段，是实现我国经济现代化的必要条件。"随后，在社会主义建设的探索过程中，我国逐步确立了在社会主义条件下发展市场经济的目标。1992 年，党的十四大指出，"我国经济体制改革的目标是建立社会主义市场经济体制"，"要使

①　《马克思恩格斯全集》第 35 卷，人民出版社 2013 年版，第 276 页。
②　《马克思恩格斯全集》第 2 卷，人民出版社 2012 年版，第 651 页。

市场在社会主义国家宏观调控下对资源配置起基础性作用"。改革开放40多年来，我国社会主义市场经济从无到有、不断发展完善。党的十九大报告进一步明确了要"坚持社会主义市场经济改革方向""加快完善社会主义市场经济体制""经济体制改革必须以完善产权制度和要素市场化配置为重点，实现产权有效激励、要素自由流动、价格反应灵活、竞争公平有序、企业优胜劣汰"。这些都为我国经济的发展指出了光明的方向。经济转型的实践表明：大力发展社会主义市场经济，加速社会主义高度物质文明的建设，才能实现我国经济的现代化。

商业独立存在的客观必然性

只要存在商品生产、商品交换，商业的存在就是不可避免的。既然社会主义经济依然是商品经济，必须大力发展商品生产和商品交换，商业的独立存在就是提高社会经济效益的客观要求。

第一，商业的独立存在可以缩短商品流通时间，相对增加商品生产时间，加速社会再生产过程。

在商品生产条件下，生产得以维持和扩大的一个基本条件，就是商品必须转化为货币。商品转化为货币的过程越迅速，商品在再生产过程中的流通时间就越短，扩大再生产的可能性也就越大。

商业的独立存在对于加速商品转化为货币的过程，从而加速社会再生产过程具有重要作用。一方面，由于商业的独立存在，生产企业的产品只要符合社会消费需要，就可以立即出售给商业部门。这时，商品虽然仍处于流通领域，但对于生产者来说，商品已经转化为货币，直接的生产过程已经可以重新开始了，这就缩短了生产过程的更新周期。另一方面，由商业部门采购和销售生产企业的产品，商品"本身也会比它处在生产者手中的时候更快地完成它的形态变化"，① 亦即可以更快地由生产领域进入消费领域。这是因为，在通常情况下商业部门专门从事商品买卖，联系面广，"腿长耳灵"，更熟悉市场，更了解需求，能够集中购销，因而从整体上看有利于将商品更快地出售给生产消费者或生活消费者，这就缩短了商品流通时间，也就相对增加了商品生产时间。

如果没有商业的独立存在，而由生产企业到产地自购原材料、到销地自己推销产品，就会因为生产和消费在时间、空间方面的矛盾和其他更为广泛的原因造成的产消矛盾，导致"产品会更久地以货币形式或商品形式停留在流通过程中"，② 亦即停留在一个不会有价值增殖但会使直接生产过程中断的流通领域中。在当代社会化大生产的条件下，情形尤其是这样。这就会延长社会再生产时间，造成巨大经济损失。

第二，商业的独立存在可以减少投入流通领域的资金数量，相对增加生产领域的资金数量。

马克思在论述商品经营资本独立存在的必要性时指出："由于分工，专门用于买卖的资本……小于产业资本家在必须亲自从事他的企业的全部商业活动时所需要的这种资本。"③ 这是一条规律。抽去其社会属性，完全适用于阐明社会主义商业独立存在的一个方面的必要性。

在一定时期内，社会总资金是一个既定的量。为保证社会再生产的顺利进行，社会总资金必须分割开来并存于生产领域和流通领域。如果流通领域占用的资金份额较少，就会相对增大生产领域的资金占用量，这就有助于扩大生产规模，创造更多的物质财富，促进社会主义经济的发展。商业的独立存在，正是可以起到大大减少全社会流通资金占用量的作用。

---

①③　《马克思恩格斯全集》第 46 卷，人民出版社 2003 年版，第 327 页。

②　《马克思恩格斯全集》第 46 卷，人民出版社 2003 年版，第 344 页。

商业的独立存在之所以能起到这样的作用，根本原因在于商业的职能是专门媒介成商品交换，它集中组织商品流通，同时为许多生产企业服务，使得商业事务专门化。首先，商业资金的周转速度不受某一个生产企业的资金周转的限制，而是可以在一个生产企业的资金周转一次的时间内完成若干次周转，大大提高投入流通领域的固定资金和流动资金的利用率。很明显，一个商业企业在把第一家工厂的一批商品推销之后，可以在这家工厂的第二批商品投入市场之前，继续为第二家、第三家工厂推销商品。所以，一个商业企业垫支一定数量的货币资金，可以交错地用来为许多生产企业服务，替换许多生产企业的流通资金。这样，从全社会来看，就远比每一个生产企业自行销售产品减少大批流通领域所占用的资金。其次，商业集中组织商品流通，可以更有效地运用各项资金，比起每一个生产企业自销产品来说，能够大大节省预付各项流通费用所占用的资金。例如，经过商业部门编配商品后的运输费用，远比单个生产企业自销产品的运输费用低；支付商业劳动报酬的工资总额相对说来也要少得多，等等。

如果没有商业的独立存在，而由生产企业自行买卖商品，那么，一方面，每一个生产企业都必须相应地设立一整套买卖商品的机构和人员，显然这要比商业独立存在时占用的资金大得多；另一方面，每一个生产企业为支付生产要素而备用的货币资金、以制成待销商品形式存在的商品资金，其占用量显然也要比商业独立存在时大得多；此外，由于流通费用增大，预付流通费用所占用的资金同样会比商业独立存在时大得多。在这种情况下，为了不使生产过程中断，生产企业或者被迫减少用于生产的资金，这就会缩小生产规模，生产企业为社会提供的商品、上缴国家的税金、企业本身的积累也都会随之减少；或者由国家、社会追加资金，以保证生产过程按原有规模进行，但这必然会导致削减社会其他方面的资金需要。显而易见，上述无论哪一种情况，对于社会主义现代化建设的发展和人民生活水平的提高，都是不利的。

第三，商业的独立存在有利于生产分工的发展和劳动生产率的提高。

第三次社会大分工以来，生产部门的内部分工之所以能够愈分愈细，重要条件之一就是由于商业的独立存在。马克思和恩格斯指出："生产和商业间的分工随即引起了各城市间在生产上的新的分工"；商业活动"开创了一些生产部门，它们一开始就以商业为基础"。历史上是这样，在社会主义商品经济中也是这样。一个新的生产行业的建立，必须解决设备和原材料的供应，必须解决产品的销路问题。如果这些市场问题都要由这个生产行业自行解决，势必会遇到难以克服的困难。而商业的独立存在，则可以立即提供各种便利的市场条件。所以，商业的独立存在促进着生产分工的发展和生产专业化程度的提高，这又为劳动生产率的提高创造了条件。

此外，商业的独立存在还有利于生产企业加强对直接生产过程的领导和管理，这对于提高生产企业的劳动效率和经济效益有着不可忽视的重要作用。如果没有商业，生产企业的领导人员势必要花费大量时间和精力去领导和管理商品的买卖，"这会妨碍他作为生产过程本身的管理者去执行自己的职能"。[①]

总之，商业的独立存在有助于大大提高社会经济效益。因此，商业的独立存在是一切商品经济社会中不依人的主观意志为转移的客观经济现象。在社会主义条件下也不能例外。

当然，商业必须合乎比例地存在，亦即商业货币投资应以不超过社会必要的比例为限度。否则，不仅不利于商业在提高社会经济效益中发挥应有的作用，而且会产生相反的结果。

---

① 《马克思恩格斯全集》第46卷，人民出版社2003年版，第344页。

商业的独立存在，并不否定有些生产行业、某些生产企业和个体生产者自产自销部分产品甚至全部产品的合理性。对一个生产企业来说，如果存在着相宜的一体化市场机会，有可能通过采用前向一体化增长策略而使自身得到新的发展，这种情况下的自产自销往往是较为合理的。但是，如果因此而以为自产自销可以普遍取代商业，那就只能是一种不懂经济的糊涂观念。

还要指出的一点是，商业的独立存在，并不要求只能由纯商业单位去媒介成商品交换。一个生产企业，只要确实存在着包括从事商业活动的多样化市场机会，宜于采用集团式多样化增长策略而使自身得到发展，那么，它就可以在从事原有生产活动的同时，另辟商业活动的天地。同样，当一个商业企业适宜采用前向一体化增长策略或集团式多样化增长策略而使自身得到发展时，它也会另辟从事生产活动的天地。这两种情况都不构成对商业独立存在的否定。这易于理解，就前者而言，生产企业自办销售公司，只要实行独立核算，那么它所从事的活动就已经是标准的商业活动了。

第二章

商业活动与社会主义建设

　　商业作为国民经济的一个重要部门，在社会经济发展中发挥着特殊作用。纪元前的中国古代思想家、政治家们就已认识到："待商而通""商不出则三宝绝""农辟地，商致物"；有了商业活动，可使"天之所覆，地之所载，莫不尽其美，致其用"；有了商业活动，还可"通其变，使民不倦"。①在我国社会主义初级阶段的历史时期，在大力发展社会主义市场经济的今天，商业由其社会主义性质和它在社会再生产中的中介地位所决定，作为联系生产与消费、工业与农业、城市与乡村的桥梁和纽带，在社会主义现代化建设的伟大事业中占有重要地位，担负重要任务，发挥重要作用。发展商业，搞活流通，乃治国之大计。理论联系实际地深刻认识这一问题，对于我们为促进国民经济持续、稳定、协调发展而重视商业、加强商业、发展商业，做好社会主义市场经济中的商业工作，具有重要的现实意义。

---

　　① 依序分别参见：《史记》卷129，《货殖列传》；《商君书·弱民》；《荀子·王制》；《易·系辞》。

第一节　商业在社会再生产中的地位

交换在社会再生产中的地位

商业作为商品交换的发达形式，属于交换领域的经济范畴。商业在国民经济中的地位和作用，实质上是商品经济条件下交换在社会再生产中的地位和作用的典型反映。

马克思主义政治经济学把纷繁复杂的社会经济活动概括为社会再生产过程。所谓社会再生产，就是生产过程的不断重复和更新。马克思指出："不管生产过程的社会形式怎样，生产过程必须是连续不断的，或者说，必须周而复始地经过同样一些阶段。一个社会不能停止消费，同样，它也不能停止生产。因此，每一个社会生产过程，从经常的联系和它不断更新来看，同时也就是再生产过程。"①

社会再生产过程是由生产（直接生产过程）、分配、交换、消费这四个环节或称四个要素构成的。生产，是在一定生产关系下，人们利用生产工具改变自然物质以创造出适合自己需要的生活资料和生产资料的过程。它是人对自然的改造和占有，是人与自然之间的物质变换过程。消费，则是人们使用社会产品满足自己生活或生产需要的过程。它包括生活消费和生产消费。生产和消费之间有着必然的内在联系：任何社会的生产都不是为生产而生产，归根结底都是为了消费；而消费总是生产物的消费，只有生产才能提供有形产品或无形产品作为消费的对象。但是，社会生产出来的产品都不能直接进入消费，而要经过分配和交换，才能到达消费者手里。分

---

① 《马克思恩格斯选集》第二卷，人民出版社 2012 年版，第 254 页。

配，就是依照一定生产方式所决定的社会法则，确定社会产品归谁所有，规定每个社会成员占有社会产品的份额。社会产品经过分配之后，除自给自足的情况外，都还要经过交换，以解决人们按各自占有的社会产品的份额，去获取自己生活、生产所需要的具体产品。交换，作为社会劳动的物质变换过程，使某种具体产品从被当作非使用价值的人手里转到把它当作使用价值的人手里，这才使产品最终进入消费。只有在产品进入消费之后，这一过程才又从生产重新开始。

这样一种社会经济活动过程说明，生产、分配、交换、消费这四个环节相互区别，反映了再生产过程不同阶段上的经济活动，担负着不同的社会经济职能；它们又紧密联系，有机结合，构成了社会经济的统一整体。

其中，很明显，交换"是生产和由生产决定的分配一方同消费一方之间的中介要素"，[①] 它一头联系着生产和分配，另一头联系着消费。因此，交换在社会再生产中处于中介地位，它的职能就是实现生产与消费的联系，进而实现生产和消费的结构性匹配，最终促进生产和消费的相互促进的正反馈。

交换在社会再生产中的中介地位重不重要呢？要回答这个问题，首先要从总体上明确四个环节之间的基本关系，然后再以交换为重点，深入考察交换与生产、交换与分配、交换与消费的相互作用关系。只有经过这样的分析，才会深刻地认识到：交换是社会再生产必不可少的环节，是社会经济得以正常运转的客观要素。

社会再生产过程四个环节之间的关系，是相互依存、相互制约、相互作用的辩证统一关系。基本的关系，就是马克思在《〈政治经济学批判〉导言》中所揭示的："一定的生产决定一定的消

---

① 《马克思恩格斯选集》第二卷，人民出版社2012年版，第698页。

费、分配、交换和这些不同要素相互间的一定关系。当然，生产就其单方面形式来说也决定于其他要素。"① 这就是说，一方面，生产是决定性因素，居于支配地位，对分配、交换、消费起着决定的主导作用；另一方面，分配、交换、消费并不是消极被动的因素，而是也会同时能动地反作用于生产，起着促进或者阻碍生产发展的作用。

生产与消费的关系就是这样。一方面，生产决定消费：生产为消费提供材料或劳务，没有生产，消费就没有对象，也就没有消费；生产的发展水平，决定着消费所能达到的水平，并会引起新的消费需求；一定的生产发展水平，决定着一定的消费的方式；生产的社会性质决定着消费的社会性质。另一方面，消费又反作用于生产：产品只有在消费中才成为现实的产品，亦即只是消费才使生产得以最后完成；消费为生产创造出新的需要，成为新的生产的动力和目的；"消费生产出生产者的素质"②，实现劳动力的再生产，为社会再生产的顺利进行创造必要条件；消费的结构和水平制约着生产的结构和发展速度。所以，没有消费，也就没有生产；"消费的需要决定着生产"③。

此外，生产以外的三个环节即分配、交换、消费相互之间，也存在着相互作用的关系。

所以，社会再生产过程犹如生产、分配、交换、消费这四个环节一环扣一环而组成的一根链条。要保证整根链条正常运转，就必须保证每一个环节都能正常运转。只要在一个环节上出现障碍，整根链条的运转就会失灵，亦即再生产过程就不能正常进行。

---

① ③ 《马克思恩格斯选集》第二卷，人民出版社 2012 年版，第 699 页。

② 《马克思恩格斯选集》第二卷，人民出版社 2012 年版，第 692 页。

交换与生产的关系

交换与生产的关系：生产决定交换；交换对生产起反作用，并在一定条件下对生产的发展起决定作用。

生产对交换起决定作用。（1）生产是交换的物质基础。作为劳动的交换，归根到底是要取得某种产品；作为产品的交换，生产提供交换的物质对象。可见，没有生产，交换便不能发生。（2）生产的社会分工是交换赖以存在和发展的必要条件。由于生产的社会分工，每一生产者生产的单一性和需要的多样性之间形成了矛盾，由此才出现了各个生产者之间相互交换产品的必要性。"如果没有分工，不论这种分工是自然发生的或者本身已经是历史的结果，也就没有交换"。① 社会分工越发展，交换就越频繁。（3）一定的社会生产力发展水平决定着一定的交换的方式、方法。在人类历史上，由产品交换发展到商品交换，商品交换又分为由简单商品交换发展到简单商品流通、进而发展到发达商品流通，都是随着生产力水平的发展而发展的。（4）生产的发展规模和结构决定交换的广度和深度。所谓交换的广度，系指交换的范围，包括进入交换的产品种类多少和交换的地域范围大小。生产发展的水平越高，规模越大，提供的产品数量和品种越多，交换的数量规模和地域范围也就越大。所谓交换的深度，系指人们对交换的依赖程度。生产越发展，越是专业化、社会化，生活消费、生产消费就越依赖于交换。如果说，在自然经济条件下人们离开了交换还可以生存的话，那么，在商品生产时代人们离开了交换则已难以生存。（5）生产的社会性质决定着交换的社会性质。马克思指出："私人交换以私人生产为前提。"② 在不同的生产方式下，由于生产资料所有制不同，生产的性质不

---

①② 《马克思恩格斯选集》第二卷，人民出版社2012年版，第699页。

同，交换的性质也就不同。例如，资本主义生产是剩余价值的生产，资本主义的交换过程既是剩余价值生产的前提，又是剩余价值的实现过程。上述可见，交换的产生和发展、交换的对象和方式、交换的社会性质，都是由生产所决定的。

生产决定交换，丝毫不意味着交换只是消极被动的因素，交换对生产具有能动的反作用。正如恩格斯所说："生产归根到底是决定性的东西。但是，产品贸易一旦离开本来的生产而独立起来，它就循着本身的运动方向运行，这一运动总的说来是受生产运动支配的，但是在单个的情况下和在这个总的隶属关系以内，……并且也对生产运动起反作用。"① "……反过来对生产的条件和进程发生影响。"②

交换对于生产具有反作用，并在一定条件下对生产的发展起决定作用。（1）交换是将生产分工组织起来的要素，生产分工的存在和发展，都必须以交换的存在和发展为条件。马克思在谈到"生产就其片面形式来说也决定于其他要素"时，就曾指出："例如，当市场扩大，即交换范围扩大时，生产的规模也就增大，生产也就分得更细。"③（2）交换是生产过程得以重新开始并连续进行的基本条件。在存在生产分工的情况下，社会再生产过程总是生产过程和流通过程的统一，产前产后都各存在一个流通阶段。如果只有生产过程而无流通过程，不仅产品不能进入消费而成为现实的产品，而且已消耗的生产资料、生活资料也无法得到补偿，这样，生产过程也就不能重新开始。正如马克思所说："生产过程如果不能转入流通过程，看来就要陷入绝境。"④ 马克思又说：在商品经济中"商

---

① ② 《马克思恩格斯选集》第四卷，人民出版社 2012 年版，第 608 页。
③ 《马克思恩格斯选集》第二卷，人民出版社 2012 年版，第 699 页。
④ 《马克思恩格斯全集》第 30 卷，人民出版社 1995 年版，第 385 页。

品生产以商品流通为前提"①。（3）交换将消费的信息反馈给生产，引导生产按社会消费需要的方向发展。已如前述，没有消费就没有生产，"消费的需要决定着生产"；但是，除了纯粹的自然经济状况外，消费对生产的反作用要通过交换才能"媒介"给生产。显然，这对生产的结构和规模都有重大影响。（4）就商品交换来说，则是产品生产向商品生产转化的决定性因素，亦即对生产的这种转化起决定性作用。这不仅表现在人类历史上商品交换的出现先于商品生产的产生，尤其强烈地表现在商业的发展对于自然经济转化为商品经济具有决定作用，并进而对生产方式的变革起促进作用。

交换对生产的反作用，在自然经济占统治地位或主导地位的条件下通常是起影响作用，但在社会化大生产条件下，当交换的发展、商业的发展成为生产发展的决定性条件时，这种影响作用就转化为决定作用。交换对生产的反作用有两种可能：既可能起促进作用，也可能起阻碍作用。究竟起什么作用，关键在于交换与生产是否同一方向发展：是否在合乎比例的水平上相适应。如果交换的发展能够适应生产发展的要求，就会对生产的发展起到积极的促进作用；反之，则会对生产的发展产生消极的阻碍作用。

综上所述，生产与交换的关系"这是两种不相等的力量的相互作用"。② 是一种辩证的关系。正是在这个意义上，恩格斯指出："生产和交换是两种不同的职能。这两种职能在每一瞬间都互相制约，并且互相影响，以致它们可以叫作经济曲线的横坐标和纵坐标。"③ 这当然不是什么二元论。这里，引述恩格斯在致康·施米特的一次书信中谈到经济与政治相互关系时的一段话，有助于加深对这个问题的理解："而整个伟大的发展过程是在相互作用的形式

---

① 《马克思恩格斯选集》第二卷，人民出版社 2012 年版，第 383 页。
② 《马克思恩格斯选集》第四卷，人民出版社 2012 年版，第 609 页。
③ 《马克思恩格斯选集》第三卷，人民出版社 2012 年版，第 525 页。

中进行的（虽然相互作用的力量很不相等：其中经济运动是最强有力的、最本原的、最有决定性的），这里没有什么是绝对的东西，一切都是相对的。"① 还应当明确，社会再生产是一个有机整体，因而不能孤立地就生产和交换的相互关系来认识交换对生产的作用，而应当从"生产—交换—消费"这一整体运动中去认识交换与生产的相互关系。离开了消费这一生产的目的，就失去了判断正误的准绳。

正确认识生产和交换的上述辩证关系，对于深刻理解商业在社会再生产中的地位和作用，具有重大的现实意义。在这个问题上，我国过去存在的主导倾向是不能充分认识交换对生产的反作用。"文化大革命"期间，甚至发动了一场对所谓"流通决定生产论"的莫名其妙的大批判，几乎完全否定了交换对生产的反作用，给社会主义商业工作和经济建设带来很大危害。从理论上总结过去重生产、轻流通、轻视商业的经验教训，有助于从根本上解决反复出现过的"生产什么收购什么，生产多少收购多少""工业报喜，商业报忧，仓库积压，财政虚收"等问题。

交换与分配、交换与消费的关系

在马克思主义经典著作中，生产与交换、生产方式与交换方式、生产资料与交换手段常常并提。这是否可以认为在社会再生产的四个环节中交换是仅次于生产的重要环节，当然可以探讨；但无论如何有一点可以肯定：交换与生产一样，自身要耗费一定的物化劳动和活劳动，这是交换不同于分配和消费的一个显著特点。研究交换与分配、消费的关系，既要放在四个环节的总体关系中去考察，也应当注意到这一特点。

---

① 《马克思恩格斯选集》第四卷，人民出版社 2012 年版，第 614 页。

　　交换与分配都是社会再生产的中间环节，总的说来都为一定的生产所决定。但这两者之间也存在着相互制约、相互影响的关系。恩格斯说："随着历史上一定社会的生产和交换的方式和方法的产生，随着这一社会的历史前提的产生，同时也产生了产品分配的方式和方法。""可是分配并不仅仅是生产和交换的消极的产物；它反过来也影响生产和交换"①。一方面，交换对分配具有制约作用。主要表现在：（1）在一定的生产条件下，交换的形式决定分配的形式。在只是交换劳动而无产品交换的情况下，共同生产中的分配采取产品分配形式；在物物交换的情况下，采取的是实物分配形式；在交换采取以货币为媒介的商品流通形式时，分配则采取货币形式，或者是货币形式与实物形式相结合的分配形式。（2）在存在生产分工的情况下，交换影响可供分配的数量。这是指：交换可将某一局部的无用之物变成另一局部的有用之物，从而直接增加分配量。（3）货币出现以后，商品价格的高低变动，会引起交换双方收益的变动，引起国民收入的再分配。（4）只要有社会分工，分配都要依靠交换才能最终实现。另一方面，分配对交换也有很大影响，主要表现在：由于分配确定社会产品的不同用途及其比例，包括扣除已消耗的生产资料、确定积累和消费的比例、确定公共消费和个人消费的比例，这样，在一定的生产条件下，分配就对交换的规模和结构起着一定的决定作用。

　　交换与消费同样是一种相互制约、相互影响的关系。一方面，交换依存于消费：交换作为生产与消费的中介环节，如果说生产为交换提供物质基础，那么消费则为交换提供现实需求，亦即交换是由人们的消费需求引起的，因此，没有消费就没有交换；既然如此，消费的水平和结构必然要求交换的规模和结构与之相适应；而

---

① 《马克思恩格斯全集》第26卷，人民出版社2014年版，第156页。

且，交换的发展，也必然依赖于消费需求的扩大。另一方面，消费又依存于交换：在商品生产条件下，没有交换，无论是生活资料还是生产资料，都不可能进入消费而成为现实的消费对象；交换的规模和结构，对消费需求的满足程度有很大影响；交换活动还可以起到指导消费、调节消费、改善消费的作用，例如交换的范围越广，人们的消费对象就越多样化，生活也更加丰富多彩。

对以上分析如果作进一步引申，可以看到，交换不仅会直接反作用于生产，而且还会通过对分配、消费的作用来间接地影响生产。例如，交换能否使分配得以最终实现，会直接影响生产者的积极性，从而影响到生产的发展速度和水平；交换对消费需求的满足程度，必定会对新的生产的水平和结构产生重要影响；等等。

商业是联结生产与消费的桥梁和纽带

通过以上分析，商业在社会再生产中的地位便可一目了然。

第一，既然交换处于社会再生产的中介地位，作为商品经济中交换的一种特殊形式，亦即商品交换的发达形式的商业，当然也就如同交换一样，是生产以及由生产决定的分配一方同消费一方的媒介要素。形象地说，商业就是联结生产与消费的桥梁和纽带。

第二，既然交换是社会再生产中一个必不可少的要素，而在商品经济中交换过程又主要以商业为中介进行，因而，商业必然在国民经济中占有重要地位，并对经济发展发挥重要作用。

第三，正是由于商业处于社会再生产的中介地位，商业在国民经济中的作用就不是单一的，而是多元的。它广泛地接触着社会经济生活的各个方面，灵敏地反映着生产、分配、交换、消费各个领域的状况和信息，因而，商业成为商品经济社会中"经济生活的试金石"。

显然，上述三点适用于任何社会形态下的商业，当然也适用于社会主义时期的商业。

第二节　社会主义时期的商业是人民的商业

人民性的社会商业结构

社会主义事业是人民的事业。研究商业活动与社会主义建设事业的关系，不仅要正确认识商业在社会再生产中的地位，还必须深刻认识社会主义时期商业的人民性。这种人民性，乃是社会主义时期的商业在社会性质方面的本质特征。

社会主义时期商业的人民性，首先表现在社会主义条件下的社会商业结构是人民性的社会商业结构。

那么，什么是社会商业结构？上一章曾经从历史发展的纵向面考察过：在人类社会商品经济发展的历史长河中，由于生产关系的不同而相应存在过各种不同社会性质的商业。如果再从历史发展的横断面来考察，可以发现，从来也没有某一种生产资料所有制形式即某一种经济形式的商业，单一纯然地独立存在的历史时期。在当代资本主义国家，资本家占有制商业早已成为占统治地位的商业，但同时还存在大量劳动者私有制的个体商业，而资本家占有制商业本身也还有垄断资本和自由资本这种形式区别。在同一历史时期内，商业这个国民经济部门并存着社会性质各有差异的多种经济形式，这样一种经济现象就是社会商业结构问题。

社会主义历史时期的商业，同样存在着不同的所有制形式，即不同的经济形式。不过，由此而形成的社会商业结构，在社会性质方面，与历史上一切时代的社会商业结构都有着根本的区别。归结到一点，社会主义时期的商业是建立在生产资料公有制基础之上的商业，是人民的商业；而历史上的一切商业，都是以生产资料私有制为基础，不管具体形式如何，本质上都是私有者的商业。

生产资料所有制，是人们对劳动中的物质资料占有的一定形式。但在商业活动中，并不存在生产过程所必需的能够创造出物质产品的劳动资料和劳动对象，那么，商业中"生产资料"的物质内容包括些什么呢？一是货币，这是商业组织商品流通首先必须具备的流通手段；二是商品，这是商业劳动的特殊的劳动对象；三是组织商品流通必不可少的一切物质资料和物质条件，如营业用房、装备设施、营业用具等，构成为商业劳动的特殊的劳动资料。这三者都是商业活动不可缺一的物的要素，可以总称为流通资料。因而商业的生产资料所有制问题，实际上就是流通资料所有制问题。社会主义公有制商业和一切私有制商业在性质上的区别，首要的、根本的区别就在于流通资料的所有制不同：前者的流通资料，包括组织商品流通所用的自有货币资金、商品资金、固定资产和其他物质条件，归劳动者共同占有，后者的流通资料则为私人所占有。

按照流通资料公有程度的不同，我国社会主义公有制商业分为全民所有制、集体所有制、"联合体公有制"这三种形式。

全民所有制商业，是在剥夺剥夺者和对资产阶级进行赎买（这两者在我国就是没收官僚资本和对民族资本的社会主义改造）的基础上建立，通过国家投资和部分商业利润转为自有资金而不断发展起来的。其财产属于全体劳动人民所有。由于现阶段的全民所有制采取国家所有制形式，这在法权关系上，全体劳动人民的所有权就表现为国家的所有权。因而，全民所有制商业的财产也就是国家财产。在现实经济生活中，国家所有的流通资料主要是由千万个国有商业企业占用的，也有的租赁给集体企业而为该集体所占用。每个企业对自己所占用的流通资料都拥有支配权和使用权，但这丝毫改变不了国家代表全体人民对这些流通资料的"最高所有权"①。

社会主义全民所有制是与社会化大生产相联系的，现阶段主要是与现代工业中高度社会化的生产力相适应。社会化大生产发展到今天，客观上要求国民经济主体方面按照指导性的社会统一计划或发展方向，对生产资料实行不同形式的不同程度的集中统一的支配、使用和管理。而这一切只有在国民经济主导方面确立全民所有制的基础上，出现了全体劳动者的共同利益之后才能更好地协同实现。由于社会再生产是生产过程和流通过程的统一，这样，仅仅在生产部门建立全民所有制经济是不够的，而必须同时也在流通部门建立全民所有制经济，部分担负起组织大规模商品流通的任务。唯有如此，才能协调生产和流通，促进生产力的发展，实现国民经济按比例地协调发展，保证不断提高人民的物质文化生活水平。在对关系国民经济发展和人民生活的重要商品流通上，全民所有制的国有商业应当起主导作用。

集体所有制商业，是在劳动群众集资入股的基础上建立，并在经营中通过部分商业利润转化为流动资金和固定资产而发展起来的合作社商业组织。其财产属于参加某集体商业组织的劳动者集体所有，因而公有化程度较低。但是，由于它与社会化程度较低的生产力和分散的消费力相适应，与商业（主要是零售业）中大量存在着的手工劳动相适应，并且具有点小分散、经营灵活、内部管理简单等特点，它的存在就有利于节约社会劳动。现阶段，集体商业主要应在城乡零售业和饮食、服务行业，在商品经济不发达地区发展。这不仅有利于搞活流通、促进生产、方便消费，对于扩大就业门

---

① 恩格斯在《家庭、私有制和国家的起源》一文中使用过"最高所有权"一词（见《马克思恩格斯选集》第四卷，人民出版社1972年版，第163页）。作者按：社会主义国家对国有企业的生产资料、流通资料拥有"最高所有权"问题，是个需要认真探讨的理论问题。

路、节省国家商业投资等方面也都能发挥积极作用。因此，集体商业是社会主义商业中的一支主要力量。

"联合体"商业，是在社会主义经济发展过程中出现的。在我国，社会主义企业之间可以联合经营。如果只是通过合同或协议进行联营，各自保持原有的独立性，联而不合，那就只是经营方式上的变化，是一种联营关系，并不改变所有制形式。如果加入联合体的企业各自丧失了原有的独立性，联合体统一支配使用原来分属不同企业的流通资料，并实行独立核算，自负盈亏，所有制关系就会发生变化。其中，由集体企业相互融合而产生的联合体商业，是一种发展了的、扩大化了的新的集体所有制商业；而由国有企业、集体企业相互渗透、相互融合所产生的联合体商业，则会逐步形成一种新的公有制形式，这种公有制形式可以认为是全民所有制的一种新形式，即不是国家所有制意义上的全民所有制的新形式。这样发展起来的、所有制关系发生了变化的两种联合体商业，姑且称之为"联合体公有制"商业。"联合体公有制"商业具有强大生命力，能够适应社会化大生产的需要，能够开展大规模的商品购销活动，是社会主义市场上公有制商业中仅次于国有商业的又一支最为重要的商业力量。主要活动于我国农村市场的供销合作社商业，从其发展演变的历史来看，认为是"联合体公有制"商业，也许是适宜的。

以上几种经济形式的商业均以劳动者共同占有流通资料为特征，因而都是社会主义经济成分的商业，共同构成社会主义时期商业的主导力量。它们所完成的商品流转额，在整个社会商业所完成的商品流转总额中，占有相当的比重。

我国在社会主义初级阶段存在着多种所有制经济，在以公有制经济为主体、多种所有制经济共存的格局中，非公有制经济在市场经济中扮演着重要角色，是我国市场经济的重要组成部分。与低层次的生产力发展水平和分散的消费力相适应，我国现阶段还在一定范围内存在着依附于社会主义经济的劳动者个体经济，在商业领域即为星星点点、灵活经营的个体所有制商业，在国家的法制环境和必要的行政管理条件下，对于城乡物资交流、繁荣城乡市场，发挥着不可缺少的有益作用。而大型民办商业企业在适应现阶段不同层次生产力发展水平方面同国有企业一样显示出了勃勃生机，它们的合法经营对工农业生产的发展和人民生活的多样性发挥着重要的积极作用。这些商业企业中虽然存在着资本雇佣关系，但已在社会主义国家机器的规范之中，且会受到发展国民经济的主导作用的国有经济的深刻影响和制约，从而成为现阶段中国特色社会主义商业的一个重要组成部分。此外，在特定条件下，也还存有为数极少的中外合资的商业企业和外商独资的商业企业。

党的"十四五"规划明确指出，要"毫不动摇巩固和发展公有制经济，毫不动摇鼓励、支持、引导非公有制经济发展，培育更有活力、创造力和竞争力的市场主体"。[①] 这表明，包含有上述多种经济形式的社会商业结构将在我国长期存在。从根本上讲，这是生产关系一定要适合生产力性质规律作用的必然要求。在我国总的说来生产力发展水平有待不断提高，而且多层次、不平衡的具体条件下，这样的社会商业结构有利于促进生产，繁荣经济，活跃市场，方便生活。所以，我们不能违反客观规律而人为取消其中任何一种适合某种生产力的经济形式。20 世纪 50 年代后期，特别是在"文化大革命"期间，在"公有制程度越高越先进"的"左"倾思想支配下，曾经对民族资本商业急于限制、改造直至消失，对集体所有制的合作商业大搞过渡、升级，个体商贩则被视为"资本主义残余"一再"横扫"，严重损害了比较适合我国国情的社会商业结构的形成，产生了许多弊病。党的十一届三中全会以来，这种不正

---

① 《中华人民共和国国民经济和社会发展第十四个五年规划和 2035 年远景目标纲要》，人民出版社 2021 年版，第 56 页。

常的局面已经有了根本性的变化，集体商业、民办商业得到了恢复和发展。但是，那种超越生产力发展水平、人为强制变革生产关系的历史教训，应当深刻吸取，引为鉴戒。

社会主义时期的社会商业结构，不仅包含着上述多种经济形式，而且是上述多种经济形式得到合理配置的有主有次、有辅有主导的社会商业结构。马克思说："在一切社会形式中都有一种一定的生产决定其他一切生产的地位和影响，因而它的关系也决定其他一切关系的地位和影响。"① 这就告诉人们，在任何一个与不同层次生产力发展水平相适应而并存着多种经济成分和经济形式的社会形态中，都有一种居于支配地位、发挥主导作用的经济成分或经济形式。在我国现阶段并存着的多种经济形式中，与社会化大生产相联系、适应先进生产力水平的全民所有制国有（或国营）经济，掌握国民经济的命脉，代表社会发展的方向，"在关系国家安全和国民经济命脉的主要行业和关键领域占据支配地位，是国民经济的重要支柱。"② 作为国有经济重要组成部分的国有商业（包括一切以媒介成商品交换为职责的国有企业，而不管它们分属于哪一个政府部门管辖），则是现阶段社会商业结构中的主导力量，在商品流通领域发挥着主导作用。

综上所述，社会主义时期的商业，是公有制经济占优势的商业，是人民自己的商业，在商业中基本上消灭了人剥削人的制度。因此而出现的就是一种同一切以私有制为基础的社会商业结构有着本质区别的崭新的社会商业结构。其本质特征就在于它的人民性。正是这种人民性，保证了社会主义时期商业的活动宗旨是为人民服务、为社会主义服务，亦即通过发挥自己的职能作用，不断促进工

---

① 《马克思恩格斯选集》第二卷，人民出版社 2012 年版，第 707 页。
② 《习近平在中央全面深化改革领导小组第四次会议上的讲话》，载于《人民日报》2014 年 8 月 19 日第 24146 期，第 24 版。

农业生产的发展，不断地实现社会主义生产的目的，满足社会日益增长的物质文化生活的需要。

利益兼顾的经济利益体系

社会主义时期的商业之所以能够为人民服务、为社会主义服务，是由于开展商业活动必须兼顾生产者、消费者、商业经营者三方面的经济利益，进行劳动成果分配必须兼顾国家、企业集体和职工个人三方面的经济利益。

恩格斯说："每一既定社会的经济关系首先表现为利益。"① 经济利益作为经济关系即生产关系的表现，都是一定生产方式下的生产关系总和的反映。在生产关系中，生产资料的所有制形式是基础。所有制，表面看来是人对物的关系，而其实质则是通过人对物的占有所表现出来的人与人的关系，首先是人与人之间的经济利益关系。

商业中的经济利益关系，集中体现在两个方面：一是体现在商业购销活动的交换关系之中，二是体现在商业劳动成果的分配关系之中。而这两个方面的经济利益关系，都是生产关系的重要内容。

在商业购销活动中，与商业企业发生商品货币关系的，一是作为商品生产者和生产消费者的工农业生产部门，二是作为生活消费者的城乡居民，三是作为商品供应者的其他商业企业，由此产生了工商关系、农商关系、商群关系和商商关系。我们知道，商品货币关系本质上是物掩盖下的人与人的关系。那么，社会主义商业购销活动中的上述几方面关系体现着什么样的人与人之间的关系呢？

商品交换的一般关系是等价交换关系。这是在商品生产基础上产生的人与人之间的相互关系。其产生的经济根源在于生产资料的

① 《马克思恩格斯选集》第三卷，人民出版社 2012 年版，第 258 页。

不同所有者有着各自独立的、特殊的经济利益。"但商品生产和商品流通是极不相同的生产方式都具有的现象，尽管它们在范围和作用方面各不相同。因此，只知道这些生产方式所共有的抽象的商品流通的范畴，还是根本不能了解这些生产方式的不同特征，也不能对这些生产方式作出判断。"① 同样，只是把握住等价交换这种不同生产方式的商品经济中所共有的经济关系，也不能对不同生产方式下人们相互关系的本质属性作出判断，这就是说，等价交换关系并不能反映商品交换关系的社会性质，交换关系的社会性质是由生产方式的性质决定的。

资本主义社会经济制度的特征是资本剥削雇佣劳动。但表面上看，资本与劳动力商品的交换遵循的正是等价交换的商品交换规律。然而，由于劳动力商品消费的结果会带来剩余价值，这样，"尽管每一个单独考察的交换行为仍遵循交换规律，但占有方式却会发生根本的变革"②。商品等价交换规律转变成了资本主义占有规律，其结果是资本积累不断扩大，雇佣工人除了保持自己的劳动力以外仍然一无所有。③ 可见，在资本与劳动力商品等价交换关系的背后，却是资本家阶级残酷剥削工人阶级的经济关系。这才是资本主义交换关系的本质。

社会主义经济中仍然存在着多种所有制形式和商品生产，当然必定存在着商品生产所固有的等价交换关系。但是，等价交换关系同样不能反映社会主义交换关系的本质属性。我国改革开放以来，由于确立了社会主义公有制为主体、多种经济成分并存的经济制度，在许多重要的经济领域实现了直接生产者共同占有生产资料。在占据国民经济主导地位的全民所有制国有经济中，已经实现了全

---

① 《马克思恩格斯全集》第 23 卷，人民出版社 1975 年版，第 133 页，注（73）。

② 《马克思恩格斯选集》第二卷，人民出版社 2012 年版，第 265 页。

③ 《马克思恩格斯全集》第 23 卷，人民出版社 1975 年版，第 635~645 页。

体劳动者在全社会范围内与生产资料的直接结合，生产资料成为发展生产、满足人民日益增长的物质和文化需要的手段，因而产生了历史上从未有过的崭新的经济利益关系，亦即形成了全社会一致的、统一的共同利益。这样，虽然由于商品生产的存在，每个企业都还程度不同地存在相对独立的特殊的经济利益，但它们的经济活动首要的已经不是决定于自身特殊的局部利益，而是首先取决于包含了它们自身利益在内的社会共同利益；它们之间通过商品货币关系发生的经济联系，虽然依然具有等价交换关系的性质，还要遵循等价交换规律，但已经渗入了分工协作、互助合作的新型关系，并且，各个企业自身局部利益的实现和发展，从根本上说也只有在全社会统一的共同利益得到实现和发展的基础上才能得到保证。这些分析说明，社会统一的共同利益，已经在包含有社会共同利益、集体利益、个人利益这个三者互相渗透的社会主义利益体系中起着主导作用。而反映这种社会共同经济利益关系的，则是同志式的互助合作关系。只是这种同志式的互助合作关系，才体现着社会主义经济关系——在企业间主要是交换关系——的本质属性。在公有制经济之光普照之下，与其他经济成分之间、各种经济成分之间的经济利益关系，也都会受到社会共同经济利益的影响和约束。

所以，在社会主义交换关系中，交织着等价交换关系和同志式的互助合作关系，并且后者占据主导地位。

由于社会主义社会的商品交换主要是通过商业购销活动来媒介的，因而可以说，社会主义商业购销活动中的交换关系是社会主义交换关系的集中表现。因此，社会主义的工商关系、农商关系、商群关系、商商关系，都毫无例外地交织着等价交换关系和同志式的互助合作关系，并且后者是主导方面，尽管这种主导的程度会因公有制程度的不同而有一定的差异。等价交换关系的存在，要求媒介着社会商品交换的商业购销活动必须兼顾生产者、消费者、商业本身这三方面各自正当的、合理的局部利益，但这种兼顾首先是为了巩固和发展人与人之间互助合作的新型关系，推动社会共同利益的实现和发展。

劳动成果的分配，归根到底是确定劳动成果归谁所有。而确定劳动成果归谁所有，是由一定的生产资料所有制形式和在此基础上形成的人们的相互关系决定的。

在资本主义商业中，资产阶级凭借着资本的权力，以商业利润的形式无偿地占有商业工人剩余劳动的成果（剩余价值）；一无所有、只能出卖劳动力的商业工人，则只能得到维持劳动力再生产的工资。这样一种分配关系如同资本主义产业部门中的情况一样，都是完全服从于资本主义积累的一般规律，商业资本的积累过程，同时就是与之相对应的商业工人相对贫困化的过程。在那里，商业利润的一部分要以税金的形式缴纳给国家，但资本主义国家"本质上都是资本主义的机器，资本家的国家，理想的总资本家。"① 因而，由此而带给劳动者的公共福利是很有限的。

在社会主义公有制商业中，由于流通资料归劳动者共同占有，劳动者同时也是所有者，他们成了流通资料的主人，劳动成果自然也就归他们共同所有。因此，社会主义公有制商业中的分配，既是为了提高商业职工的生活水平，也要有利于全体劳动人民共同的事业——社会主义建设事业的发展。而在我国现阶段的民办商业企业中，虽然存在着资本雇佣关系，但资本剥削劳动的范围和程度，已经受到社会主义国家机器的诸多规范，也无可避免地会受到公有制经济的深刻影响。因而，它已经成为我国现阶段社会主义商业的重要组成部分。

社会主义商业活动也要实现一定的商业利润，但它在很大程度

---

① 《马克思恩格斯选集》第三卷，人民出版社2012年版，第810页。

上已不是剩余价值的转化形式，也不是通过对消费者的掠夺而来，而主要是劳动者为社会、为集体所创造的一部分剩余产品的货币表现。它的一部分要以税金形式解缴国库，成为国家财政收入的一项重要来源，用于扩大社会主义再生产，增加社会消费基金，满足社会发展的共同需要。显见，这是为增进包括商业职工在内的全体人民的共同利益服务的。它的另一部分以企业利润形式留在企业，主要用以增强本企业自我改造、自我发展的能力和改善商业职工的物质福利。显然，这是为增进本企业全体商业职工的共同利益服务的。所以，归根到底，这类商业利润属于人民所有。当然在民办商业中，商业利润则为资本所有。

在社会主义商业中，公有制的确立铲除了人剥削人的制度性经济基础，因此，商业职工以货币工资形式取得的个人收入，已不再是劳动力价值或价格的转化形式，而是贯彻按劳分配原则的形式；它不再被限制在维持劳动力再生产的水平上，而是在积累与消费保持合理比例的条件下，随着生产的发展和流通的扩大而相应地增加，保证着商业职工的物质文化水平得以稳定提高。这些主要体现在公有制商业中，但也有形无形地深刻影响着民办商业向社会主义制度靠拢。

上述可见，社会主义商业中劳动成果的分配，基本上反映了社会主义社会所特有的兼顾国家、企业集体和职工个人三方面利益的分配关系。这三者的根本利益是一致的，但也存在着矛盾。在公有制商业企业中既要反对只是强调企业和职工的利益，也必须反对只是强调国家利益而忽视企业和职工的利益，而在民办商业企业中，保护员工的合法利益则是政府和社会经济经常性的任务；与此同时，要保障国家必要的财政需要，也必须保证企业与职工从自己的劳动成果中取得自己合理的经济利益。只有这样，才能保证商业活动顺利地进行，为社会主义现代化建设作出更多的贡献。

第三节 商业在社会主义现代化建设中的作用

商业活动在国民经济中的作用

商业在社会再生产中的中介地位，社会主义时期商业为人民服务的本质属性，决定了商业能够而且必须通过媒介成商品交换，自觉地充当联结生产和消费的桥梁和纽带，在国民经济中发挥重要作用。

第一，促进工农业生产的发展。

生产是人类社会赖以存在和发展的基础。发展社会主义生产，是不断提高人民物质文化生活水平的根本保证；对商业来说，也为扩大商品流转提供雄厚的物质基础。但是，商品生产过程的前后两端都与商品流通相联系，生产的发展又以扩展的商品流通为必要条件，因而，社会主义商业必须而且能够成为工农业生产发展的有力促进者。社会主义商业促进工农业生产发展的作用是多方面的，主要表现在以下几个方面：

为生产过程的更新提供多方面的必要条件，促进生产的发展。（1）供应生活资料。劳动力是生产得以进行的人的要素。商业部门及时向工农业生产部门提供所需要的生活资料，使生产中的活劳动耗费在实物形态上及时获得补偿，才能保证劳动力的再生产。这是工农业生产顺利发展的一个基本条件。（2）供应生产资料。生产资料是生产得以进行的物的要素。商业部门及时向工农业生产部门提供所需要的生产资料，使生产中的物化劳动耗费在实物形态上及时获得补偿，并为扩大再生产追加生产资料做好准备，这是工农业生产得以顺利发展的另一个基本条件。（3）及时采购社会需要的产品。商品生产得以顺利发展的又一个必要条件，就是必须及时地销售其产品，使商品资金转化为货币资金，以能从价值形态上补偿生产中的耗费，并实现一定的积累。这样，商业部门及时采购社会所需要的产品，就是对生产的极大支持和促进。（4）打开产品销路，扩大产品销路，不断为生产的发展开拓市场。在商品生产条件下，没有销路，生产就不能进行；没有扩大的销路，生产也就不能发展。商业部门采购生产部门的产品，并没有解决销路问题，因为商业采购完全不是为了自身消费。只有商业的最终出售，才真正解决了销路问题。一种商品是否有销路，固然要取决于商品自身多方面的条件，如使用价值的大小、质量的高低等，但这种商品能否最大限度地与消费者见面，能否迅速为广大消费者所接受，则与商业活动的充分与否、恰当与否有密切关系。

促使社会生产与社会消费紧密结合，引导生产的发展。商业联结生产和消费，集中了千门万类商品的购销活动，网点遍布全国城乡，"触角"触及社会经济生活的各个方面，对于市场供求现状及其发展变化趋势有比较全面的了解，无可置疑地具有"眼宽耳灵、消息灵通、反应灵敏"的特点，因而在引导生产沿着社会消费需要的方向健康发展方面，发挥着重要作用。（1）根据市场调查和预测，把社会需要、市场信息反映给宏观管理部门、生产部门，作为制订宏观、微观生产计划的重要依据，促进生产在产品的品种、规格、数量、质量等方面按照社会需要去发展。（2）利用购销合同、价格杠杆、预购定金等多种经济手段，鼓励符合社会需要的生产的发展，限制背离社会需要的生产的进行。（3）对于社会急需的尤其是某些农产品的生产，可以采取多种形式在物资、技术、资金等方面予以重点扶持，帮助解决生产中的实际困难。

以上两个方面的作用都与直接生产过程有关。此外，社会主义商业通过科学地组织商品流通，节约流通领域内的社会劳动，缩短商品流通时间，可以间接地促进生产的发展；为生产专业化的发展提供市场条件，可以间接地促进生产领域劳动生产率的提高；以缴纳税金或上缴利润形式增加国家财政收入，也会间接地支持生产的发展。

第二，实现社会主义生产目的，更好地满足人民群众有支付能力的物质文化生活的需要。

社会主义生产的目的，是为了满足人民群众日益增长的物质文化的需要。但在商品经济条件下，消费品只有经过商品交换才能进入生活消费。社会主义商业的经营目的与社会主义生产目的是一致的，因而社会主义商业必须而且能够成为实现社会主义生产目的的主要途径，在为人民生活服务方面发挥重要作用。

首先，在主体方面实现个人消费品的分配，满足人民群众生活消费的需要。在社会主义初级阶段，根据按劳分配和其他分配原则，社会成员在经济活动中取得的货币收入，这些要转化为个人消费品，都要通过市场才能实现。因此，只有当他们所得到的货币收入购买到相应的消费品和作为服务性费用支出以后，按劳分配等分配形式才最终实现。而消费品供应主要是由商业承担的，这样，社会主义商业就成了实现个人消费品的主要形式，成为与人民生活息息相关的事业。

其次，如上所述，社会主义商业可以自觉地起到引导、促进生产沿着社会消费需要的方向健康发展，这样，就可以在商品的品种、数量、质量、供应时间等方面更好地满足人民群众多方面的生活需要，使人民的生活更加美好、更加丰富多彩。

再次，社会主义商业在指导、调节、方便消费方面也有重要作用。商业部门通过宣传、试销、展销等工作，可以在现有的生产条件下，扩大消费范围，促使新的消费需要和新的消费习惯的形成，把群众的消费引向新的消费水平；通过合理设置零售商业网点，科学开展网上销售，不断提高服务质量，则可以起到方便消费的作用；在某些主要消费品因突发情况而暂时供不应求的情况下，能够根据"统筹兼顾，全面安排"的方针，有计划地合理组织供应，保障人民生活的基本需要。

最后，社会主义商业通过充分开展良性的商品购销活动，以及严格执行国家的物价政策，对于保持零售物价水平的基本稳定、安定人民生活，具有重要作用。

第三，在实现国民收入的分配再分配，保障国家财政收支平衡和商品供求基本平衡方面具有重要作用。

这主要表现在：商业部门的商品采购是国民收入初次分配的前提条件，而商品的最终销售则可保障初次分配中形成的国家财政收入成为真正的"实收入"。国民收入，就是一个国家一定时期内生产劳动所创造的新价值。国民收入的初次分配是在物质生产部门内部进行的。以全民所有制的国有企业为例：企业所创造的国民收入，经过初次分配分解为职工工资和企业纯收入（盈利）两大部分。企业纯收入的一部分以税金形式集中到国家财政手中，余下的形成企业利润。社会主义商业在这里的作用是：只有当生产部门的产品卖给商业部门、换回货币以后，初次分配才能进行，即才能形成工资基金、国家集中的纯收入和企业基金。但是，初次分配至此还没有最后完成。因为，商业部门收购产品后，生产部门取得的只是商业部门垫支的货币，产品的价值并未实现，即产品还没有为社会所承认。只有当商业部门通过商品销售使产品最终进入消费领域，产品的价值才最终实现，初次分配也才随之最后完成。如果产品货不对路，滞销积压在商业部门，那么，初次分配中国家集中的纯收入则会形成虚假的财政收入。而一经形成财政收入，就会转而成为财政支出，其中大部分又会转化为市场商品购买力。这种"空收入"转为"实支出"的状况如果持续下去，不仅会导致财政赤字，而且会导致市场商品供不应求。同样道理，初次分配中形成的工资基金等，也必然要成为供不应求的因素。这就是所谓"仓库积压，财政虚收""生产发展，供不应求"的局面。可见，商业的购销活动、特别是最终销售，对于完成国民收入的初次分配具有重要作用。

社会主义商业在国民收入的再分配中也发挥一定作用，这就是：商业购销价格的变动，是国民收入再分配的一条途径。再分配主要通过国家预算实现；而价格背离价值，则会在交换双方之间引起国民收入的再分配。例如，工农业产品采购价格、工业品农产品零售价格的变动就会引起不同所有制经济之间、社会成员之间收入的再分配。正是由于商品价格的变动会引起再分配，对关系国计民生重要商品价格进行必要的引导、监督甚至管控，才能正确发挥这种对国民收入进行再分配的作用。

商业部门必须正确执行国家制定的价格政策，这样才能起到合理地进行国民收入再分配的作用。

国民收入经过分配再分配，形成的是价值形态的积累基金和消费基金。这两部分基金只有转化为相应的生产资料和消费资料，分配再分配才能最终实现。因此，商业部门按适当比例组织好生产资料、消费资料的供应工作，对于在实物形态上保证国民收入分配再分配的最终实现，发挥着重要作用。

此外，商业作为国民经济的一个部门，本身也要参与国民收入的分配再分配，取得合理盈利，以税金形式向国家提供一部分积累基金和社会消费基金，保障国家财政供给。

第四，实现国民经济各生产部门之间、全国各地区之间的经济联系，促进国民经济协调发展。

这一作用，是社会主义商业作为联结生产与消费的桥梁和纽带的必然的综合体现。

这一作用的一个方面，体现为实现各生产部门之间的经济联系亦即经济结合。其中，最重要的，则是实现工业和农业这两个基本的物质生产部门之间的经济结合。工业和农业的密切结合，从来都是社会主义经济建设中的基本问题。主要在城市进行的工业生产，它的发展要以农业为基础，依靠农业提供粮食、副食品和农产原料；而在乡村进行的农业生产，它的发展又以工业为主导，依靠工业提供技术装备、各种农业生产资料和日用工业品。因此，两者之间的经济结合，就是相互提供产品，亦即城乡物资交流。只有在工农业密切结合、相互支援、相互促进的基础上，整个国民经济才能大体上按比例地迅速发展。而这种结合，现阶段主要是通过社会主义商业的购销活动实现。所以，商业是联结工业与农业、城市与乡村的桥梁和纽带。

这一作用的另一个方面，则体现为实现各地区之间的经济联系。我国幅员广大，人口众多，资源丰富。各个地区由于自然条件、社会经济条件不同，经济发展只能根据扬长避短的原则发挥各自的优势，每一个地区都不应当也不可能建成"小而全""大而全""万事不求人"的封闭式的经济体系。这样，每一地区生产消费、生活消费所需的产品，一般都不能靠本地生产来满足，而本地生产的发展又不能只限于满足本地区的需要。为了促进各地区经济的共同发展，充分、合理地利用各地资源和技术力量，变资源优势为经济优势，就必须沟通地区之间的经济联系，互通有无，调剂余缺。这种经济联系，我国现阶段也主要是通过社会主义商业组织的商品流通实现的。需要特别指出的是，社会主义商业对于促进落后地区、少数民族地区的经济发展，对于灾区经济的恢复和发展，往往起着更为明显的积极作用。例如，从经济角度讲，商业给落后的少数民族地区带去了现代物质文明；商业为开发山区、建设山区提供了必要条件。所以，商业又是联结地区经济的桥梁和纽带。

综上所述，社会主义商业在国民经济中有着十分重要的作用，社会经济的运转一时一刻也不能离开商业活动。这些作用，实质上是社会主义制度下交换对生产、消费、分配发挥作用的体现。从另一种意义上讲，这些作用又是社会主义商业工作的基本任务，也就是商业为生产建设服务，为人民生活服务。

商业瓦解自然经济、促进商品经济发展的作用

商品经济的充分发展，是社会主义经济发展中不可逾越的阶段，只有大力发展商品经济，才能在社会化生产的基础上实现我国经济发展的现代化。而商业，在促进我国商品经济的发展中发挥着重要作用。这种促进商品经济发展的作用不仅表现在上面已经阐述到的四个方面，而且还表现在商业能够瓦解自然经济，促使自然经济、半自然经济向商品经济转化。

有这样一类简单而常见的事情：山区的某种山货土特产品，如果无人收购、运销，生产规模一定很小甚或货弃于地；而一旦有了商人去收购、外运，不仅会使这些产品转化为商品，而且必定会由此而引起专门为了出售而进行的生产即商品生产。由此不难看出，从一般意义上考察，对于自然经济向商品经济转化，对于商品经济由低级阶段向高级阶段发展，商业起着决定性作用。马克思指出：在自然经济中，"正是商业使产品发展为商品"[1]，"促使产品越来越转化为商品"[2]；是"商业使生产越来越具有面向交换价值的性质"[3]，以至于商业的发展"到处都使生产朝着交换价值的方向发展，使生产的规模扩大，使它多样化和世界化"[4]。在自给性生产或自给性生产为主的情况下，经济发展水平低，生产者剩余产品

---

[1] 《马克思恩格斯全集》第 36 卷，人民出版社 2015 年版，第 13 页。
[2] 《马克思恩格斯全集》第 46 卷，人民出版社 2003 年版，第 364 页。
[3] 《马克思恩格斯全集》第 46 卷，人民出版社 2003 年版，第 363 页。
[4] 《马克思恩格斯全集》第 46 卷，人民出版社 2003 年版，第 370 页。

少，并且，有限的剩余产品也很难转化为商品。但是，由于商业的存在，则可以"商而通之"①，亦即通过商业的购销活动将这些产品组织到商品流通中来，运销到需要这些产品的地方去，从而使产品变成了商品。而产品一旦转化为商品，就对自给性生产发生强烈的腐蚀和破坏作用，促使自给性生产向商品性生产转化。这是因为，产品转化为商品，意味着生产者有了货币收入，从而产生了商品需求和商品消费；这种商品消费又会进一步引起新的、更高水平上的商品需求，这种商品需求作为一种内在动力，驱使生产者必须扩大生产规模，以能拿出更多的剩余产品通过商品货币关系来满足自己的商品性消费需求。这样，自给自足的生产便逐步过渡为规模越来越大的，为交换、为市场而进行的生产，即商品生产。在自给性生产转化为商品性生产的同时，各种已有的、以不同形式主要生产使用价值的生产组织，也必然会随之解体。显然，在这样一种过渡的进程中，商业实际上起着支配生产、组织商品生产发展的作用。

自然经济向商品经济转化的过程是一个历史过程，在人类历史上已经进行了几千年，至今也还没有结束。在现阶段，我国农业经济商品化程度已经有了大幅度提升，但依然处于自然经济向商品经济转化进程之中，就大部分农村地区而言，农业商品生产还相当分散，由此，商业对生产的作用就不只是一般的促进、引导的问题，而首先是从商品流通的角度发挥着组织商品生产的作用。前面讲过，马克思认为，在自然经济中，正是"商业使产品发展为商品"；马克思还认为，即使在商品经济发达的社会中，凡是商业"占优势的地方"，"商业支配着产业"这种"过时的状态"，也仍然"占着统治地位"。② 事实上，强大的社会主义商业在我国农业多种经营方面（包括分散进行的家庭工副业生产等）发挥着实际的、具体的

---

① 《史记》卷129，《货殖列传》。
② 《马克思恩格斯全集》第25卷，人民出版社1975年版，第366页。

组织作用。实践早已证明了这一点，问题在于要自觉地认识这一点。这种作用主要表现在：提供市场信息，广开生产门路，决定分散的生产者的各自产品品种的发展方向及其数量界限；提供技术指导，推广良种，传授、推广新技术；提供物质支援，保证所需生产资料的供应；开展生产联营或组织代加工；推销产品，以销促购，以购促产；等等。

农业是国民经济的基础，农产品商品化是商品经济的基础；而且，农业商品经济化，也是农业现代化的必由之路。因此，充分发挥商业在促进农业商品经济化进程中的组织作用，对于发展整个社会主义商品经济具有重要意义。

商业在社会建设中的作用

经济问题，从来都会表现为社会问题。商业在经济生活方面的作用，决定了它在社会主义社会建设方面也发挥着重要作用。

社会主义商业在社会建设中的作用，首要的就是有利于推动形成新型工农关系。党的十九届五中全会提出，要"推动形成工农互促、城乡互补、协调发展、共同繁荣的新型工农城乡关系"。推动形成新型工农城乡关系，能够让城市和乡村各自发挥其比较优势，最大限度利用好其资源禀赋，进而促进城市工业现代化和农村农业现代化的同步推进。工业品下乡不畅，农产品进城不顺，现阶段的新型工农城乡关系就不可能良性发展。工业和农业之间的商品交换主要是以商业为中介进行的。因而，商业部门组织好工农业产品的交换，按照合理的工农业产品比价，做好农产品收购与农村市场工业品供应工作，对于建立、巩固和发展工农两大阶级之间的经济联盟，进而对推动形成和发展新型工农城乡关系，发挥着重大作用。

社会主义商业对于巩固和发展安定团结的政治局面，同样有着重大作用。人民生活的安定，是国家政治安定的基础。政权能否巩固，在于民心的向背。群众的政治觉悟需要强有力的马克思主义的思想政治工作去提高，但生活问题绝不能忽视。因为生活问题关系到民心所向。毛泽东同志就曾明确指出："解决群众的穿衣问题，吃饭问题，住房问题，柴米油盐问题，疾病卫生问题，婚姻问题。总之，一切群众的实际生活问题，都是我们应当注意的问题。假如我们对这些问题注意了，解决了，满足了群众的需要，我们就真正成了群众生活的组织者，群众就会真正围绕在我们的周围，热烈地拥护我们。"① 而做好社会主义商业工作，正是安定群众生活的一个极其重要的方面。所以，商业部门依法加强购销活动，组织好市场商品供应，在动态中保持市场物价的基本稳定，努力满足人民生活多方面、多层次消费的需要，不仅是个经济问题，对社会稳定也十分重要。

社会主义商业对于加强民族团结、巩固国家的统一，也发挥着积极作用。商业部门认真贯彻党和国家的民族政策，搞好民族贸易，加强我国边疆地区与腹地的经济联系，从政治上看，就是加强民族团结、巩固国家统一的问题。

此外，社会主义商业的购销活动还在移风易俗、打破封建迷信、建设社会主义精神文明方面发挥了积极作用。例如，指导消费，就包含有移风易俗的内容。在愚昧落后的地方，一旦伸进了商业的触角，商业发展起来，就会像打开窗户、流进新鲜空气一样，风俗民情迟早会发生变化，在潜移默化中摧毁封建迷信和陈规陋习。

上述分析可见：不能只是用经济眼光，而是必须同时用政治眼光去分析、去估价社会主义时期的商业在社会经济生活中的地位和作用。唯有如此，才有可能自觉而有效地组织好社会主义历史阶段的商业活动，做好商业工作。

---

① 《毛泽东选集》第一卷，人民出版社 1991 年版，第 136 页。

第三章

人员、资金与信息是商业活动的形成要素

形成商业活动的要素，包括商业人员、商业资金和商情信息。三者缺一，有效的商业活动就不可能发生。为了切实发展多种经济形式的商业，更好地发挥商业在社会主义现代化建设中的作用，应当从形成商业活动的各个要素抓起。这就要求人们正确认识商业人员的劳动，正确认识商业资金、商情信息在商业所组织的商品流通中的作用，努力按照社会经济发展的客观要求合理配置具有良好素质的商业人员，多渠道地筹集和用好商业资金，多方面地开展好商情信息工作。

第一节　商业人员

商业人员的劳动内容

任何社会都不能没有劳动，如果停止劳动，人类就不能生存，社会就不能发展。正如马克思所说："任何一个民族，如果停止劳动，不用说一年，就是几个星期，也要灭亡。"[①] 劳动，一般是指

---

① 《马克思恩格斯文集》第十卷，人民出版社2009年版，第337页。

人类为创造并取得自身生存和发展所需要的物质资料、精神资料的有目的的活动，是劳动力的使用或消费。商业人员的劳动，是商品经济条件下社会总劳动的一个组成部分，是在商品流通领域中对生产和消费起中介联系作用的劳动，是劳动者在组织和实现商业购销活动中劳动力的支出。正是由于商业人员的劳动，才从主体方面实现了多数商品的生产与消费的联系。

商品从生产领域到消费领域的运动过程，包括商品使用价值的运动和商品价值形式转化这两个完全不同的过程。因而从总体上看，商业部门为媒介成社会商品交换而耗费的活劳动，就具有相当复杂的具体内容。"从劳动的物质规定性"出发，① 商业部门这种内容复杂的活劳动耗费，也就是商业人员的劳动，可以划分为两种类型：

一类是完成生产过程在流通领域中的继续所支出的劳动。如商品的挑选、分类、装配、包装、运送、保管以及其他补充加工活动等。这类劳动并不是由社会产品采取了商品的形式而引起的。因为，任何一种产品不管是否作为商品来生产，为了完成从生产到消费的运动，为了提供适合消费的使用价值，在它未进入消费领域以前，都需要支出这类劳动。这类劳动的共同特点，都是作用于商品的使用价值，都与商品使用价值的形成、位移、保存有关，都属于人们为调整和控制人与自然之间物质变换过程而进行的活动。所以，这类劳动不过是生产过程的追加，是被流通形式掩盖起来的生产性劳动，它们参与商品价值的创造，追加着商品的价值量。

另一类是花费在商品的购买与售卖以及由此而产生的管理与核算等方面的劳动。前者如洽谈生意、接待顾客、介绍商品、收付货款等活动，后者如伴随商品买卖的一系列调查、计划、统计、会计

---

① 《马克思恩格斯全集》第 33 卷，人民出版社 2004 年版，第 27 页。

等活动。这类劳动是由于社会产品采取了商品形式而引起的，是为了实现商业的真正的为卖而买的职能而支出的。其共同特点，都是只与商品价值形式的转化有关，即与货币形式转化为商品形式和商品形式转化为货币形式有关。其中，有的与价值计算有关，有的与价值实现有关。从劳动的内容和结果来看，这类劳动"既不创造价值，也不创造产品"，① 是非生产性劳动。商业人员的这类劳动称作商业劳动。商业劳动是商业人员劳动的实质性内容。为与商业人员所附带从事的生产性劳动相区别，商业劳动也称为纯商业劳动。

将商业人员的劳动划分为上述生产性和非生产性两类劳动，是为揭示商业劳动本质的、确定的特征而进行的科学的理论抽象。在现实的商业活动中，上述两类劳动往往是交错、结合在一起的，许多情况下很难截然分开。马克思就曾明确指出：商品的运输、保管等在流通过程中继续进行的生产过程，作为商品流通中的"附带的事项"，"部分地同商人资本或商品经营资本的独特的职能混淆在一起""实际结合在一起"。② 因此，非生产性的商业劳动与生产性劳动结合在一起，是商业人员劳动的一个显著特征。当然，随着社会分工的发展，商业劳动也会以纯粹的形式在商业人员的劳动中部分地独立存在。

需要指出的是，资本主义条件下商业雇佣工人所从事的劳动，不论从劳动的物质规定性来看是属于非生产性的商业劳动，还是属于生产性劳动，都是直接同资本交换的劳动，是为商业资本家带来剩余价值亦即带来利润的雇佣劳动，因而站在资本家的角度来看，都是生产劳动。这样一种"劳动作为生产劳动的特性只表现一定的社会生产关系"，只表现资本剥削雇佣劳动这种特定的社会生产关

---

① 《马克思恩格斯全集》第 45 卷，人民出版社 2003 年版，第 167 页。
② 《马克思恩格斯全集》第 25 卷，人民出版社 1975 年版，第 298 页。

系。[①] 有人认为，社会主义商业活动中的纯商业劳动也是生产性劳动，那就只能从它也"生产"出利润这一角度，而不是"从劳动的物质规定性"角度去解释。当然，在公有制经济中它并不表现剥削与被剥削的雇佣关系，因为商业利润的社会性质已发生了根本性变化。

商业劳动的必要性

社会再生产过程是直接生产过程和流通过程的统一。在商品经济条件下，没有商品的生产，就没有可供人们消费的各种物质资料；没有商品的流通，已经生产出来的各种物质资料就不能从生产领域进入消费领域，商品的价值就不可能实现，社会再生产也就不能连续不断地进行。因此，为完成商品流通过程而支出的劳动，就成为社会再生产过程所必需的劳动。所以，马克思指出："在商品生产中，流通和生产本身一样必要，从而流通当事人也和生产当事人一样必要。"[②] 而专门组织商品流通的商人，则是流通当事人的一个主要组成部分，他们花费在商品买卖上的劳动亦即商业劳动（这里舍掉附带的生产性劳动不论），自然也就是社会再生产过程中必不可少的劳动。没有商业劳动，在大多数情况下，商品就不可能由生产领域进入消费领域，社会再生产也就不能继续进行。

进一步分析，商业劳动的必要性还在于：它可以相对节省社会用于商品买卖的非生产性劳动耗费，相应增加生产劳动在社会总劳动中所占的比重。由于商业部门集中组织商品交换业务，把多数人（生产者）买卖商品的附带工作变成了少数人（商人）的专门工作，可以使生产者较早地把商品转化为货币，更快地完成商品的形态变化，缩短商品流通时间，加速再生产过程，可以相对节省用于

---

① 《马克思恩格斯全集》第33卷，人民出版社2004年版，第173页。
② 《马克思恩格斯全集》第45卷，人民出版社2003年版，第161页。

商品买卖业务的资金占用量和商品流通费用，从而使扩大再生产获取较多的资金。正如马克思分析商业劳动的作用时所指出的："一个商人……可以通过他的活动，为许多生产者缩短买卖时间。因此，他可以被看作一种机器，它能减少力的无益消耗，或有助于腾出生产时间。"① "他的作用宁可说是使社会的劳动力和劳动时间只有更少一部分被束缚在这种非生产职能上。"② 可见，商业劳动对于生产的发展发挥着重要作用。

上述分析表明，商业劳动虽然执行的是商品买卖这样一种非生产职能，因而这种非生产性劳动本身属于生产上的非生产费用，"流通当事人必须由生产当事人支付报酬"③；然而，这种非生产职能却"是再生产的一个必要的因素"④。为此，马克思曾经把商业劳动比喻为"燃烧劳动"。燃烧劳动本身并不产生热量，并且还要消耗一定的能量，能量消耗则是热的一种扣除，但这种燃烧劳动却"是燃烧过程的一个必要的因素"⑤。

结论只能是：商业人员的劳动与工农业生产者的劳动一样，都是商品经济条件下社会再生产过程中所必不可少的劳动。认为商业人员的劳动无足轻重或者越少越好的观点，显然是不对的、有害的。

在我国社会主义制度下，广大商业职工的劳动是现代化经济建设不可缺少的必要劳动。商业职工所从事的媒介成社会商品交换的商品购销活动，广泛实现着企业之间、行业之间、地区之间的经济联系，不断实现着生产与消费之间的有机联系，有力地促进着工农

---

① 《马克思恩格斯全集》第 45 卷，人民出版社 2003 年版，第 148 页。
② 《马克思恩格斯全集》第 45 卷，人民出版社 2003 年版，第 167 页。
③ 《马克思恩格斯全集》第 45 卷，人民出版社 2003 年版，162 页。
④ 《马克思恩格斯全集》第 45 卷，人民出版社 2003 年版，第 166 页。
⑤ 《马克思恩格斯全集》第 45 卷，人民出版社 2003 年版，第 65 页。

业生产的发展，推进着现代化经济建设，使社会财富在加速循环中不断增加，并在此基础上不断满足人民群众日益增长的物质文化生活需要。新中国成立以来，商业部门的广大职工辛勤劳动，为我国的社会主义革命和社会主义建设作出了重大贡献。现在，商业工作在我国经济发展中的作用越来越重要，广大商业职工肩负着越来越繁重的任务。进一步做好商业工作，是实现四个现代化和民族伟大振兴的时代要求。

商业人员的数量

社会主义商业要完成组织商品流通的任务，就必须根据社会需要配备一定数量的商业人员。

按一定比例在生产领域和流通领域分配社会劳动，是社会化生产条件下不以人们意志为转移的客观规律。马克思指出："要想得到和各种不同的需要量相适应的产品量，就要付出各种不同的和一定数量的社会总劳动量。这种按一定比例分配社会劳动的必要性，决不可能被社会生产的一定形式所取消，而可能改变的只是它的表现形式，这是不言而喻的。"[①] 他还强调："在这里，社会需要，……是有决定意义的。"[②] 既然商业人员的劳动是在商品流通领域实现生产与消费联系所必不可少的劳动，就必须根据社会需要配备一定数量的商业人员，这样才能做好商品的采购、储运、销售工作，使商业工作与国民经济其他部门的工作协调起来，促进国民经济按比例地协调发展，更好地为生产建设服务、为人民生活服务。商业人员的合理配备，实际上就是在生产领域与流通领域之间按一定比例分配社会总劳动和劳动力，这是社会再生产过程周而复始良性循环的基本条件。

----

① 《马克思恩格斯选集》第二卷，人民出版社 2012 年版，第 612 页。
② 《马克思恩格斯全集》第 46 卷，人民出版社 2003 年版，第 736 页。

如今商业人员的配备，是通过企业自由雇佣的形式实现的，这不同于计划经济时期的分配就业方式。在就业市场上，企业根据自身的预算、盈利目标、发展需要等，选择适合企业的商业人员；而待业人员则根据自身发展规划，自主选择合适的企业和岗位。商业企业与员工之间的良性互动，实现着商业活动、进而实现着国民经济的良性发展。

商业人员的数量变化，受多方面经济因素的不同方向的影响。总的来讲，在今后很长一段时期内，存在着商业人员随经济发展而不断增加的客观趋势。

影响商业人员不断增加的主要经济因素有：

第一，随着科学技术的进步，社会分工的发展，生产专业化、社会化程度和生产力发展水平的不断提高，商品量会不断增加。这是影响商业人员不断增加的决定性因素。

一方面，生产的社会分工的发展，不但会使自然经济中的劳动产品互相成为商品，而且会导致中间产品不断增多，需要通过流通过程进入再加工的生产过程才能变成最终产品。由此引起商品交换量不断增加，商品交换次数愈益频繁，这就会大大增加流通领域中的劳动量，势必要求商业人员随之增加。

另一方面，随着生产力发展水平和专业化、社会化程度的提高，生产规模会不断扩大，劳动生产率也会迅速提高，劳动产品的产量也就会不断增多，从而引起商品交换规模的不断扩大。这同样会大大增加流通领域中的劳动量，并要求商业人员随之增加。马克思曾经揭示："随着生产规模的扩大，为了产业资本的流通而必须不断进行的商业活动将会增加。"[①] 这一因果趋势同样适用于社会主义经济。

---

① 《马克思恩格斯全集》第46卷，人民出版社2003年版，第353页。

从我国的实际情况来看，现已基本上建立起门类比较齐全的现代工业体系，工业生产规模迅速扩大，并且正在按照专业化和协作化的原则组织生产，进一步改变"大而全""小而全"的状况；在农业生产中，生产日益专业化、商品化、现代化，不仅向市场提供的商品量日益增多，农民的市场需求包括对农业生产资料和消费资料的商品需求也在不断扩大。随着我国社会主义现代化经济建设的顺利进行，企业之间、行业之间、城乡之间、地区之间的商品交换必将有更大的发展，商业部门组织商品流通的任务必然会日趋繁重。与此相适应，就必须不断扩展商业经营机构和增加商业工作人员。

第二，社会商品购买力的不断提高，是影响商业人员增加的直接因素，也是确定商业人员数量的主要依据之一。

商业人员的劳动是要满足社会对商品的消费需求。因而，只是有货币支付能力的商品需求，才需要通过商业人员的劳动来实现；没有货币支付能力的需求是无法实现的，也就不需要商业人员的劳动。而这种货币支付能力正是社会商品购买力。所以，社会商品购买力的大小直接影响着商业人员的多少，成为确定商业人员数量的主要依据之一。

自商品生产产生以来，在人类历史发展的进程中，社会商品购买力包括生产资料购买力和生活资料购买力，呈现为逐步上升的总趋势。这是一般的规律。因为，随着自然经济向商品经济转化，商品购买力必然会逐步增加；由于社会生产的发展，物质产品和国民收入增多，商品购买力也必然会随之增加。因而，商业人员的数量在历史上就呈现为逐步增加的趋势。

在我国社会主义制度下，工农业生产迅速发展，不仅生产资料购买力不断增加，优越的社会制度还保证着全体劳动人民的商品购买力能够在生产发展的基础上不断提高。特别是 20 世纪 70 年代末以来开始的经济改革，越来越有力地促进着社会生产力的发展，社会商品购买力正在以前所未有的速度迅速增长。这就要求商业机构、商业人员必须相适应地同步增加。

第三，社会分工的发展、城镇化进程的加速和人民生活水平的提高，既会大幅度增加商品流通领域里的劳动量，也会引起某些劳动的转移，这是影响商业人员不断增加的又一不可忽视的重要因素。

随着商品生产和社会分工的发展，生产者原先承担的一部分劳动，会不可避免地转由活动在商品流通领域中的商业人员去进行。一方面，我国农业经济商品化的进程中，必然会伴随着生产与商业分工的继续进行，直接生产者原来附带销售产品的职能，会越来越多地集中到商业部门由商业人员的劳动去完成；另一方面，生产部门内部分工的细分化，也会使某些原先单纯在物质生产领域内进行的劳动，转化为生产过程在流通领域里继续进行的劳动，并往往与商业劳动交织混淆在一起。显然，这两个方面的影响都要求相应增加商业人员。

我国城镇化进程加速，意味着工业化生产、物流能力新的扩张和集聚，意味着城市人口的大幅增加。而城市的消费（无论是生产消费还是生活消费）都是商品性消费，这就要求社会相应增加商业人员。

随着人民生活水平的提高，家务劳动社会化是一种普遍的发展趋势。家务劳动社会化，能够大大节约社会劳动，增加劳动者的自由支配时间用以学习、休息和娱乐，这既能使劳动者更好地恢复体力和智力，又有利于劳动者丰富知识、增长才干，从而有利于提高劳动力质量，提高劳动生产率。正如马克思所说："节约劳动时间等于增加自由时间，即增加使个人得到充分发展的时间，而个人的充分发展又作为最大的生产力反作用于劳动生产力。"① 但是，家务劳动社会化会增加商业部门的工作量。因为，家务劳动社会化既要求商业部门供应更加多样化的以商品形式存在的消费品，同时还要求商业部门提供更多的"以服务形式存在的消费品"②。这就要求有更多的劳动力投入商业部门。

第四，商业部门劳动的特点，决定了商业部门比国民经济其他部门占用的劳动力具有相对增长的趋势。

首先，科学技术的发展，会使商业部门占用的活劳动相对增加。物质生产是人类最基本的实践活动，新的科学技术成果一般都是首先应用于生产领域，机械化、自动化总是从生产领域开始的，这就使得生产领域（尤其是工业部门）劳动生产率的提高速度快于处于流通领域的商业部门。这样，随着科学技术的不断发展，流通领域占用活劳动的比例必然会相对提高，从而要求增加较多的商业人员。

其次，与生产劳动者的劳动内容不同，商业人员劳动的直接服务对象是人。商业人员一方面要与花色品种繁多的商品打交道，一方面要与需求各异的人打交道，劳动过程既是技术操作过程，又是与顾客交流信息、提供服务的过程。这就大大增加了商业人员劳动过程中机械化、自动化操作的难度。而商业部门为了适应个人消费分散的特点，给消费者创造更方便的购买条件，零售商业网点要分散布局，并以中小型商店为主，这又从另一方面增加了劳动过程实行机械化、自动化操作的难度。所以，商业部门属于劳动密集型行业，至今手工操作的比重还很大，劳动效率的提高慢于产业部门。这样，要扩大商品经营活动，把数量日益增多、品种日益繁杂的商品送达消费者手中，也必然要求占用较多的劳动力。

---

① 《马克思恩格斯全集》第 31 卷，人民出版社 1998 年版，第 107 页。
② 《马克思恩格斯全集》第 33 卷，人民出版社 2004 年版，第 184 页。

此外，由于商业人员劳动过程的有效性要取决于购买者的购买行为和购买心理，而不只是取决于劳动者的劳动技能，因而，商业人员的劳动工时并非都是有效劳动时间，其中不可避免地存在着等待顾客的间歇时间，存在着未能达成交易的"无效"劳动时间。这在零售业中尤为明显。而在生产领域的劳动工时中，则不存在这类"无效"劳动时间。这样，随着商品交换广度和深度的扩展，也会加快商业人员增加的速度。

第五，国际经济交流的扩大，旅游事业的发展，以及因家庭规模趋于缩小而导致消费单位增加等，也都会增加商业部门的工作量，要求相应增加商业人员。

在经济发展过程中，除了存在着影响商业人员增加的因素外，也存在着影响商业人员减少的因素。主要是：商业部门物质技术装备现代化水平、劳动管理科学化水平的逐步提高，都会提高劳动效率，这就会相对减少对劳动力的需要。不过，这两方面的因素都不是商业部门所特有的，并且前者也往往低于、慢于生产部门。

综上所述，从总的趋势来看，随着我国社会主义现代化经济建设的顺利进行，随着市场商品流通量的不断扩大，商业人员的数量不仅会绝对地增加，在社会从业人员和社会总人口中的比重也会相对地增加。商业人员随经济发展而增加的这种趋势，在经济发达国家早已显露出来，在我国也已日益引人瞩目。为此，在现代化建设的进程中，商业部门一方面要注意挖掘现有人员的潜力，采用先进技术装备，改进经营管理，以努力提高劳动效率，另一方面也必须根据工农业生产发展和人民生活水平提高的实际需要，适时地增加商业人员。

增加商业人员要适度。就是说，并非越多越好。如果过多，也会造成社会劳动的浪费。在宏观管理中，制定商业人员的发展规划时，应当根据影响商业人员数量增减的各项因素的变动情况，参考有代表性年份的社会商业人员与社会商品购买力、社会从业人员、社会总人口的比例，合理规划新增商业人员的数量。

在实际工作中，宏观上不仅要注意在合理的比例上保持商业部门拥有足够数量的商业人员，还必须注意商业人员的合理分布。商业人员在全国各个地区的分布，是由各地区商品经济的发展水平、商品购买力水平决定的。商品经济发达、商品购买力强的地区，应当多配备商业人员；反之，则应少配备商业人员。一般说来，城市与乡村，大城市与中小城市，平原与山区，前者的商业人员占当地社会劳动力的比例要高于后者，而与当地社会商品购买力的比值则要低于后者。就商业部门内部而言，由于零售商业与人民生活息息相关，零售企业为数众多，因而零售商业人员远多于批发商业人员，因而，零售业是社会就业的经常性重要领域。

为保持商业人员数量和分布的合理性，应当根据市场配置资源的原则，在国家规制下实施企业依法自主用工制度。这样做，有利于社会劳动力按照社会需要及时转移到商业部门，合理分布在各地组织商品流通的不同环节，也能及时克服商业人员增加中可能出现的盲目性，使商业人员的数量和分布在动态中趋于合理，并且，还有利于新增商业人员与新增商业网点相结合，以充分发挥新增商业人员在扩大商品流通中的作用。

商业人员的素质

商业部门要力能胜任地担负起组织商品流通的任务，不但要拥有足够数量的商业人员，而且要建设一支具有良好素质的职工队伍。

职工的素质，一般是指职工在政治思想、文化程度、业务技能以及身体条件等方面的状况。所有商业职工，包括按照在商业经营管理活动中的分工和作用的不同而区分出来的领导人员、管理人员和业务人员，除应具有健康的体魄和正常的智力外，都应具有良好的政治素质、文化素质和业务素质，应是德、智、体全面发展的劳动者。

政治素质，是指商业职工的政治觉悟、精神面貌、劳动态度和道德风尚。在我国，所有商业职工都应自觉坚持商业工作的社会主义方向，坚决执行党的路线、方针和政策，严格遵守国家的法令法则和企业的规章制度；都应具有热爱祖国、服务人民的饱满的政治热情，和热爱商业工作、献身新时代中国特色社会主义现代化建设的时代责任感；都应具有认真负责、讲求效率的劳动态度，实事求是、艰苦奋斗的工作作风，锐意进取、不断创新的革命精神；都应具有高尚的社会主义商业职业道德，树立顾客第一、信誉第一的观念，全心全意地为生产建设服务、为人民生活服务。

然而，只是具有良好的政治素质还不足以做好商业工作，商业职工还必须牢固树立企业忠诚度，立足本职地熟练掌握和精通岗位操作技能或运营本领，以实现企业的良性发展。为此就要求商业职工必须具有一定的文化素质和良好的业务素质。文化素质系指职工的文化知识水平，业务素质系指职工的专业理论水平、经营管理水平和业务技术水平。业务素质的高低反映着胜任商业工作能力的大小，而文化素质则是业务素质不断提高的基础。商业职工的文化知识水平越高，就越有可能在更高的层次上掌握和精通现代商业的专业技能。如果没有商业职工的知识化，就没有商业企业的现代化，也就没有社会化大生产条件下商业工作的科学化、现代化。

商业工作的特点要求商业职工具有较高的文化素质和业务素质。商业是联系生产与消费、工业与农业、城市与乡村的桥梁和纽带，是高度社会化的行业，决定了商业工作联系面十分广泛，接触到社会经济生活的各个方面。商业职工在劳动过程中既与种类繁多的商品打交道，也与生产内容互不相同的生产者和消费需求各异的消费者打交道，既要在复杂的动态变化之中掌握商品购销活动的规律，还要按照社会主义原则在商品购销活动中正确处理人际关系。因此，要做好商业工作，合格的商业职工应当具有经济学、管理学、文学、数学、商品学、社会学、法学、美学、心理学等多方面的知识，并在此基础上掌握本职岗位所特定要求的各种专门技能。正如马克思在谈到资本主义制度的商业工人时曾经指出："真正的商业工人是属于报酬比较优厚的那一类雇佣工人，他们的劳动是熟练劳动，高于平均劳动。"① 所以，对商业职工历来就有较高的素质要求，社会主义条件下也不例外。

对于商业企业中的领导人员来说，则有更高的素质要求。领导人员是商业经营管理活动的发起者、组织者、指挥者，他们的基本职责是决策、组织、指挥和协调，因而对他们有着特殊的素质要求。特别是在现代社会化大生产条件下，我国的商业经营活动，是在具有整体性、复杂性、竞争性、多变性特点的社会经济环境中进行的，是在具有中国特色的社会主义市场经济中进行的，影响因素多，参数变量多，时空跨度大，输入输出信息量大，这就需要远不同于小生产条件下的商业活动的领导和管理方式。社会主义现代化经济建设所要求的优秀的商业企业的领导人员，应是开拓型、创造型的经营者、企业家。他们不但要有饱满的政治热情，强烈的革命事业心，较高的文化水平，丰富的专业知识，奋进的革命毅力；而且必须具备在一个企业中统率全局、总揽全局、高瞻远瞩的才干，具备计划、组织、指挥、监督、协调商业经营活动的能力；同时，还必须确立起一系列现代化的经营管理观念，包括：消费者导向的市场经营观念、社会主义的市场竞争观念、决策科学化的观念、信息观念、系统观念、时间观念、效益观念、人才观念、信誉观念、

---

① 《马克思恩格斯全集》第 46 卷，人民出版社 2003 年版，355 页。

法治观念等。只有这样的领导者，才能在管理人员的协助下，带领各类业务人员卓有成效地组织好商业经营活动，为现代化经济建设作出更大的贡献。

在实现现代化经济建设的进程中，在商业工作不断面临新挑战的情况下，不断提高我国商业职工的素质，是一项经常而又迫切的艰巨任务，对于发展社会主义商业具有战略性意义。

从一般意义上讲，如果说，商业人员数量的增加总会有一个客观限度，那么，商业人员素质的提高则是无限的。因为：商业经营管理水平和服务质量的提高是无限的；过去积累起来的知识总有一部分会随着社会实践和科学技术的发展而老化，需要不断更新；特别是随着现代社会化大生产的发展，随着商业部门物质技术装备和管理手段的逐步现代化，随着市场信息在商业购销活动的决策中占有越来越重要的地位，特别是数字经济的到来，脑力劳动不断增加，如果没有相当程度的科学文化知识和专业知识，就不能进行现代化的经营与管理。

由于我国还是发展中国家，广大人民群众的科学文化水平还较低，社会上长期存在着轻商思想，导致我国现在的商业职工队伍的素质远不能适应当前现代化经济建设和发展商品流通的需要。这就进一步突出了提高商业职工队伍素质的重要性、迫切性和艰巨性。

提高商业职工队伍的素质，需要从多方面采取措施。主要是：其一，培养大批具有商业经营专业知识和技能的高等、中等职业学校的毕业生，引进具有较强管理能力和研究能力的高学历大学毕业生，不断充实商业职工队伍，并应逐步成为商业部门新增职工的主要来源。其二，加强对在职职工的培训，本着干什么学什么、缺什么补什么的精神，分别情况地组织他们学政治，学文化，学业务，学管理，学科学技术。不但要注意对广大业务人员的培训，尤其要注重对管理人员、特别是领导人员的培训，并进行严格的考核。其三，为鼓励职工自我开发，提高科学技术水平和经营管理水平，应实行技术考核制度，定期评定或晋升技术职称，包括经济师、会计师、工程师、技师、特级售货员、特级采购技术员，等等。其四，要围绕新时代中国特色社会主义现代化建设，开展经常性的思想政治工作，教育广大职工深刻认识社会主义制度的优越性，自觉坚持社会主义方向；深刻认识商业工作在现代化经济建设中的重要作用，自觉克服可能存在的轻商思想，树立干好商业工作的光荣感和责任感；深刻认识社会主义劳动与资本主义劳动的本质区别，自觉改变可能存在的雇佣观点，树立主人翁所应具有的忘我劳动的献身精神，严格遵守劳动纪律和各项规章制度。其五，认真贯彻按劳分配原则，使职工的劳动所得与劳动成果联系起来，实行多劳多得、少劳少得，体现奖勤罚懒、奖优罚劣，以充分调动他们的社会主义积极性，激发他们的学习热情和劳动热情，端正劳动态度，钻研业务技术，加强自我开发。其六，要尊重知识、尊重人才，提拔、重用人才，实现并保持领导人员和管理骨干、技术骨干的高度社会责任感和知识化、专业化。

第二节　商业资金

商业资金的功能与构成

商业活动的形式规定性是 G—W—G。因此，为了组织商品流通，开展商品购销活动，以媒介成社会商品交换，社会主义商业必须拥有一定数量的资金。

商业部门占用的全部资金，按照在商品流通过程中的作用和周转方式的不同，分为两个基本组成部分：一部分是商业部门为购进商品所垫支的资金，也就是直接用于商品买卖的商品经营资金；另一部分是商业部门预付流通费用和购置流通手段所垫支的资金。前一部分资金是商业经营的前提条件，后一部分资金是商业经营的必要条件。

商品经营资金的运动，体现社会主义商业的职能。它的运动与商业部门的商品采购和销售活动紧密结合在一起，促成社会商品交换，实现生产与消费的联系。这一部分资金与生产部门占用的流通资金一样，只是局限在流通领域中发挥作用，通过不断进行着的 G—W—G 的形态变化，为连续的社会再生产服务。它作为商业部门的特殊投资，反复地用来替换生产部门的流通资金，成为社会主义经济中的一种独立存在的资金形式。

由商业的职能所规定，商品经营资金是按照 G—W—G 的形态变化不断周转运动的。周转的第一阶段，是货币形态上的资金转换为商品形态上的资金，这在业务活动中体现为商品购进；周转的第二阶段，是商品形态上的资金又转换为货币形态上的资金，这在业务活动中体现为商品销售。两个阶段的相继完成，也就完成了商品经营资金的一次周转。这样一种周转连续不断地进行，表现为商业部门"钱出去、货进来，货出去、钱回来"的循环往复的过程。可见，商品经营资金的周转运动，与商业部门商品购进和商品销售的连续进行，乃是同一经济活动过程的两个方面，它们相互依存，紧密结合。但它们又是相互制约的：具备一定数量的商品经营资金是商业部门开展采购和销售的前提；资金供应是否充足，运用是否得当，会扩大或限制商品采购和销售的规模；而商品购销规模的大小及其经营状况，又是影响商品经营资金占用数量和周转速度的主要因素。

商品经营资金的周转所采取的两种形态即货币资金与商品资金，总是同时并存的。很明显，任何一个商业企业都不会用自己的全部商品经营资金先集中购进商品，然后再去卖掉，待到全部卖掉后再去集中购进商品，而总是一面在买，付出货币，收进商品；一面在卖，付出商品，收回货币。这样，尽管动态地看，货币资金与商品资金总是互相交替的，但在任何一个时点，它们又都是同时并存的。当然，在商品经营资金总量既定的情况下，货币资金与商品资金是互为消长的数量关系。

商业部门要开展商品经营活动，除了要在货币与商品的形态上垫支商品经营资金以外，还必须为预付流通费用和购置各种物质技术设备垫支一定数量的资金。这一部分商业资金的作用与周转方式都不同于商品经营资金。垫支这一部分资金不是直接用于商品的买卖，而是为商品的买卖从劳动耗费的支付和物化劳动的占用方面提供必要的条件。其周转方式也不是 G—W—G 的循环，而是按照流通费用和流通手段的消耗与补偿的形式，一次或分次地随同商品的售卖流回商业部门。

为预付流通费用和购置流通手段而垫支的资金，由流通费用和流通手段的消耗与补偿的形式所规定，它的不同组成部分在周转方式上也存在着差别和特点。据此，这一部分资金又再分为固定资金和流动资金。

固定资金是固定资产的货币表现，其物质内容包括商业部门的房屋建筑、运输工具和其他各种物质技术设施。固定资产不是商业的经营对象，却是商业经营的必要条件，它们在一个较长时期内为商品流通服务，并保持自己的使用性能和实物形态。它们在使用过程中会逐渐磨损而被消耗，其价值则根据磨损的程度，分期地、多次地通过折旧的形式转化为流通费用而成为商品价格的一个构成因素，随同商品的销售而得到补偿。这就表明，固定资金的周转方式是：一次垫支，分期逐步收回。与此不同，流动资金的周转方式是：一次垫支，一次全部收回。流动资金系指一次性消耗掉的流通费用的预付资金，它们一次全部成为成本要素加入商品销售价格，并随着商品的销售重又收回。上述周转方式的不同，决定了在固定资金周转一次的时间内，流动资金可以周转多次。

商业资金上述组成部分的划分，依照于马克思划分商人资本的方法论。① 这种资金分类的根据是一致的，能够明确揭示出各类资金的作用和周转方式。

商业占用的全部资金，在实际工作中是划分为固定资金和流动资金两大类来进行核算和管理的。这样划分，是根据资金的用途和周转方式，同时考虑到经营管理的实际需要和历史习惯。

实际工作中的固定资金，通常是指价值量较高、使用期限较长（具体数额和期限由财务制度规定）的固定资产所占用的资金。其余的固定资产（如家具用具等）和为预付其他流通费用所占用的资金，以及商品经营资金，都一概列为流动资金。

流动资金包括商品资金、非商品资金和结算资金三个基本组成部分。（1）商品资金是以商品形态存在的资金，包括库存商品、在途商品以及加工付出商品等全部商品储存所占用的资金。商品资金占全部流动资金的最大比重，库存商品则占商品资金的最大比重。（2）非商品资金项目较多，包括货币资金（系指存在于货币形态上的各种资金）、包装物占用资金（仅指商品购进时单独计价、腾空后能够继续使用的部分所占用的资金）、物料用品占用资金（系指业务经营、劳动保护、修理、办公和生活等方面需用的物品、材料、燃料等所占用的资金）、家具用具占用资金（系指具有固定资产性质、但单价较低或使用期限较短的低值易耗品所占用的资金）以及待摊费用占用资金（系指已经支付、但需分期摊销的流通费用如大修理费用等所占用的资金）等。（3）结算资金，是指在商业

① 《马克思恩格斯全集》第46卷，人民出版社2003年版，第329页。

经营过程中，由于对商品与劳务的收付进行结算而发生的应收和应付款项。

商业部门占用的全部资金，按照来源的不同，还可以划分为自有资金和借入资金。自有资金是指企业可以长期自行支配使用的资金。全民所有制商业的自有资金，包括国家财政拨付和企业内部形成两部分。企业内部形成的部分系指按规定从利润分配和从流通费用中摊提补充而形成的各项专用基金。集体所有制商业的自有资金，则是由社员股金和从盈余分配中提取的资金形成的。借入资金是指企业只能在短时期内暂时占用的资金，主要部分是从国家银行和其他信用机构借入的信贷资金，还包括正常结算过程中发生的应付款项。商业资金的来源除上述两个主要部分外，还有一部分资金来源是在正常结算过程中形成的定额负债，包括应付工资、应付费用、应付税金、预提费用等，它们虽不属企业所有，但能够经常为企业无息固定占用而参加资金周转，因而通常称为视同自有资金。

自有资金和借入资金都是商业企业开展经营活动所不可缺少的。原则地说，一方面，作为独立核算单位的商业企业都应当拥有相当数量的自有资金，以充当正常组织商品流通所需要长期占用的资金，包括绝大部分乃至全部固定资金和相当额度的流动资金。只有这样，国有商业企业才能充分行使经营管理的自主权，更好地发挥企业独立经营的积极性和主动性；集体商业企业也才是名副其实的集体企业，并有利于更好地动员社会闲散资金兴办集体商业。另一方面，商业企业还必须灵活地运用银行信贷资金，以解决季节性、临时性资金周转的需要。这是因为，商业企业的商品购进与销售是不断变化的，因而购进商品所垫支的资金数额和在商品储存上占用的资金数额经常变动，往往大于或小于平均资金占用量。这种带有季节性、临时性特点的经常变动的资金需要，如果由自有资金解决，就会造成一部分资金有时闲置起来，而不能充分、有效地发挥作用；如果由银行供应信贷资金来融通解决，用时借支，不用时归还，既可满足企业的资金需要和加速企业资金周转，又有利于节约社会资金用于发展生产和兴办其他经济、文化事业。

商业资金的管理

随着我国商品经济的发展、商品交换深度和广度的扩展以及商业部门技术装备水平的提高，商业部门占用的资金总量呈现为逐步增加的趋势。为此，必须多渠道地筹集商业资金，以满足因商品流转规模扩大而增加的对资金的需要，必须加强对商业资金的管理，以保证商业部门合理地占用和有效地运用商业资金。

多渠道地筹集、融通商业资金，是党的十一届三中全会以后才逐渐开始的。在此之前，由于长期实行的方针实际上是由国家包办商业，加上商业企业由于财政上统收统支也很少自我发展的能力，新增商业资金主要是一靠国家财政投资，二靠国家银行贷款；而国家财力有限，影响到商业发展缓慢，商业网点萎缩，既影响生产发展，也不方便人民生活。党的十一届三中全会以来，随着我国经济体制改革的顺利进展，商业资金的供应渠道逐步多样化，除了国家投资、银行贷款外，出现了以下诸方面的重大变化：首先，基本上由国家包办商业变为国家、集体、个体一起上，动员了大批社会闲散资金投入到商业部门，商业得到了前所未有的发展；其次，允许国有、集体生产企业自办商业机构，这也增加了商业资金，并提高了这些企业的资金使用效果；再次，鼓励企业之间进行跨行政地区、跨行政部门、跨所有制的横向联系，出现了多种形式的工商、农商、商商联合体，从而开拓了横向融通商业资金的新渠道；最后，股份经济出现于商业部门，有利于动员更多渠道的社会资金用于组织商品流通。总之，变国家包办商业为社会办商业，商业资金的供应渠道多样化了，这是我国 20 世纪 70 年代末以来商品流转规模不断扩大、市场持续繁荣的一个重要保证条件。随着企业自主经营权扩大，掌握的资金量增多，地方、部门等拥有一定量的预算外资金，个体收入的增加，拥有了更多渠道的社会资金用于商业企业的资金融通。20世纪90年代以来，民营资本大规模进入商业领域，消费品市场上民办商业企业已占据很大比重，由此，商业资金供应渠道进一步大大拓宽了。

目前，在开放的资金市场上，商业企业除了可以在本币市场获得资金，还可以在跨国界的外汇市场、证券市场获得资金。商业企业可以进行债权融资，如银行贷款融资、信用担保融资等，可以进行股权融资，如股权出让融资、风险投资融资等，可以进行内部融资和贸易融资，如资产管理融资、国际贸易融资等，还可以进行项目融资和政府融资。商业资金供应渠道多样化，应是我国今后长期实行的方针。

应当指出的是，商业部门解决扩大商品流转的资金需要，并不能单纯依靠商业资金的增加，还必须在有效运用商业资金上下功夫。这是因为，商业资金占用量的多少，与通常占商业资金总量80%以上的流动资金的周转速度密切相关。流动资金的周转速度，是指一定时期内流动资金周转的次数（也可以用每周转一次所需要的天数来表示）。如果一年内流动资金周转了5次，那就意味着用1元钱做了5元钱的买卖。因此，加快流动资金的周转速度，就能用等量的资金在扩大的规模上完成商品的采购和销售，从而提高商业资金的运用效果，相对地节约商业资金的占用。所以，商业企业必须加强对流动资金的管理，千方百计加快流动资金的周转速度。至于如何加速周转，将在研究提高商业经济效益时讨论。

为合理地占用和有效地运用商业资金，国家有必要加强对国有商业企业资金的管理，尤其要做好宏观调控供应的那一部分资金的管理。

第一，加强对商业资金的管理。具体说来，（1）国有商业企业的自有资金与信贷资金的收付必须纳入国家财政收支与信贷收支的综合平衡中统一安排。商业财务的一切收支，属于国家预算内的固然要如此，即使是预算外的，如企业基金，其比例和使用范围也要按规定纳入国家综合财政计划。这样，不仅能够切实保障国有商业企业的资金来源才有切实保证，也能避免各个商业企业无计划地增加资金占用，影响其他部门的资金来源和周转。（2）流动资金的收支要与商品流转相衔接、相适应，亦即商品流通规模与流动资金需要量之间应进行合理配合。对于采购供应企业，由于它们集中大量地组织商品采购，并要建立确保商品流通不致中断的商品储存，其流动资金的管理就应当以企业自行安排的商品流转计划及其执行进度为主要依据。对于基层批发商店和零售企业，可以比较均衡地组织进货、流动资金占用量相对稳定者，因而适于实行流动资金的定额管理；而更多的要考虑到市场竞争的因素，流动资金的管理应当具有因特性而变的灵活性。

第二，科学地加强审计工作，监督国有商业企业严格执行国家关于国有资金使用的有关规定。国有商业企业中部分固定资金与流动资金必须按国家规定的财务制度划清范围，限定用途，专款专用。国家财政拨付的基本建设投资或银行贷给的基建贷款、企业摊提的更新改造基金，必须用于重置和增置各项固定资产，以提高商业部门物质技术的现代化水平，而不应作为流动资金。企业的流动资金，不论是自有的还是银行借入的，在满足商品运动的需要下，坚持钱货两清的原则。个体商业由银行借入的流动资金也必须遵循这一原则。这样做，既可以避免因流动资金不足而影响商品正常流转和银行信贷资金的周转，也可以保证基建项目对基建物资的需要。

第三，正确发挥利率的杠杆作用。银行贷款的利率要根据商品流通的实际状况在一定幅度内浮动，国家拨付国有商业使用的固定资金也要实行有偿占用的原则，以督促商业企业从物质利益上关心资金占用是否合理和资金运用效果的大小。这样做，有助于促进改善商业的经营管理，用有限的钱更有效地组织好商品流通，为现代化经济建设服务，为提高人民的消费水平服务。

第三节　商情信息

商情信息的概念和内容

有了商业人员和商业资金，似乎就可以进行商业活动了，其实不然。商业是由商人进行的专门媒介成商品交换的活动，如果商业经营者不了解商品的供给、需求、价格、储运条件等方面的状态及其变动趋势，有效的商业活动便不可能发生。因此，掌握并运用商情信息，乃是商业活动的先导。正是从这种意义上说，商情信息并不只是进行商业活动的条件，而是商业活动的形成要素之一。如果把商业活动中商品价值形态的变化（内含着商品所有权的更迭）称为"商流"，并把由此而引起的商品实物形态的空间移动称为"物流"，那么，商情信息的交流传递就是商业活动中的"信息流"。从系统的观点看，商业组织的商品流通过程，实际上就是这"三流合一"的运动过程。

信息，本质上是客观事物运动状态和特征经过传递后的再现。它表现为事物发出的消息、信号、数据和情报等。万千世界，任何运动着的事物——包括自然界和人类社会——都在无时无刻地发出信息。不过，这里所讲的信息，是指由人发出、被人接收的那部分信息。需要强调的是，传递是信息的要素，没有传递就不成其为信息，不存在不经过传递的信息。但信息必须借助于一定的物质载体才能传递。迄今为止，传递信息的载体一是语言，二是文字，三是电磁波。人类借助自己的感官和各种工具，从各个侧面对客观世界的信息进行感知（信息的获取），经过大脑的思维（信息的加工处理）形成观念，逐步积累为系统的知识（理性知识），这就成为指导人类改造客观世界的行动依据。

商情信息，也就是市场信息，它是市场商品供求、商品经营状况与变动之特征的客观描述，表现为能被传递、接收、理解和评价的各种有用的新的消息、数据、指令、情报和信号等。它通过口头交谈、报纸、书刊、电视、广播、电子计算机等传递、贮存手段，沟通着生产者、商业经营者、消费者之间的联系，成为商品生产、商品交换活动的决策依据。由于商品经济中的一切经济活动无不与市场有关联，商情信息就成为商品经济中经济信息的主体。

商情信息的内容十分广泛，归纳起来大致有以下几个方面：

商品需求信息。它包括：消费者（生产消费者和生活消费者）的数量、分布与构成；商品购买力的大小、投向及其增减变动；消费需求的构成及其变化；单项商品的需求总量及其饱和点；消费者对商品价格水平的反映；消费者对销售前销售后服务的要求；消费者的购买动机和购买行为；潜在需求量的大小及其投向；等等。

商品供给信息。它包括：商品生产状况，如商品产地、生产规模、技术水平、发展速度；商品资源总量及其构成，以及与相应商品购买力水平的平衡程度；商品供应渠道、供应方式及供应者所能提供的服务；商品供应的价格水平；单项商品的性能、用途、质量、包装、商标及其供应量；不同商品在市场上当前所处的生命周期的不同阶段；新产品开发的状况；商品储运条件及其收费水平；等等。

市场竞争信息。这是指经营同类商品企业的数量和类型；它们各自的经营能力、管理水平、销售方式、销售价格、服务项目、促销手段，以及它们经营商品的市场占有率；未来竞争情况的分析与估价；等等。

宏观控制信息。这是指国家颁布的有关商品生产、银行信贷、市场经营、商品供应、价格管理、商业信用、收益分配等方面的方针政策、法令、法规及其变化情况。

企业内在信息。这是指企业本身经营条件、经营状况方面的信息，诸如人员的数量与素质，固定资产的总量与构成，流动资金的总量与周转速度，商品购、销、存的状况，费用与利润水平，物质技术手段的现代化程度，等等。

从信息的时间性出发，上述诸方面的商情信息，一般都存在着过去信息、现状信息和未来信息。过去商情信息是指描述和反映已经发生的市场商品供求、市场商品经营状况的信息。这一类商情信息都经过分析和评价，大多已经使用过，一般以资料形式储存起来，成为商情信息档案。现状商情信息，是指描述和反映现实市场上商品供求、商品经营状况的信息，这类信息具有明显的动态性和很强的时效性，及时掌握这类信息，对于指导和控制商业活动极为重要。未来商情信息，也称预测性商情消息，是指预测商品供求、商品经营发展变化趋势的信息，这类信息具有先兆性，对于组织好未来的商业活动具有重要作用。

商情信息的特征和功能

商情信息作为信息的一个部分，具有一般信息的特征，例如，信息的可传递性、可分享性、可扩散性、可压缩性等。这里着重分析以下三个方面：

时效性。任何信息都只是在一定时间内发挥作用，商情信息也不例外，表现得尤为鲜明。由于市场上商品供求、商品经营状况瞬息万变，多数商情信息产生很快，并通常都具有很强的时效性。一个商业企业如果不注意商情信息的这一特征，往往会使本企业丢失良好的市场机会（市场机会系指市场上尚未被满足的有货币支付能力的商品需求）。为此，对于一个企业来说，必须增强商情信息的收集能力和加工效率，尽可能缩短从收集到投入使用的时间，以能最大限度地发挥商情信息的时效性。对社会来说，则应努力保持信息传递渠道的畅通，大力发展现代化的信息传递手段，加快商情信息的传递速度。

更新性。商情信息总是市场商品供求、商品经营发展变化状况的动态反映，换句话说，商品供求、商品经营发展变化总是不断地生成和发送表现出新变化、新特征的新的商情信息。新的商情信息产生了，原有的商情信息就开始老化，并逐步提高老化的程度而过时。诚然，社会再生产过程是周而复始地进行的，但任何一次再生产过程都不会简单重复原有的经济活动过程。因此，商情信息与再生产过程中产生的其他经济信息一样，都不可能完全重复再现原有的经济内容。尤其在现代，随着社会生产力的迅速发展，经济运动的节奏加快，新的商情信息更是层出不穷。商情信息的这种更新性，要求人们不能以老化了的商情信息作为认识、判断商品购销活动的依据，而必须不断地、及时地收集和传递新的商情信息，以能不断地掌握新情况，研究新问题，保持商情信息的时效性，取得组织商业活动的主动权。

系统性。系统，是由一连串或一群单元有规律结合起来的相关整体。商情信息的系统性，首先是指它不是零星的、孤立的、杂乱的，而是从各个方面、各个环节反映市场商品供求、商品经营变化和特征的一连串具有内在联系的大量相关信息；其次是指它具有时间上的连续性，从而反映出不同时期市场上商品供求、商品经营发展变化的内在联系；最后是指它包括商情信息反馈，亦即商情信息的流动是双向的，具有可逆性，表现为输入→转换→输出→反馈→

再输入，形成一个闭环反馈回路，表现出明显的系统性。商情信息系统性的上述内容说明，在商情信息工作中必须连续地、大量地、多方面地收集、加工有关商品供求、商品经营的各种信息，分析它们之间的内在联系，提高商情信息的有序化程度，从而能够更好地利用商情信息，防止人们的认识产生片面性。

信息是可再生资源（如动植物）和不可再生资源（如矿物）之外的第三种资源，是人类社会和生物世界赖以生存和发展的重要基础。当代发达国家都把信息、能源、材料并列为现代经济发展的三大支柱。就我们这里讨论的商情信息来说，则与商业人员、商业资金一起，成为商业活动产生与存在的三大要素。

商情信息成为商业活动的形成要素之一，是由商情信息的功能所决定的。商情信息的功能，一方面表现为它是联系并沟通生产者、商业经营者、消费者的"神经系统"，形成商业活动过程的脉络；另一方面表现为它是商业决策和制定具体行动计划的指南和基础。这就是说，没有商情信息，就不存在商业活动。

对于商业经营者来说，获取商情信息的意义在于：它可以减少经营者对市场状况认识的未知度、不定度或者混杂度。由于市场商品供求、商品经营的状况受多种因素的影响和制约，总是处于错综复杂的动态变化之中，任何一个商业经营者对市场状况的认识总是存在着未知度（系指人们对事物不知道的程度）、不定度（系指人们对事物认识的不肯定程度）或混杂度（系指人们对事物真假难辨、主次难分的不清晰程度）。在这种情况下，唯有通过连续地、大量地获取多方面的商情信息，并进行加工处理，形成系统的认识，才能减少乃至于消除认识中的未知度、不定度或者混杂度，才能明确行动的目的性，增强行动成功的把握性。在此基础上，才能成功地发起商业活动和有效地控制商业活动，既媒介成生产者与消费者之间的商品交换，也使商业经营者从中获取一定的经济收益。

商业从它诞生之日起，就是一个社会化的行业。人类对于经济信息的利用可以说最早是表现在对商情信息的利用上。我国公元前3世纪写成的《荀子》一书，就曾难能可贵地提出"农以力尽田，贾以察尽财，百工以巧尽器械"的卓越见解。① 所谓"贾以察尽财"，说的是商人在充分了解市场供求变化和商品经营状况之中才能做好生意。到了20世纪80年代，在现代社会化大生产条件下，商品经济的发达程度千万倍于荀子时代，信息的发展也早已越过个体信息阶段，而由社会信息阶段进入现代大规模社会信息流阶段，不仅信息总量正在以几何级数增长，而且信息传递的手段已经多样化、现代化，并且，大量信息的传递已经冲破国境线而达到全球化。所有这些，既大大增强了掌握、运用商情信息的重要性和复杂度，也提供了及时、准确、系统地掌握和运用商情信息的有利条件。在今天，掌握和运用商情信息的程度，不仅关系到商业活动的成败，而且也是商业活动科学化、现代化的一个重要标志。

商情信息的收集和加工

既然商情信息是商业活动的"神经系统"形成要素，商情信息工作就成为商业工作的一个有机组成部分。商业企业、商业部门努力做好商情信息工作，是科学决策的有力保证。

商情信息的收集和加工，是市场调研活动的核心内容。所谓市场调研，就是以科学的方法，有系统地收集、记录、整理、分析与经营活动相关的商情信息，以求较确切地了解现实市场和潜在市场的状况，使市场经营活动减少风险，更趋有效。

商情信息来自商情信息源。信息源，就是产生信息或信息序列的源。商情信息源有直接信息源和间接信息源的区分。来自直

---

① 《荀子·荣辱》。

接信息源的信息是第一手资料，来自间接信息源的信息是第二手资料。一般说来，商业企业、商业部门应当同时从这两种信息源获取信息。

在实际工作中，商业企业、商业部门无非从内部和外部这两个方面来收集商情信息。

企业内部或部门内部的商情信息，都属于直接信息源发出的信息，包括决策机构、各管理职能部门、各业务活动环节发出的种种信息。诸如：各种决策、指令和计划，反映人、财、物状况的各种报告、资料和报表，反映商品购、销、存活动情况的各种报告、通报和数据，以及预算、工作总结、预测资料，等等。

企业外部或部门外部的商情信息，来路十分广泛，既有直接信息源发出的，也有大量间接信息源发出的。概略地说主要有以下几类：（1）来自文献、书刊、报纸等各种出版物以及各种广告媒体的商情信息；（2）来自政府机构的商情信息，包括有关的方针政策、法令法规、社会经济计划、统计公报、社会经济情况分析等；（3）来自其他工商企业、其他经济部门的商情信息；（4）来自各种社会服务机构的商情信息，诸如科学研究机构、市场调研机构、咨询机构、预测中心、消费者协会等发出的有关信息；（5）来自本企业、本部门组织的各种专题性社会经济调查的商情信息。

商情信息的收集是商情信息分析的基础，应当遵循下述基本原则进行：

第一，及时性原则。这是充分发挥商情信息时效性的要求，也是保证商业活动在瞬息万变的市场上取得成功的要求。为此，商情信息的收集者要具有敏锐的洞察力和判断力，要善于追踪、捕捉那些先兆性强、现实意义大的信息。

第二，真实性原则。商情信息反映客观实际，是科学决策的客观要求。真实可靠也就成为商情信息收集工作的起码要求。为此，在收集过程中要注意随时鉴别并剔除不真实的信息，要注意追踪澄清模糊度较大的信息；在进行描述性信息收集时，文字表达要做到完全客观，不允许人为地夸大或缩小，不允许掺杂任何主观臆测和所谓的合理想象。

第三，全面性原则。商情信息不但来路广，而且分布密度很不均匀，信息量的大小也是动态变化的。因此，收集商情信息首先要进行大面积扫描，在此基础上再深入搜寻，以防重要信息被遗漏。在方法上，则要注意不断开拓收集领域，既要注重必要的实地调查取得第一手资料，也要善于从各种信息源发出的印刷资料、广播电视中广泛收集有价值的信息。

第四，系统性原则。如果说，全面性是就横向的广度而言，那么，系统性是就纵向的深度而言。经济活动是连续不断运行的，因而总是连续不断地产生着信息。人们只有系统地从历史到现实地收集它所产生的信息，才有可能深刻地认识它的未来。因此，在商情信息工作中，应当力求连贯、系统地而不是孤立、零星地收集某一经济活动的信息。只有这样，才能通过积累形成有助于避免决策失误的系统知识。

第五，适用性原则。收集商情信息是为了运用商情信息，因而商情信息的收集应是一种有目的的自觉行为，应有鲜明的针对性，为一定的商业活动目标服务。为此，必须事先制订收集计划，确定收集内容，明确收集方向，防止漫无边际地盲目收集。

第六，经济性原则。收集商情信息要耗费一定的人力、物力和财力，这就产生了收集信息的经济效益问题。总的原则应是所得大于所费。为此，商情信息的收集必须有目的、有选择地进行，特别要注意选准信息来源，选择适当的收集方法，注意收集信息含量大、可用性强的商情信息，力求事半功倍。

收集来的商情信息都要通过加工处理才能使用。这是因为，通过各种渠道收集来的信息对于本企业、本部门来说都属于原始状态的信息，从总体上看不仅是零乱的、彼此孤立的，而且不可避免地混杂着不真实、不准确的信息。加工商情信息的意义有两个方面：一方面，只有通过加工，才能变零乱为有序，变彼此孤立为相互联系，才能去粗取精，去伪存真；另一方面，加工过程实际上还是由此及彼、由表及里的研究过程，这一过程的结果，往往会产生出许多比初始状态信息重要得多的、更有价值的新的信息。

商情信息的加工工作（包括分类、鉴别、计算、分析、判断、编写等工作），同样应当在上述商情信息收集工作所应遵循的那些原则指导下进行。需要强调的是及时、准确、有序、浓缩和出新。及时，就是及时加工，提高效率；准确，就是准确表述，不得失真；有序，就是大大提高有序化程度；浓缩，就是简明、清晰，亦即尽可能降低多余度，努力提高清晰度；出新，就是通过分析研究得出新的结论，亦即取得新的信息。

改革开放以来，商情信息工作在我国已经越来越引起广大商业经营者的重视。在此之前，在统购包销、政企合一、条块分割的商业体制中，商业企业不必要也不可能获取大量的商情信息。那时也有商情信息，但首要的也是占主导地位的乃是行政指令。由行政指令发起的商业活动，是一种封闭式、分配型的商业活动。它不利于商品经济的发展，不利于商业经济效益的提高，这已为历史所证明。今天，随着我国经济体制改革的深入进行，商情信息工作早已被证明在整个商业工作中的地位越来越重要。做好商情信息工作，永远是商业经营者的一项重要工作任务。

第四章

面向消费需求是商业活动的基本导向

　　从一般意义上考察，人类从事生产活动的目的完全是满足人类自身消费的需要；商业作为商品经济条件下实现生产与消费联系的桥梁和纽带，其活动导向自然就应当面向消费需求，进而才能满足消费需要。在社会主义制度下，生产活动、交换活动的主体部分是在社会主义生产资料公有制基础上进行的，它们的直接目的都是满足社会消费的需要（包括生产消费和生活消费的需要），归根到底是为了满足人民的物质、文化需要和他们对美好生活的不断追求。因此，树立"市场导向"即"消费者导向"的经营观念，研究市场上的各类商品需求，做好商品需求的预测工作，对于商业部门适销对路地开展商业活动以更好地满足消费需要，具有重要意义。

第一节　市场经营观念

两种市场经营观念

　　商业活动是一种市场经营活动。市场经营，系指商品生产条件下，通过市场组织社会产品实现亦即进入消费的人类经济活动。人类的任何活动都是在一定的思想指导下进行的，市场经营活动则是在某一种市场经营观念指导下进行的。市场经营观念，就是贯彻于市场经营活动、指导企业行动的经营思想，它概括一个企业经营的态度、经营的思维方式，表明一个企业经营活动的中心和重点。

企业的经营活动可以在不同的指导思想下进行，也就是说，存在着不同的市场经营观念。不同经营观念指导下的企业经营，会有很不相同的经营效果，对企业、对社会经济生活产生着不同的影响。市场经营观念，大致可以归纳为两种基本类型：

其一，"生产者导向"，或者叫作"以产定销"。这是一种"以生产为中心，以产品为出发点"的传统经营思想，就是说，先有产品，后有顾客，先把产品生产出来，再让消费者接受它。在这种经营观念指导下，生产企业重点考虑的是"我擅长于生产什么"，商业企业重点考虑的则是"我能组织到什么货源"。由此出现的市场情况是：生产者生产什么，消费者购买什么、消费什么。这种市场经营观念，一般形成于自然经济占据主导地位或者市场商品供不应求的情况之下。虽然这种经营观念从一开始就不能保证商品有确实的销路，潜伏着商品滞销积压的危机，但在上述两种情况下并不会给生产者、商业经营者造成真正的威胁。

其二，"市场导向"，或者叫作"消费者导向"，也就是生产单位"以销定产"或"按需生产"，商业单位"以销定进"或"按需供应"。这是一种"以市场需要为中心，以消费者为出发点"的新型经营思想。在这种经营思想指导下，企业首先考虑的是"消费者需要什么"，商品适销对路问题成为生产活动、商业活动的轴心，生产企业不是在产品生产出来以后而是在组织生产之前就考虑到了产品的市场容量，商业企业也是在拟定商品的采购或进货计划时就考虑到了商品的销量大小。因此，它们都十分重视市场信息，注重市场调查和市场预测，力求按照市场上现实的和可能的消费需求来组织自己的经营活动。当然，这种市场经营观念并不意味着市场经营活动只是被动地适应消费者的需要，而是还要影响、引导消费，激发新的消费需要。例如，开发某种前所未有的新产品等。但所有这一切，都是在事先确认"消费者能够需要"的基础上进行的，亦即依然是以消费者的需要为出发点。这种市场经营观念也不意味着要求企业超越自身可能的条件去适应消费者多种多样的需要，而只是表明，企业应当生产或销售既为消费者所需要又为自己力所能及的某一类或某几类商品。

确立"消费者导向"的经营观念

在我国社会主义条件下，应当确立"消费者导向"的市场经营观念。

这种市场经营观念符合马克思主义关于生产与消费的辩证统一关系。在一个社会再生产过程中，固然生产是起点、消费是终点，但从再生产的角度动态地看，由于生产只是为了消费，因而是"消费创造出生产的动力"，"创造出生产的观念上的内在动机"①，产品也只有在消费中才成为现实的产品，"只有消费才使产品成为财富"②，所以，消费"又会反过来作用于起点并重新引起整个过程"③。这就表明，固然"没有生产，就没有消费，但是，没有消费，也就没有生产"④，"消费的需要决定着生产"⑤。可见，只有按照市场上已经出现的和可能出现的消费需求去组织商品的生产和销售，才能形成生产与消费的良性循环。

进一步看，"消费者导向"的市场经营观念也完全符合社会主

---

① 《马克思恩格斯选集》第二卷，人民出版社 2012 年版，第 691 页。
② 《马克思恩格斯全集》第 33 卷，人民出版社 2004 年版，第 361 页。
③ 《马克思恩格斯选集》第二卷，人民出版社 1995 年版，第 7 页。
④ 《马克思恩格斯选集》第二卷，人民出版社 1995 年版，第 9 页。
⑤ 《马克思恩格斯全集》第 30 卷，人民出版社 1995 年版，第 41 页。

义基本经济规律的要求，体现着社会主义生产的目的。邓小平同志明确指出："社会主义的经济是以公有制为基础的，生产是为了最大限度地满足人民的物质、文化需要，而不是为了剥削。"① 习近平同志也明确指出："坚持以人民为中心的发展思想，坚定不移走共同富裕道路。"② 总之，发展社会主义生产完全是为了让人民群众得到实惠，使他们得到全面发展，生活得更加富裕幸福。既然如此，社会主义企业只有按照人民群众生活消费的需要以及由此而引起的生产消费的需要去组织生产和流通，去开展市场经营活动，才能真正体现社会主义基本经济规律的要求。

还要看到，确立"消费者导向"的市场经营观念对于企业的生存和发展也是至关重要的。在社会主义阶段，企业都是相对独立的商品生产经营者；而在商品经济中，"如果商品被投入流通的炼金炉，没有炼出货币，没有被商品所有者卖掉，也就是没有被货币所有者买去，商品就会变成无用的东西。"③ 企业花在商品上的劳动就得不到补偿，导致企业人力、物力、财力的巨大浪费。要避免出现这种情况，唯一的途径就是确保商品适销对路。从这种意义上讲，"消费者导向"的经营观念是企业经营的生命线；是否确立并实践这一观念，对于企业的生死存亡，能否发展壮大，具有决定性意义。

对于商业企业来说，确立"消费者导向"的市场经营观念，还是完成商业活动使命的客观要求。我们知道，商业活动是一种周而复始的先买 G—W，后卖 W—G 的运动过程。但商品的买和卖在商业活动中的地位是不同的。买是商业活动的起点，是手段，卖则是商业活动的终点，是目的；买固然形成卖的物质基础，但买必须立

① 《邓小平文选》第二卷，人民出版社 1994 年版，第 167 页。
② 《在全国脱贫攻坚总结表彰大会上的讲话》，载《人民日报》，2021 - 02 - 26。
③ 《马克思恩格斯全集》第 44 卷，人民出版社 2001 年版，第 135 页。

足于卖，买和卖的统一是为卖而买，而不是为买而卖。这就是说，卖是商业活动的关键，是整个运动过程的着眼点。这是由商业的特定职能所决定的。商业的使命是要媒介成社会商品交换，完成商品从生产者手中转移到消费者手中的物质变换，这种物质变换，只有通过卖才能完成。既然卖是商业活动过程中的关键一环，商业企业的经营活动也就必须坚持面向消费。只有这样，商业企业才能顺利地完成其媒介商品交换的使命，也才不至于因买进来的商品卖不出而导致商业活动本身的中断。

然而，在我国过去很长一段时间里，不管是否意识到，实际上是"生产者导向"的市场经营观念占据着主导地位。这固然有商品长期供不应求的客观原因，但主要还是由于在计划经济管理体制中，存在着企业可以吃国家的"大锅饭"、产品由商业部门统购包销等弊端，企业的利益与效益不挂钩，自然也就不那么关心商品的销售。结果，市场经营活动不能很好地适应消费的需要，损失浪费严重，既阻碍了生产的进一步发展，也给人民生活带来不少问题。随着我国经济体制改革的深入进行和商品生产的迅速发展，市场经营观念也在发生革命性变化，"消费者导向"的理念基本取代"生产者导向"理念占据主导地位。

强调商业经营活动必须面向消费需要，商业经营者必须确立"市场导向"即"消费者导向"的经营观念，决不意味着商业部门可以不去促进生产的发展，可以不为生产建设服务。这种强调只是说明，商业部门必须立足于社会消费需要去促进生产的发展，将促进生产发展与引导生产发展统一起来。从这一认识出发，商业部门在实际工作中，一方面，"必须反对片面地着重……商业、忽视农业生产和工业生产的错误观点"①，防止单纯在商品购销上打圈子，

---

① 《毛泽东选集》，人民出版社1991年一卷本，第1216页。

而是应该深入生产、熟悉生产，想生产之所想，急生产之所急，利用自己的各种条件千方百计地支援和促进生产的发展；另一方面，也必须反对"生产什么收购什么，生产多少收购多少"的错误观点，防止盲目支持生产，而是应该调查需求，了解需要，千方百计地引导生产的发展符合社会消费的需要，亦即实现按需生产。只有这样，商业活动的物质基础才能越来越雄厚，商业活动的天地才能越来越广阔。这样看来，那种离开社会消费需要，单纯强调商业工作要"面向生产"的观点，是不足取的，不宜倡导。

还应当指出，"消费者导向"的市场经营观念在商品经济中具有一般性。由于它正确反映了商品生产条件下组织社会产品实现的客观要求，因而它既可广泛应用于社会主义企业，也可广泛应用于资本主义企业。事实上，第二次世界大战以来，"市场导向"或称"消费者导向"的市场经营观念即已在资本主义世界逐步流行，现已普遍成为发达资本主义国家企业经营的指导思想。

但是，在不同社会制度下，这一经营观念的运用却有着原则性区别。这种区别集中表现在：（1）运用的目的不同。在资本主义社会，资本家围绕消费需求组织商品经营活动，完全是为了通过扩大商品销售去获取最大限度的利润，亦即最大限度地实现剩余价值、实现剥削。至于消费，只有在保证最大限度取得利润这一任务的限度内，才是资本所需要的；在这以外，人及其需要就从资本的视野中消失了。在社会主义社会，已如前述，运用这一经营观念则是为了在促进生产发展的基础上，不断提高人民的物质文化生活水平，与时俱进地从一个重要方面满足他们对美好生活的不断追求。（2）运用的方式不同。社会主义市场经济下，国家根据社会消费的需要运用多种形式的行政调节、市场监管、社会管理、公共服务和生态环境保护，从宏观角度不同程度地协调着企业的市场经营活动，并通过改革进一步健全市场体制，破除垄断，发挥价格机制作用，增强市场主体活力，这就能够从主体方面避免市场经营活动的盲目无政府状态，并使市场经营活动更好地适应消费的需求。而在资本主义经济中，尽管每一个企业都力图使自己的经营活动适应某一方面的消费需求，但由于资本家占有制引起的企业之间的相互敌对和盲目竞争，各自严密的市场经营活动却往往导致社会经济活动的严重失调，不可能实现整个社会商品的生产与消费、商品的销售量与需求量之间的相互衔接、相互适应。

第二节　市场商品需求

市场商品需求的形成

商业活动要面向消费需要，就应当认真研究消费需要。在商品经济条件下，消费需要总是表现为市场商品需求。商业活动面向消费需要也就是要面向这种市场商品需求。

商品需求是与商品供给相对应的商品经济范畴。

在商品经济条件下，生产者需要通过市场出卖自己的产品以实现它们的价值，唯有如此，生产中的劳动耗费才能为社会所承认，直接生产过程也才有可能重新开始；与此同时，由于生产的社会分工，人们一般不可能自给自足，要求通过市场购买一定的商品，以实现各自生产消费、生活消费的需要。这样，在市场上，一方面存在着生产者为出卖而提供的商品，形成了商品的供给；与此相对立的另一方面，则是存在着消费者为购买而携带的货币，形成了商品需求。商品供给、商品需求是在商品的生产基础上必然产生并出现于市场的两种相互对立而又紧密联系的经济现象，两者构成了市场经济活动的基本内容。

马克思指出，商品供给"就是处在市场上的产品，或者能提供给市场的产品"；商品需求则是"市场上出现的对商品的需要"。① 无论是商品供给还是商品需求，都是指现实的而不是指观念上的供给和需求；这种现实性决定了它们总是具有一定的数量界限。观念上的供给只是一种设想、一种目标，并不具备现实的物质内容，如果把观念上的供给当作现实的供给，那就无异于画饼充饥。所以，商品供给必定"不仅是满足人类需要的使用价值，而且这种使用价值还以一定的量出现在市场上。"② 观念上的需求也是一种想象中的需求，是希望得到满足的需要，它不仅是无止境的，甚至它的物质对象在现实生活中还不存在。所以，商品需求总是"以货币为基础的有效的需求"，③ 它的数量界限不以人们的消费需求欲望为转移，而是由人们的货币收入决定的。由于市场上的商品供给、商品需求具有现实性和数量界限，因而它们也都具有一定的时间界限。商品供给是在一定时期内已经存在于市场和能够提供给市场销售的商品量；商品需求也是在一定时期内在市场上出现的有货币支付能力的对商品的需求量。

既然商品需求是指有货币支付能力的对商品的需求，市场商品需求也就反映为社会商品购买力。所谓社会商品购买力，就是一定时期内（如一年）社会各方面用于购买商品的货币支付能力。它的大小（以货币金额表示），代表着一定时期内的市场商品需求量。所以，研究市场商品需求的形成，就是研究社会商品购买力的形成。

市场上的商品分为生活资料（消费资料）、生产资料两大类，因而社会商品购买力相应地既包括生活资料购买力（消费资料购买

① 《马克思恩格斯全集》第 46 卷，人民出版社 2003 年版，第 210 页。
② 《马克思恩格斯全集》第 46 卷，人民出版社 2003 年版，第 207 页。
③ 《马克思恩格斯全集》第 42 卷，人民出版社 1979 年版，第 154 页。

力），也包括生产资料购买力。由于媒介商品流通的货币流通，既采取现金形态，也采取非现金形态，因而社会商品购买力既包括现金形态的购买力，也包括非现金形态的购买力。在我国市场上，在过去，购买生活资料主要用现金支付，随着互联网技术的发展，移动支付已经成为主要结算方式，也有一部分是现金支付；购买生产资料大多通过非现金结算，即通过银行转账，也有相当一部分是用现金支付的。

我国市场上的商品购买力，包括居民购买力、社会集团购买力（公共购买力）和生产资料购买力三部分。

居民购买力，就是一定时期内城乡居民用于购买商品（基本上是消费品）的货币支付能力。它是居民消费水平的重要标志，是生活资料购买力的主要组成部分，由它所实现的消费品零售额约占我国社会消费品零售总额的90%左右，因而它在很大程度上决定着消费品市场的容量和结构。

居民购买力是由城乡居民的货币收入形成的。我国城乡居民全部货币收入的来源，可以分为四类。第一类是劳动收入，这是基本来源。城镇职工的货币收入，主要是工资收入，其总额水平取决于就业人数和平均工资水平；乡村农民的货币收入主要是出售农副产品的收入，其总额水平取决于农业生产水平、农副产品商品率和农副产品出售价格水平。第二类是从国家财政信贷系统获得的收入，如奖学金、救济金、优抚金、银行储蓄利息等。第三类是按资分配获得的收入，包括私有企业利润分配归资本所有者的部分、股息等。第四类是其他收入，如居民出售废旧物资收入，侨汇收入等。

居民购买力的大小，不仅取决于居民货币收入的多少，而且取决于居民各项货币支出的比例。居民的全部货币支出，可以分为两类：一类是非商品支出，即用于义务缴纳和其他不取得商品的货币支出；另一类是商品支出，即购买各种商品（包括有形的物质产品和无形的劳务产品）的货币支出，这类支出占较大比例。显而易见，只有后一类支出才能形成商品购买力。

但是，一定时期内的居民购买力，并不就是货币收入扣除非商品支出后的余额。居民的货币收入还会有一部分作为银行储蓄存款和手存现金。这两种储存货币不是货币的实际支出，就其主要部分而言，是一种在时间上推迟实现的潜在的或后备的购买力，但它们的增减影响着计划期内居民购买力水平。如果期初结余额大于期末结余额，就意味着有一部分储存货币转为本计划期的购买力；如果期初结余额小于期末结余额，就意味着本计划期内有一部分货币收入转为储存货币，从而减少购买力。

从上述分析中，得出计算居民购买力的公式是：

居民购买力＝居民货币收入总额－居民非商品支出

$\pm$居民货币储蓄增减额$\pm$居民手存现金增减额

在居民相互之间还存在着货币转移。这不会改变全体居民的货币收支总额，但会影响地区之间居民的货币收支额。在运用上述公式计算某一地区的居民购买力时，则应考虑到这一因素。不过，在汇入汇出相抵后，一般说来这一因素影响并不大。

社会集团购买力，是机关、团体、企业、事业、部队等单位在市场上购买公用消费品（非生产用品）的货币支付能力，故亦可称为公共购买力。公用消费品包括办公用品、劳保福利用品、科学研究和教学用品以及管理和改善公共工作、生活环境的其他用品等。

社会集团购买力的资金来源，国家机关、团体、事业、部队等单位主要依靠国家财政拨款，企业单位则依靠本企业的经营收入。社会集团购买力中相当一部分属于管理费用支出，对这一部分应当根据勤俭节约的原则严加控制。我国的社会集团购买力正是在国家严格控制下有计划形成的。

生产资料购买力，就是一定时期内用于购买生产资料的货币支付能力，包括工业生产资料购买力和农业生产资料购买力两部分。它是由补偿垫支的生产资金和积累基金中的主要部分形成的。

我国工业生产所需要的生产资料，过去绝大部分由国家统一计划、统一分配、统一调拨供应。长期以来认为这一经济活动不属于市场上的商品交换活动，因而我国的市场商品购买力一直不包括这部分购买力。实际上，这部分购买力的大小对市场商品供求不可能不产生重大影响。随着我国多种经济成分的存在和大发展，以及原来的物资管理体制的改革，计算这部分购买力已成为研究生产资料供求关系和整个市场商品供求关系的一个极为重要的内容。

农业生产资料购买力，主要用于购买农业耕作机具、种子、牲畜、肥料、农药、生产用燃料和农田水利建设物资等。实现这部分购买力的销售额目前约占我国社会商品零售总额的相当比重，是我国市场商品购买力的一个重要组成部分。

农业生产资料购买力的资金来源，主要是农业生产费用、农业投资和国家银行的农业贷款。它的大小，主要取决于农业生产的发展水平、农村工副业生产的发展水平和农村收益的分配状况。现阶段，我国大多数地区农民的货币收入相当大一部分来自出售农副产品，因而出售农副产品的价格水平对于农业生产资料购买力水平有着重大影响。随着我国农村商品生产的迅速发展和农业积累的逐步增加，农业生产资料购买力呈现为不断增长的趋势。

在我国市场上还存在着其他商品购买力，如外国人商品购买力等。外国人商品购买力过去所占比重甚微，现在随着对外开放的扩大和国际旅游业的拓展，其规模呈扩大趋势，已成为不可忽视的组成部分。

综上可见，我国目前的市场商品购买力主要由居民购买力、社会集团购买力、工农业生产资料购买力三部分组成。较为精确地计算市场商品购买力和各类商品购买力，进而了解和掌握市场商品需求状况，是国民经济综合平衡的一项重要工作，既为平衡一、二部类生产，协调社会再生产各环节所必需，也为组织社会商品资源时确定市场商品供给量所必需；对于商业部门来说，这更是搞好市场预测的一个重要方面，是组织好商品购销活动的一项基础性工作。

生活资料商品需求及其影响因素

生活资料，又称消费资料或消费品，是社会产品中可供人们直接消费的那部分物质产品，是社会生产的最终产品。

按照满足人们生活消费需要的不同层次来划分，生活资料可分为生存资料、享受资料和发展资料①；按照人们生活消费多方面的需要来划分，生活资料又可分为用于吃、穿、住、用等方面的几大类产品。而人们不同层次、不同方面的消费需要实际上是交织组合在一起的，就是说，在生存、享受和发展的不同层次需要中，都有对吃的、穿的、住的、用的等各类产品的需求；反过来说，吃、穿、住、用等各类生活资料，也都各自存在着对应于生存、享受和发展需要的不同层次。其中，属于生存需要这一层次的吃、穿、住、用产品，就是基本生活必需品。当然，随着人类物质文明的进步，在不同的时代，生存需要、享受需要和发展需要有着不同的水平，呈现为逐步提高的趋势。这些分析表明，人们对生活资料的消费需要，存在一个多层次、多方面的需求结构，这种消费需求结构的改善和提升，也就标志着人们生活水平的提高。

在社会主义条件下，社会生产的直接目的就是满足人民群众物质文化生活的需要，因而生活资料需求结构的逐步改善是必然趋势。就是说，生活资料消费不仅是"活的个体要维持自己"的需

---

① 参见《马克思恩格斯全集》第22卷，人民出版社1965年版，第243页。

要①，更重要的是要使劳动者的物质文化生活水平逐步提高，使劳动者在德育、智育、体育诸方面不断发展。新中国成立70多年来，不仅人们生存需要的水准在逐步提高，享受和发展需要所占的比重也在逐步增大着，人们对美好生活的需要进一步凸显。

在我国现阶段，城镇居民的消费需要即生活资料需求一般都表现为市场商品需求；农村居民除一部分食品依靠自给性生产得到满足外，其他消费需要也大都表现为市场商品需求。这种反映人们生活消费需要的市场商品需求，在现实生活中受着多方面因素的影响和制约。商业部门要面向消费需要，必须深刻认识这些因素对生活资料商品需求的影响作用。这些因素主要有：

第一，生活资料商品购买力水平及其增长速度，是影响生活资料市场需求的决定性因素。首先，购买力总额越大，需求总量就越大，决定着生活资料商品销售总额也越大。其次，消费者各自购买力水平不同，各自购买力的投向也就不同，这在很大程度上影响着生活资料商品的需求构成。② 购买力水平较高，对商品品级、质量的要求也较高，需求商品品种也更多。最后，商品购买力增加了，不仅会影响商品需求总量增加，更主要的是会影响商品需求构成的变动。一般说来，其增长部分主要投向于高中档和耐用的消费品。随着购买力水平的提高，生活资料商品需求增长速度的一般趋势是：用和穿的商品往往比吃的商品增长快，深度加工品比简单加工品增长快，高档、耐用消费品比低档、一般消费品增长快。

第二，生活资料商品的销售价格，会对消费需求产生很大影响。一般说来，收入水平既定条件下，它的高低变动会影响消费需求量向相反方向等比例变动。而不同种类商品价格的高低变动，则会影响消费需求构成，影响购买力投向，从而对不同种类的商品销

---

① 《马克思恩格斯全集》第23卷，人民出版社1972年版，第194页。
② 商品需求构成，系指商品需求中各类各种商品质的组合和量的比例。

售量产生程度不同的影响。这是因为，各类消费品有着不同的需求价格弹性。需求价格弹性，或如马克思所称的需求的"伸缩性和变动性"①，系指商品需求变动与价格变动之间的关系，是需求对价格变动的反应程度。价格变动对需求变动影响小的，叫作需求弹性小，反之就叫作需求弹性大。很明显，在消费品中，基本生活必需品的需求弹性小，非必需品的需求弹性则较大或很大。因此，商品价格变动对商品需求影响的大小是因商品而异的。一般情况是：对非必需品的影响大于生活必需品；对高档、耐用消费品的影响大于低档的一般消费品；对消费中能够互相代替商品的影响大于不能互相代替的商品。当然，价格变动的幅度大小不同，引起需求变动的程度也会不同；而收入水平大幅提高至相当高层级时，对商品需求价格弹性则会显得不够敏感。

第三，生活资料的货源状况。在一定的商品购买力水平下，某些消费品的供给是否充足，会影响购买力在不同种类商品或同一类商品的不同品种之间转移；上市消费品花色、品种的多少，质量、档次的高低，也会影响购买力在品种之间转移；某些商品供给不足，会压抑某些消费需求；新产品的出现，则会引起人们新的消费需要。所有这些，归根到底，都是消费品生产的发展水平和结构对消费需求有着重大影响的反映。

第四，人口状况。人口的增减是影响基本生活资料需求量大小的决定性因素之一。在一定购买力水平下，人口越多，基本生活资料需求量在消费需求总量中所占的比例越大，反之则越小。人口的增减，取决于出生和死亡的自然因素，从一个地区来看，还受到人口迁移和流动的影响。人口的构成，包括性别、年龄、家庭户数和结构等，则对消费需求构成产生广泛影响，因为，不同性别、不同

①《马克思恩格斯选集》第二卷，人民出版社 1995 年版，第 441 页。

年龄的消费者，成员结构不同的家庭消费单位，在生活资料需求上存在许多差异，往往还会形成一些特殊的、专用性的消费需求。

第五，居民的社会成分，包括个人成分、职业、民族、籍贯、宗教信仰等，直接影响着生活资料的需求构成。居民的个人成分和职业不同，如工人、农民、军人、干部、教师、学生等，在生活资料需要上都各有其特点；不同民族有不同的传统习俗，不同籍贯的居民有不同的消费习惯，不同宗教信仰有不同的教规的禁忌，因而也都会形成不同的消费特点。所有这些都会导致消费需求的千差万别。

第六，不同地区的自然、经济条件，则是导致地区之间消费需求差异性的重要因素。很明显，不同的自然环境和气候条件，会影响人们的生活需要而产生某些特殊的消费需求；不同地区的产业结构、经济发展水平、交通状况以及商业发达程度等，也都会引起居民在消费水平和消费构成上的差别。

第七，心理的因素，也是影响消费需求不可忽视的重要因素之一。人们的物质需要总是伴随着心理需要。消费者的年龄、性别、职业、收入、民族、信仰和文化教养等方面的不同，个人爱好、审美观念、周围环境和社会时尚的不同，都会导致产生不同的消费心理，对消费需求尤其是需求构成产生一定影响。人们的心理需要因人而异，较普遍的心理要求是：求实心理、求安（安全）心理、喜新心理、爱美心理、趋时（仿效）心理、求廉心理、名牌心理等。随着人们消费水平和文化程度的提高，心理因素对消费需求的影响会越来越大。

第八，政治法律因素。这种因素对消费需求的影响有两类。一类是间接影响。国家的大政方针正确，国泰民安，经济发展，人民的收入水平就会逐年提高，从而不断增加需求总量和改善需求结构。另一类是直接影响，即国家颁布的法令、法规、条例等，尤其是有关的经济立法，对市场需求的形成和实现具有调节、鼓励或制约的重要作用。例如，工资法、税法、专卖、凭证供应、禁销等，有的可直接调节居民的收入水平，有的能直接鼓励或限制某种商品的生产和消费。

综上所述，影响生活资料市场需求的因素是多方面的。商业部门应当经常从这些方面开展调查研究，努力掌握生活资料市场需求的发展变化规律，才有可能按照动态变化着的消费需要去开展好生活资料商品的购销活动，更好地为城乡人民生活服务，为不断改善消费需求结构、提高人民生活水平服务。

生产资料商品需求及其影响因素

生产资料是供生产消费的物质资料，包括劳动资料和劳动对象，前者如机械性生产工具、手工工具、运输工具、容器、厂房建筑、役畜等，后者如原料、材料、燃料、种子等。生产资料是人们进行生产不可缺少的物质条件，是社会生产力的物质要素。生产资料的生产与销售密切关系到我国社会主义现代化经济建设的顺利进行。

生产消费需求是人们的生活消费需求引起的派生性需求。人们之所以需要生产资料，归根到底是为了借以生产生活资料。

在社会主义商品经济中，不仅生活资料是商品，许多生产资料也是商品；不仅农产原料、农用生产资料是商品，工业生产的工用生产资料也是商品。在我国现阶段，生产消费需求中除很少部分农业生产资料需求表现为自给性需求外，其他绝大部分都反映为商品性的市场需求。这种反映社会生产消费需要的市场商品需求，与消费资料的市场需求一样，也受到多方面因素的影响和制约。商业部门要面向消费需要，必须深刻认识这些因素对生产资料商品需求的影响作用。这些因素主要有：

　　第一，生产的发展水平，包括速度、规模和专业化、商品化程度，是影响生产资料需求的主要因素。生产一定数量的产品，必须有一定数量的生产资料为前提。因此，生产的发展速度越快，规模越大，生产资料的需求数量就越多；专业化、商品化的程度越高，不仅会增加生产资料的需求量，还会使需求品种更加复杂。所以，通过调查和预测及时掌握生产水平的发展变化，对于商业部门做好生产资料的购销工作极为重要。

　　第二，生产的结构对生产资料的需求结构具有决定性影响。一定物质内容的生产，必须有一定物质内容的生产资料。不同物质内容的生产，不仅在生产资料的品种上有不同的特定要求，而且在规格、型号、质量等方面也都有特定的要求。因此，生产资料的销售结构，必须与生产结构所决定的生产资料需求结构相适应。应当注意的是，生产结构并非一成不变。科学技术水平的提高，人们生活消费需求结构的变动，都会引起生产结构的变动，进而引起生产资料需求结构的变动。

　　第三，不同的生产资料在形成新产品实体过程中的不同消耗特点，是影响各自需求量的重要因素。在生产劳动过程中，劳动对象是一次性被消耗的，只要一进入劳动过程，它们就"丧失了它们作为使用价值进入劳动过程时所具有的独立形态"[1]；劳动资料则不同，它们"在或长或短的一个时期里，在不断反复进行的生产过程中，用自己的整体执行职能，或者说，为达到某种有用的效果服务，而它本身却是逐渐损耗的"[2]，并且，不同的劳动资料在同一生产过程中被消耗的快慢程度也不同。消耗速度不同，更新周期也就不同，在同一时期内就会形成不同的更新需求量。因此，只有深入了解不同生产资料的消耗特点和更新周期，才有利于有针对性

---

　　[1] 《马克思恩格斯全集》第 45 卷，人民出版社 2003 年版，第 225 页。
　　[2] 《马克思恩格斯全集》第 42 卷，人民出版社 2016 年版，第 625 页。

地组织好生产资料经营活动。需要特别指出的是，由于劳动对象的更新周期很短，马克思曾经强调："对一切部门来说，最重要的要素就是原料，包括辅助材料在内……。"① 所以，比起劳动资料来，劳动对象的供应更具有经常性和迫切性。

第四，不同的生产条件，影响着生产资料需求的结构和数量。同一类型的工业生产企业，由于劳动条件和地理位置的不同等，往往会在生产资料需求方面产生差异。在农业生产中，不同的生产条件影响生产资料需求的情况尤为明显。农业生产的对象是有生命的植物和动物，它们的生命各有其自然规律，因而农业生产直接受到自然条件的限制。气温、日照、雨量、土壤、地貌、河流等条件的不同，会在很大程度上决定或影响不同地区农业生产的物质内容，从而形成在品种、规格、数量、质量以及时间（季节）等方面不同的农业生产资料需求；即使生产同一种农产品，也会因地区之间上述条件的某些差异而产生生产资料需求的差异性。这些情况都说明，要搞好生产资料经营，必须深入了解各个地区以至各生产单位的生产条件，因地制宜、因时制宜地去组织生产资料供应。

第五，生产单位的经营管理水平影响着生产资料的需求量。一方面，经营管理水平提高，劳动生产率必然提高，单位时间内的产品产量就会增加，生产资料的需求量也就会随之增加；反之，经营管理水平低下，产量上不去，需要的生产资料量也就相对较少。另一方面，经营管理水平提高，单位产品所耗用的物资数量会减少，在产量既定的情况下，这就会减少生产资料需求量；反之，则会增加生产资料需求量。所以，深入了解生产单位的经营管理水平，对于开展好生产资料购销活动十分必要。

第六，党和国家在经济建设、经济管理方面所采取的方针、政

---

① 《马克思恩格斯全集》第 46 卷，人民出版社 2003 年版，第 133 页。

策和各种改革措施，会对生产发展的规模、速度、结构、劳动生产率等产生广泛的影响，也就必然会影响到生产资料需求的形成和变化。

综上所述，影响生产资料需求的因素是多方面的。商业部门必须经常从这些方面进行广泛深入的调查研究，进而掌握生产资料销售的发展变化规律，才能比较符合生产消费需求地组织好生产资料的购销活动，满足生产消费的需要，促进工农业生产的发展。

第三节　市场需求细分

市场需求细分的概念与方法

前面已经论述了商业活动必须面向市场商品需求，亦即面向有货币支付能力的消费需要；但是，任何一个商业企业的购销活动都绝不可能满足市场上对千门万类商品的千差万别的消费需要。限于自身经营条件，也为了保持经营效率，任何商业企业都只能为满足某些特定的商品需求服务。为此，每个商业企业在开展商品购销活动之前，都必须明确为什么样的消费需要服务、为谁的消费需要服务，据此来确定自己经营商品的品种范围，从而将自己的经营努力限定在整体市场中的一至若干个市场面。这就是说，每个商业企业都应当选择并确定自己的目标市场。

所谓目标市场，系指企业经营活动预定要满足的某种商品需求。一般说来，商业企业的目标市场面要比生产企业的目标市场面宽得多。企业选择目标市场，是以市场需求细分为基础的。市场需求细分，或简称为市场细分、市场分面，就是从市场经营者的角度，根据消费者需求的明显的差异性，把整个社会产品或一种产品的消费者（包括生产消费者）划分为若干个类似性的消费者群，每一个消费者群就是一个市场面（或称"细分市场""子市场"）。在各个不同的市场面之间，消费者需求存在着明显的差别，而在每一个市场面之内，消费者的需要与愿望则基本一致。通过市场需求细分，庞大而复杂的整体市场被划分为众多不同的市场面，而每一个市场面又是由需求特点极为相似的购买者所组成，这就为企业选择并确定目标市场提供了可能。

市场需求细分的经济依据，是市场上存在着不同内容、不同层次的消费需求，亦即市场需求的多样性。即使对一种商品来说，也存在着市场需求的多样性。因而，不仅庞大而复杂的整体市场可以细分，某一种商品的整体市场也可以细分。这样，市场需求细分也就包含两个层次：第一个层次是所有社会产品整体需求的细分；第二个层次是某种商品整体需求的细分。

就所有社会产品来说，其市场需求细分是根据不同产品的消费用途进行的。首先划分出生产资料市场和生活资料市场这两个大类，而这两者都应当继续细分。生产资料市场可划分为工用生产资料市场与农用生产资料市场。这两者又可进一步细分，例如农用生产资料市场可分为农机市场、化肥市场、中小农具市场，等等。生活资料市场采取同样方法可划分为粮食市场、副食品市场、纺织品市场、日用百货市场、日用杂品市场、家用电器市场，等等。

这一层次的市场需求细分，对于商业企业确定经营范围是重要的。但是，对于商业企业如何在既定的经营范围内进一步选择好目标市场、以利更好地满足消费需要，则远远不够。由于同一种商品往往会有多家商业企业经营，因而对企业经营最为重要的，还在于对一种商品的市场需求进行细分。通常所说的市场细分化，就是指根据消费需求特点的多样性，将一种商品的消费者整体划分为两个以上的类似性消费者群的过程。

对一种商品的整体要求进行细分的依据通常有五种：

其一，按照消费者的社会经济情况来划分，包括按职业、家庭收入水平、民族、年龄、性别、文化程度、宗教信仰等来细分市场。这一划分法可以有效地从不同角度区分出同一地区内的同种商品的不同市场面，每一市场面都会反映出某一类似消费者群的特定的消费需求。例如，同是服装的消费者，但不同收入水平、不同性别、不同年龄组的消费者都有各自特定的消费需求。

其二，按照自然地理环境来划分，一种商品的市场可分为国内市场与国际市场，国内市场可进一步细分为南方市场与北方市场、城市市场与农村市场、平原地区市场与山区市场、本地市场与外埠市场，等等。这种划分法会显示出不同地区的消费者对同种商品在需求上的差异性。以服装为例，城市消费者与农村消费者就是两个存在着一定需求差异的消费者群。

其三，按照消费者的生活格调来划分，许多生活资料商品的消费者整体可划分为"节俭型""奢侈型""时髦型""传统型""严肃型""活泼型"等消费者群。这种划分法往往能够显示出消费者对同种商品在心理需求方面的差异性。例如，妇女服装的消费者，至少可以划分出"朴素型""时髦型""男子气质型"这样三个消费者群。

其四，按照消费者期求的益处来划分，就是所谓"受益细分化"。这是指一种商品的消费者，由于各自追求的具体利益不同，可能会被该种商品不同的变形商品所吸引，因而可以细分为不同的消费者群。根据人们期求的益处不同，例如，牙膏消费者可以划分为要求味道合意、要求防治坏牙、要求保持光洁、注重经济实惠这样几个消费者群。再如，小轿车市场可以按照高度耐用、高度可靠、舒适、节油、修配方便、再卖出的价值大等消费者所追求的不同利益进行细分。

其五，按照消费者消费数量的大小来划分，许多商品的消费者可划分为大量用户、小量用户和零星用户。例如，煤炭的生产用户与生活用户的消费量相差极大；即使是生活用煤，团体用量（如职工食堂、供暖锅炉用量）与家庭用量也相差悬殊。

总之，一种商品的市场需求可以从不同角度进行细分。一般说来，用前两种方法细分市场最为简便适用，但并非任何情况下都理想。其他几种方法，尤其是受益细分化应当受到人们的重视。当然，在细分一种商品的市场需求时，应当具体分析，因品种、因地区制宜；并且，可以用前述某一种方法去细分，也往往依据前述两种以上方法中的一连串具体因素的组合去细分。

分析到这里，市场需求细分对于商业企业选择目标市场的意义已经昭然若揭。这就是，只有进行市场需求细分，才能具体地面向某一方面或某几方面特定的消费需求，去开展任何一种商品的购销活动。

市场需求细分的作用与原则

市场需求细分，是商业企业贯彻"消费者导向"的经营观念，把面向消费需求落到实处的有效措施，对于商业企业有的放矢地、经济节约地组织富有成效的商品购销活动具有重要作用，主要表现在：

第一，便于企业发掘新的市场机会，据以确定或调整自己的目标市场。在市场细分的基础上，企业易于分析各个市场面的需求满足程度和市场竞争状况，发现那些满足不充分的消费者群，甚或是有需求、无供给的潜在买主，从而发掘出新的市场机会。这样，企业就能够根据自身条件扬长避短地确定或调整自己的目标市场。围绕这一目标市场所开展的商品购销活动，既可收满足消费之功，又可赢得市场优势之利。而各个企业竞相效法的结果，便是受诸多因素影响而不断变化着的多方面的消费需要都能较好地得到满足。

第二，便于企业进行市场调查和预测。提高企业的市场应变能力。在市场需求细分的基础上，由于目标市场集中为某几个细分市场，企业就能够较为容易地开展市场调查和预测，不仅易于掌握需求特点，而且易于觉察需求变化，这就使企业掌握了及时调整过时的经营结构和经营方案的主动权，从而增强企业的市场应变能力，使自己的商品购销活动更好地适应市场消费需求的变化。

第三，便于企业把人力、物力和财力集中使用于根据企业自身条件而选定的目标市场，这既有利于提高企业的市场占有率（指一家企业的商品销售量占同一市场上同种商品销售总量的比重），取得比较理想的经营效果，也使企业能够在有限的经营范围内为消费者服务得更好。如果不去进行市场需求细分，便很有可能出现分散使用力量甚或平均使用力量的局面，这对于企业、对于消费者都是不利的。

第四，有助于防止出现某类商品的整体市场竞争异常激烈，而细分市场上的需求却得不到满足的不利局面。很明显，如果若干经营同类商品的商业企业不在市场需求细分的基础上确定各自的目标市场，而共同把该类商品的整体市场当作自己的目标市场，亦即大家都只考虑该类商品消费需求的共同点，而不管消费者对该类商品需求的差异性，那么，即使该类商品的供给总量与需求总量相等，也有极大可能出现某些规格、款式、档次的商品积压，另一些规格、款式、档次的商品脱销。显然，这对消费者、经营者都是不利的。

商业企业进行市场需求细分，完全是为了指导商业购销活动，这就必须充分注意市场需求细分的实用性和有效性。为此，应当遵循下列原则去进行：

其一，可衡量原则。这是指用来细分市场需求的依据应是可以识别、可以衡量的。这就要求，企业对于特定消费者群的需求特征应能获得确切的信息。例如，按照年龄、性别、收入水平、文化水平等来划分消费者群，一般都能够通过市场调查获得确切的数据和资料。至于受益细分化所依据的消费者期求的益处，只要进行认真的抽样调查，一般也都能够获得较为确切的信息。凡属企业不能度量或难以度量的需求特征，则不能作为市场需求细分的依据，否则，贸然去细分很难奏效。因此，并非所有商品的市场需求都能进行细分。

其二，殷实性原则。殷实的细分市场，应拥有足够数量的、具有充足货币支付能力的潜在需求者，他们的购买能够使商业企业足以补偿销售成本并获取一定的利润。为此，在进行市场需求细分时，必须考虑到细分市场上顾客的数量、他们的购买能力以及商品的使用频率。这就要求，细分的层次必须适可而止，而不能无限地细分下去而走向"每一个人的特殊需求都是一个细分市场"这种荒谬的极端。因此并非所有商品的市场需求都需要进行细分。某些商品的市场需求本来就很小，那就没有必要再去细分。

其三，可进入原则。其内容是：细分出来的市场，应是企业能够有通路进入的市场，是企业可以影响、可以为之服务而占有一定份额的市场；反过来说，也就是：细分市场上的潜在需求者应当能够购买到本企业为之服务的商品。如果不是这样，进行市场需求细分就失去了意义。这一原则对于批发商业企业尤为重要。批发企业在进行市场需求细分时，必须考虑到交通运输条件、信息传递条件、销售渠道条件等，对于鞭长莫及地区的市场需求则不应计入细分范围，否则会导致经营决策上的失误，反而影响满足消费需要的工作质量。

以上三条，既是企业细分市场需求时所应遵循的原则，也是企业目标市场能够成立的主要条件。

商业企业进行市场需求细分，是为了确定合宜的目标市场，使商品购销活动更好地面向消费需求。但是，由于这一切是由各个企业分别进行的，众多的企业就有可能遵循同一逻辑行事，大家都以某一最大的和最易进入的细分市场作为自己的目标市场，从而出现共同争夺某一消费者群的问题，其结果必然是"众败俱伤"，并且影响到其他消费需求得不到本来可以得到的满足。这就是所谓"多数谬误"。在资本主义条件下，"多数谬误"是常见的事。在我国现阶段，"多数谬误"也不可能完全避免，但应当力求避免，至少力求在主体方面避免。为此，社会主义商业企业，尤其是国有商业企业、大中型民办商业，在确定目标市场时，应在根本利益一致的基础上充分调查研究，主动沟通信息，并接受国家必要的指导和行业协会咨询服务。这样做，有利于在全社会范围内合理配置各种类型的商业企业，有利于保护社会主义竞争，即可以防止"多数谬误"，避免盲目竞争，使企业健康、正常地发展，使它们在社会主义市场上更好地发挥出繁荣经济、活跃市场、保障供给、方便灵活的作用。

第五章

商品采购是商业活动的基础环节

商业活动是先买后卖的经济活动，因而商品采购乃是商业部门组织的商品流通的起点，是商业部门全部经济活动的基础环节。随着我国经济体制改革的进展，开放市场体系已经基本形成。在这种新的情况下，商品采购工作的基本要求是：从我国具体国情出发，按照商品经济发展的客观需要，正确处理农商关系、工商关系，除部分关系国计民生的重要工农业产品存在有组织收购外，其余工农业产品均经市场自由采购，既为繁荣社会主义市场、满足市场消费需求服务，又为生产者推销产品，引导和促进商品生产的发展服务。

第一节　商品采购的意义和原则

商品采购的意义

商品采购，是商业部门通过商品货币关系从生产部门取得工农业产品的一种经济活动。从商业部门的角度看，它是商业部门组织商品流通的起点环节，为商品销售提供物质基础，从而使商业媒介成商品交换成为可能；从生产部门的角度看，它则体现为生产者的商品销售，是商业经营者为生产者推销产品的经济活动，从而使直接生产过程得以继续进行。商业部门的商品采购不同于生产部门和个人的商品采购，生产部门和个人的商品采购是为了购买满足自身需求的生产资料和消费资料，商业部门的商品采购是为了媒介商品交换，推动产品的市场实现。商业部门积极开展商品采购，对于我国国民经济的发展有着重要意义。

商品采购为社会再生产提供必要条件，促进着工农业生产的发展。商业部门的商品采购，一方面，使生产部门生产的商品转化为货币，为它们扩大再生产及时提供了资金，用以不断补充生产资料和生活资料的需要；另一方面，又为向生产部门供应生产资料和生活资料准备了实物，使不同生产部门的经济结合、特别是工农业的经济结合成为可能。通过工业品采购，不仅促进着工业生产的发展，同时也为农业生产的发展准备了必要条件，特别是为用现代化的生产资料装备农业提供了物质条件；通过农产品采购，不仅促进着农业生产的发展，同时也为工业生产的发展提供了必不可少的粮食、副食品和农产品原料的货源，并为工业品开辟着日益广阔的销售市场。

商品采购为消费品的市场供应提供物质基础，对于保障人民的消费需要、逐步提高人民的物质和文化生活水平有着重大作用。在商品经济条件下，人们的生活消费离不开市场商品供应。商业部门通过商品采购，掌握大量适合广大人民需要的各种商品，正是市场商品供应的主要保证。在这方面，农产品采购具有特别重要的意义。在我国消费品零售总额中，农产品和以农产品为原料的加工产品的零售额占有很大比重。因而，农产品特别是主要农产品的采购状况，对于保障市场供应、稳定市场物价，对于提高全国人民的生活水平，促进整个国民经济的协调发展，都有举足轻重的决定性影响。

商品采购为出口商品提供货源，促进着对外贸易的发展。积极组织商品出口，尽可能为国家多创外汇收入，对于加速我国社会主义现代化经济建设具有重要意义。我国的商品出口，一部分由生产单位直接对外成交外，另一部分是由外贸部门或商业部门从工农业生产部门收购以后再组织出口的。因此，在大力发展商品生产的基础上做好商品采购，能扩大出口货源，促进对外贸易的发展。

除以上几个方面外，商品采购既然是商业业务活动的起点环节，因而对于发展社会主义商业，扩大商品流通规模，提高商业部门为工农业生产服务、为人民生活服务的工作质量，也必然产生很大影响。

总之，商品采购是商业部门的一项基本职能业务，社会主义商业部门必须自觉地努力做好这项关系国民经济发展全局的重要工作。

商品采购的原则

在我国社会主义条件下，商业部门的工农业产品采购活动主要存在着国家收购（由国家委托的国有商业企业或合作商业企业进行）和商业经营者自行采购两种类型。无论是国家收购还是商业经营者自行采购，无论是采购工业品还是采购农产品，目的都是满足社会消费的需要。商品采购中形成的工商关系、农商关系；既是商品货币关系，又是根本利益一致基础上的分工协作关系，归根结底，体现的是城乡之间、工业与农业之间、工农生产者之间的经济关系。因此，商业部门在商品采购中，应当而且必须坚持既体现着商品经济发展的一般要求，又体现着社会主义经济发展的特定要求的若干原则。这些原则主要有：

第一，实行按需采购原则，促进按需生产。

按照社会主义基本经济规律的客观要求，生产部门生产商品、商业部门经营商品，都必须为用户着想、为消费者服务。实践一再证明，与满足社会需要脱节的生产必定会衰退和灭亡，这与社会主义生产的目的也是背道而驰的。商业部门在采购商品中，力求在商品的品种、花色、规格、档次、数量、质量等方面符合消费的需要，并且商品价格适当，能为消费者接受，那就既有利于督促生产部门按照社会需要组织生产，保证社会主义生产目的的实现，也有利于商业部门本身加速资金周转，减少流通费用，提高服务质量。从宏观经济角度讲，商业部门按需采购商品，乃是一种经济机制，是贯彻"消费者导向"经营观念的客观要求，对于避免产需脱节，提高社会经济效益，更好地满足社会消费需要，具有重要作用。

第二，贯彻质量第一原则，实行择优采购和分等论价采购。

人们消费一定数量的商品是以它具有的质量为前提的。商品的质量表现为它的适用与耐用的程度。商品质量关系到生产消费者和生活消费者的经济利益，有的还关系到人身安全；商品质量关系到社会财富的节约或浪费，在一定意义上说，商品质量好就等于数量多，反之，商品质量差以至不能使用，就会造成社会劳动的浪费，因为，"如果物没有用，那么其中包含的劳动也就没有用"[①]；商品质量还影响市场商品供求平衡的实现和商业部门经济效益的提高，因为，商品质量与商品销路密切相关，因商品质量低劣而滞销积压，既不利于满足消费需要，也不利于加快商业部门的资金周转；出口商品的质量高低，还关系到在国际市场上的竞争能力和国家的声誉；所有这些，也都会产生一定的政治影响。可见，商品质量对经济和政治都有重要影响。正如邓小平同志指出的，"质量第一是个重大政策"[②]。

因此，社会主义商业部门采购商品坚持质量第一，就是维护国

---

① 《马克思恩格斯全集》第44卷，人民出版社2001年版，第54页。

② 《邓小平文选》第二卷，人民出版社1994年版，第30页。

家利益、生产者和消费者利益的一项重要措施，也是督促生产部门
不断提高产品质量的一种有效手段。为此，在商品采购中，必须按
照国家规定的质量标准或者商业部门与生产部门协商规定的质量标
准，严格商品的质量检验制度，实行择优采购和分等论价采购，做
到优质优价、劣质低价。

第三，贯彻商品交换的自愿让渡原则。

什么是商品交换的自愿让渡原则？马克思在《资本论》中指
出："为了使这些物作为商品彼此发生关系，商品监护人必须作为
有自己的意志体现在这些物中的人彼此发生关系，因此，一方只有
符合另一方的意志，就是说每一方只有通过双方共同一致的意志行
为，才能让渡自己的商品，占有别人的商品。"① 这就是说，所谓
"自愿让渡"，实质上就是保障商品所有权，这是保证商品交换得以
正常进行的客观要求。只要存在商品交换，这项原则就应得到遵
循。毫无疑问，商品所有者是否愿意让渡自己的商品、换取别人的
商品，归根到底要受体现在商品经济关系中的、由生产资料所有制
形式所决定的特定社会意志的制约，而不单纯只以个人或单个企业
的意志为转移，但这决不意味着对商品所有权的否定。商品所有权
与体现在商品交换关系中的人的意志、社会的意志毕竟不是一回
事。在社会主义条件下，工农业生产者、商业经营者具有不同的所
有制形式，即使同属全民所有制的工商企业也都是相对独立的经济
实体，是自主经营、自负盈亏的社会主义商品生产者和经营者，因
而尽管由于社会主义公有制主导地位的确立而在很大程度上消灭了
剥削制度，商品交换双方的根本利益是一致的，但商品所有权问题
依然存在，决定了在商品交换中必须贯彻自愿让渡原则。如果一方
在违背另一方意志的情况下占有其产品，实际上也就否定了交换双

---

① 《马克思恩格斯全集》第44卷，人民出版社2001年版，第103页。

方根本利益的一致性。

在商品收购中贯彻自愿让渡原则，意味着必须尊重商品生产者、商业经营者双方的经营自主权，杜绝任何形式的强买强卖。在服从国家法律和宏观管理与调控要求的前提下，商业经营者不得强迫生产者出售其产品，生产者也不得强迫商业经营者购买其产品，而是通过平等协商进行。生产者有权决定将产品卖给商业经营者抑或直接卖给消费者，有权决定将产品卖给甲商业经营者抑或乙商业经营者；同样，商业经营者有权决定是否收购生产者的产品，有权决定收购甲生产者抑或乙生产者的产品。

第四，实行商品交换的等价交换原则。

在社会主义条件下，提供商品的生产者每每具有各自相对独立的经济利益。为了保障商品生产者的正当权益，促进商品生产的发展，正确处理农商关系、工商关系，就必须按照价值规律的客观要求，在商品采购活动中贯彻等价交换的原则。为此，凡国家组织收购的关系国计民生的重要工农业产品，应当根据兼顾国家、集体、个人三者利益的原则制订合理的收购价格，例如钢铁、石油产品、粮食、棉花等；凡商业企业自行安排采购的商品，应当经过平等协商，议定兼顾生产者、商业经营者、消费者三者利益的采购价格。

马克思指出："在商品的价值和它的成本价格之间，显然会有无数的出售价格。""商品出售价格的最低界限，是由商品的成本价格规定的。如果商品低于它的成本价格出售，生产资本中已经消耗的组成部分，就不能全部由出售价格得到补偿。如果这个过程继续下去，预付资本价值就会消失。"① 显见，这一论断在社会主义条件下也是完全适用的。因此，合理的商品采购价格均应以商品的社会价值为基础，保证商品生产者用出售商品所得的货币收入能够补

---

① 《马克思恩格斯全集》第46卷，人民出版社2003年版，第45～46页。

偿生产成本，并能形成一定的纯收入。

需要指出的是，商品采购价格只是商业经营中的最初价格，最终销售给消费者的商品价格才是符合商品价值的价格。因此，合理的商品采购价格应当在高于生产成本的前提下适当低于商品的价值量，亦即包括 C、V 和 M 的一部分。M 的剩余部分则要转让给商业部门用于补偿纯粹商业流通费用和形成商业利润。只有这样的采购价格，才能既有利于生产的发展，又有利于流通的顺畅。可见，判断商品采购是否贯彻了等价交换原则，并不在于采购价格低于商品价值量，低于商品价值量的程度是否合理才是问题的关键。

第五，实行"大的方面管住管好，小的方面放开放活"的原则。

这是为了把少量重要工农产品的国家组织收购与其他商品的企业自由采购结合起来。

1984 年颁发的《中共中央关于经济体制改革的决定》早就指出："社会主义的计划体制，应该是统一性同灵活性相结合的体制。尤其是考虑到我国幅员广大、人口众多，考虑到交通不便、信息不灵、经济文化发展很不平衡的状况在短期内还难以完全改变，考虑到我国目前商品经济还很不发达，必须大力发展商品生产和商品交换的实际情况，建立这样的计划体制的需要就更加迫切。如果脱离现实的国情，企图把种种社会经济活动统统纳入计划，并且单纯依靠行政命令加以实施，忽视经济杠杆和市场调节的重要作用，那就不可避免地会造成在计划的指导思想上主观和客观相分离，计划同实际严重脱节。"① 今天，我国已在废止计划经济体制的同时基本建立起社会主义市场经济体制，但商品收购中实行"大的方面管住管好，小的方面放开放活"的原则，依然是应当遵循的一项重要原

① 《中共中央关于经济体制改革的决定》，人民出版社 1984 年版，第 16 页。

则，只是"大的""小的"是因时而异的。

所谓"大的方面管住管好"，系指国家委托国有商业企业或具有资质的合作商业组织对于关系国计民生的少数重要商品（如石油产品、钢材、煤炭、有色金属、粮食、棉花、食用油料、糖、生猪等）的大部分或一部分实行政策性收购；所谓"小的方面放开放活"，系指国家政策性收购以外的全部农副产品和大部分工业品，一律由各种经济形式的商业企业、个体商贩按照国家有关规定根据市场需要自行安排采购，生产者当然也可以自由出售。前者对于国家掌握并合理使用重要商品资源，以利于从主体上稳定城乡市场，促进国民经济在主体方面按比例地协调发展，确保重要生产行业、骨干生产企业的生产需要和全国人民生活的基本需要，保障市场良好运行和物价平稳，具有重要意义。后者对于搞活生产和流通，繁荣社会主义市场，满足多方面、多层次的消费需要同样具有重要意义。因此，国家政策性收购和企业自由采购这两个方面都是不可偏废的。至于这两个方面的量的比例，则应视当时具体的政治经济形势而定。

需要强调的是，国家掌握重要商品资源应当综合运用经济、法律、行政等多种调节手段，必须符合价值规律等市场运行规律的要求。其中，应以经济手段为主，亦即主要通过正确地运用价格、税收、信贷、奖售等经济杠杆，去促使国家商品收购的完成。但在商品多渠道流通的情况下，为了从宏观经济与微观经济的结合上协调好各方面的经济利益关系，只是经济手段是不够的，还必须并用其他调节手段。最重要的是要大力加强商品采购活动中的法制建设，由国家颁布有关的法令、法规或条例，并同时加强和完善经济司法工作，以提供国家政策性收购的法律保证。各级政府加强对重要商品政策性收购活动的行政领导，加强对城乡市场的行政管理，也是实现国家重要商品政策性收购的重要条件。

第二节　农产品采购

农产品采购的特点

农产品，包括农、林、牧、副、渔五业的产品。农业是国民经济的基础，主要农产品在人民生活和国民经济中处于极其重要的地位。而在商品经济条件下，加强农业的基础地位，发挥农业的基础作用，都离不开农产品流通。这就决定了农产品采购具有特别重要的意义。农业部门能够为社会提供多少农产商品是我国统筹社会主义经济建设必须首先关心的基本问题之一。根据需要与可能，按照党和国家的农产品收购政策做好农产品采购工作，是我国商业部门的一项重要任务。

要做好农产品采购工作，不仅要认识它的意义（请读者结合上一节的有关内容具体化），还要掌握它的特点。生产决定流通，农产品采购的特点是由我国现阶段农业生产本身的社会经济特点和自然特点决定的。

从我国农业生产的社会经济特点看，农产品采购具有很强的政策性。（1）农业是国民经济的基础，农产品是人类的衣食之源，而我国又是一个人口众多、农产品资源尚不宽裕的社会主义国家，因此，农产品采购必须通过符合市场经济原则、兼顾社会整体利益的适当形式，首先保证国家能够掌握一定数量的重要农产品资源，以利于合理分配和使用，促使经济稳定发展，保证人民生活安定。（2）我国现阶段的农业经济基本上是集体所有制经济，是一种特殊的实行联产承包责任制的集体经济，农产品主要是由以基本生产资料（特别是土地）公有制为基础的新型的家庭经济提供的。社会成员要取得农产品，只能通过商品货币关系在市场上获取，主要来自商品所有者的自行采购，也有少量来自农民自销。国家需要掌控的少量重要农产品，则由国有商业储备公司或受国家委托的其他商业企业按等价交换原则进行收购。在这里，合理的收购价格水平，就成为正确处理国家与农民、农民与社会其他成员经济利益关系的一个重要方面。

农业生产，是劳动者利用植物、动物和微生物的生命过程，取得满足人类某种需要的物质资料的活动。所以，农业生产的基本特点，就是经济的再生产与自然的再生产过程交织在一起。就是说，农业生产除了受社会经济规律的制约之外，还直接受自然规律的制约，由此无论是农产品的自由采购还是重要农产品的政策性收购都具有以下特点：

农产品采购具有地域性。由于各种农产品宜于生产的自然条件不同，各自有着不同的生长规律和生长周期，许多农产品便有产区与非产区、集中产区与分散产区、重点产区与一般产区的区别。这就要求需要根据不同产区的情况确定相应的收购政策和采购方法，并对收购网点、人员、资金以及仓储设施等作出相应的安排。

农产品采购具有季节性，农业生产不像工业生产那样可以在进行劳动的同时经常取得产品，而是必须在生物自然生产过程的某一特定阶段上才能取得产品，由此形成了农业生产的季节性。这就要求商业企业在采购（收购）旺季到来之前做好各方面的准备工作，以便能够在短期内顺利完成收购任务。

农产品采购具有分散性。农业生产现在还离不开土地和水域，一种农产品的生产不像某种工业品的生产那样可以集中在有数的空间地点进行，而是分布在广大乡村地区进行；尽管我国农业的生产力水平、专业化程度都在逐步提高，但一种农产品的生产单位往往数以万计，乃至百万、千万计。这就决定了农产品采购也必须分散进行。采购机构的设置、人员的配备、集并和运输农产品的安排等都必须与这种分散性相适应。这种分散性还决定了农产品采购更需要社会力量的支持，特别是需要农业生产专业合作社和广大农民群众的配合与协助。

农产品采购具有不稳定性。农业生产直接受自然条件的制约，农业劳动中存在着"自然的赐予，自然的生产力""自然力的协助"[①]，因而农业不能像工业那样在短期内迅速扩大生产，农产品产量往往也因为各年自然条件不同而有丰年、平年、灾年之别，并且还会出现甲地丰产、乙地歉收，某种农产品丰产、另一种农产品歉收的情况。这就要求农产品政策性收购政策的具体实施办法和收购的各项具体组织工作必须因时制宜，因年而别，年年有共性，年年有差别。

随着农业科学技术水平的不断提高，先进种植养殖技术的大面积推广，许多农产品种植生产的季节性、分散性、不稳定性有了不同程度的改变，甚至有些产品的生产已经出现"工厂化"趋势。这就要求更多的集中采购和大批量均衡采购。

农产品采购还具有很强的感官技术性。农产品都是有机体，其质量鉴定在我国现阶段还主要凭借人的感官功能包括视觉、嗅觉、味觉、触觉去进行。这样，为了搞好农产品采购，就需要国家有关部门或法定社会组织尽可能多品类地制订人们凭感官易于掌握的农产品质量、等级标准；需要商业部门加强收购人员的技术培训，努力实现收购队伍的相对稳定；同时也需要科研部门加强这方面的科学研究，以能较多地运用科学的机械、仪表等进行质量鉴定工作。

认识农产品的上述主要特点，对于掌握农产品采购和收购工作的规律性，对于按照市场经济发展的内在要求和有关政策规定，因地、因时制宜地搞好农产品采购工作，是完全必要的。

---

① 《马克思恩格斯全集》第33卷，人民出版社2004年版，第36页。

农产品采购的组织工作

农产品采购的组织工作头绪很多，十分复杂。重要的是以下几个基本方面。

第一，实行合同采购（收购）为主、市场现购为辅的方式。

商业部门采购农产品，企业自行安排采购还是接受国家委托收购，均应采取合同采购为主、市场现购为辅的方法。合同采购，就是采购单位在农产品生产或上市之前依法与农业生产者签订预购合同或产销结合合同，按合同进行采购或收购。预购合同是商业部门对一些特定的农产品在收获上市以前与生产者签订的；产销结合合同则是商业部门和生产者为相互供应产品而签订的。合同采购主要运用于重要农产品和大宗农产品的采购。市场现购，即在产地的随时收购，主要用于采购零星分散的农副土特产品，也适用于采购生产者完成合同交售任务后继续要求出售的农产品。

在农产品采购中广泛实行合同制，具有多方面的好处。首先，对于重要农产品采购合同是将市场需要与农业生产的计划安排紧密结合起来的有效形式。在订立各种形式的农产品收购合同中，可以使农业生产者具体了解到社会需要和市场需求信息，从而能够大大减少分散进行的农业生产的盲目性，增强农业生产和产品销售的计划性。现在，国家已经不再向农民下达指令性的生产计划，农商之间订立的收购合同对于指导农业生产面向市场消费需求方面的作用也就更加重要、更加突出了。其次，农产品采购实行合同制，是保障农业生产者和商业经营者合理权益的重要经济措施。农产品采购合同一经订立，即具法律约束力，受国家法律保护，买卖双方必须恪守信用，严格履行。一方违约时，应向对方支付违约金；由于违约给对方造成经济损失超过违约金的，还应进行赔偿。因此，签约时双方考虑问题比较周到，并具有平等的发言权，这就有利于发挥双方的主动性和积极性，使农产品的生产和收购建立在切合实际、稳妥可靠的基础之上。显然，这对于加强农产品流通领域内的法制建设，维护正常的经济秩序，也具有重要作用。最后，农产品采购实行合同制，也有利于加强商业活动的计划性，提高商业为农业生产、农民生活服务的质量。一方面，订立合同的过程实际上是沟通农商双方产需情况的过程，在使农业生产者具体了解到社会对农产品消费需求的同时，也使商业企业和有关政府部门具体了解到农业生产状况和农民的生产、生活对市场的需求，这就可以促使这些商业企业和有关政府部门改进工业品下乡工作，使之更加符合农业、农民的需要，并进一步做好其他支农工作；另一方面，采购合同的订立，可以使商业经营者胸中有数，事先知道采购农产品的品种、数量和时间，这就有助于在收购旺季到来之前做好各方面的准备工作，有助于增强采购活动的计划性，减少盲目性，从而有助于提高商业活动的经济效益。

由此看来，农产品采购应当尽可能采取合同采购的方式。订立采购合同，是农产品采购中基础性的组织工作之一，必须下功夫切实做好。

第二，合理设置重要农产品采购网点，采取多种行之有效的收购活动形式。

农产品采购网点的设置应符合下列要求：（1）方便农民交售。采购网点要深入乡镇，接近农民，顺应农产商品的流向。（2）交通方便。采购网点应设置于交通较为便捷的地点，便于农产品的集并和调运。（3）符合经济核算的原则。应使每个采购网点均能保持一定的收购额。（4）与销售机构配套成群。这是为了适应农民的购销活动往往紧密结合在一起的特点。（5）因地制宜。采购网点的疏密度、收购类型（综合性收购、专业性收购），应视农业生产布局和农产品商品量的大小而定。（6）因时制宜。在大宗产品集中上市的旺季应增设临时采购网点。对于重要农产品实行政策性收购而言，尤其应当注意合理设置农产品采购网点，这是顺利开展重要农产品收购的基本条件之一。为保持采购网点设置的合理性，国家有关部门应创造稳定良好的政策环境。

为了搞好农产品收购，不仅要合理设置农产品采购网点，每一采购网点还应根据农产品生产的特点和自身的收购能力，采取相宜的活动形式加强收购工作。这些活动形式主要有：集中力量组织收购与经常性收购相结合，门市收购与登门收购相结合，定点收购与巡回收购相结合，等等。

应当指出的是，农民并不限于在产地交售农产品，在他们认为可以获取更多经济利益的时候往往还会将部分农产品直接运销到城市，有的直接销售给消费者，大量的则是供城市不同经济形式的商业经营者转卖。为此，要鼓励不同经济形式的商业经营者积极开展面向这些农民的农产品采购业务，以方便农民的这种运销活动。

第三，疏通流通渠道，扩大推销，以销促购。

农产品采购工作的好坏，与流通渠道顺畅与否密切相关。渠道顺畅，采购就能正常进行；渠道不畅或堵塞，就会遇到困难甚至不得不停止。疏通渠道，关键在于建立产地采购企业与销地农产品经营企业或生产用户之间的横向经济联系，以形成众多的销售"窗口"。而要建立这种横向联系，其先决条件一是企业具有经营自主权，二是市场需求信息灵通。经济体制改革以来，我国的农产品流通按行政区划画地为牢、按行政层次逐级调拨、商业企业基本上没有经营自主权的旧格局已彻底或基本消亡。不仅农民有了销售农产品的自主权，城乡商业企业也具备了购销农产品的自主权，这就为企业建立横向经济联系提供了基本条件。在这种情况下，主动收集需求信息以求扩大推销，与销地加强联系以求建立较为巩固的供应链关系，就成为农产品收购组织工作的重要内容之一。

需要强调的是，农产品采购企业必须十分重视小土产、小药材、小水产一类土特产品和鲜活农副产品的推销工作。这类产品品种繁多，生产零星分散，地区性、季节性强，产量不稳，供求多变，许多品种又体大价微或易腐易烂，因而经营比较困难。但是，这些资源都是农民，尤其是山区农民的财源之一，并且事实上也存在着广泛的消费需求。因此，重视并加强这些产品的市场开拓和推销工作，畅通生鲜鲜活农副产品的流通渠道，不断提高物流的现代化水平，对于扩大采购、支持农村商品生产的发展具有不可忽视的作用。

第四，做好农产品采购的各项保证工作。

人员、资金、包装、仓库、运输工具等，是保证农产品采购顺利进行的必要条件，必须提前安排周到。否则，一环有失，都会影响采购工作难以顺利进行。为此，商业部门、商业企业不仅要做好内部的组织安排，还要取得银行、交通运输部门、包装生产单位等外部单位的协同配合。

除了上述几方面的组织工作之外，还应大力组织工业品下乡，把农产品采购与工业品供应紧密结合起来。及时组织大批适销对路的工业品供应农村，与农产品采购相对应地形成城乡物资交流，实行购销结合，是密切农商关系、扩大农产品采购的重要经济措施。孤立地就采购抓采购，是不利于做好农产品采购工作的。

国家委托的农产品政策性收购活动

在我国现阶段由政府掌握一定数量的重要农产商品资源，用于工业加工、人民生活、外贸出口、国家储备、救灾扶贫、抗击疫情等方面的需要，是必要的、必需的。国家掌握一定数量的重要农产商品资源，则是通过商业部门接受国家委托进行农产品政策性收购来实现的。

在过去的计划经济体制下，我国的农产品收购实际上是由国有商业和供销合作社代表国家进行收购的。国家对主要农产品分别实行统购、派购政策，收购来的农产品按国家指令实行统一的调拨和分配。统购派购是在主要农产商品资源紧缺、市场供不应求的情况下不得已而为之的一种收购制度，它对于稳定农产品市场、保障轻纺工业对农产原料的需要和亿万人民生活的基本需要，曾经起到重要的积极作用。但是，这种收购制度实际上限制了集体农民销售自己产品的自主权，而国家收购价格又长期低于农产品的价值，这就严重压抑了农民发展商品生产的积极性；在"文化大革命"中，统购派购的施行又被纳入"左"的轨道而推向极端，亦即商业部门按行政指令几乎"统购"了全部农产商品，这又进一步使农产商品的生产陷入了"少了统、统了少"的恶性循环之中。

党的十一届三中全会以来，党和政府在推行农业联产承包责任制的同时，采取了逐步放开搞活农产品市场的方针，并大幅度提高重要农产品的国家政策性收购价格，促进农业生产迅速发展，农产品产量大幅度提高，这就为逐步取消统购派购制度创造了条件。1985年初，中共中央《关于进一步活跃农村经济的十项政策》宣布了具有历史意义的决定："从今年起，除个别品种外，国家不再向农民下达农产品统购派购任务，按照不同情况，分别实行合同定购和市场收购。"文件还具体规定：粮食、棉花取消统购，改为合同定购，定购以外的部分可以自由上市；生猪、水产品等派购产品也要逐步取消派购，允许自由上市，自由交易。至此，国家统购农产品的历史已经结束，派购农产品的历史也已行将结束。这一决定标志着我国农产商品的生产进入了一个新的历史时期，也宣告了我国商业部门的农产品采购工作进入了一个新的历史时期。

所谓商业部门的农产品采购进入新时期，其内涵主要有二：其一，商业部门的农产品采购明显地区分为两个部分，一小部分是接受国家委托收购，大部分是企业自行安排采购；其二，完成国家收购计划的方式有两种形式，一是合同定购，二是市场采购。

少量的国家委托收购和通常的企业自行采购，将会在我国农产品收购活动中长期并存下去。这一并存局面表明，商业部门主要是国有商业和供销合作社的农产品采购计划，不再像过去那样全部体现为国家收购计划，只是其中的国家委托收购部分才反映国家计划的要求。本来，如果能够由国家将所有农产商品在等价交换的基础上统一收购起来，然后再按照统一的计划，分配供应给生产消费者和生活消费者，这似乎是理想的；然而，这是不切实际的空想。由于千万种农产商品在国计民生中的地位相差殊异，它们各自的流通范围大小不同，流通时间长短不一，运销路线错综复杂，国家没有必要、也无可能将千万种农产商品统统收购起来进行统一的分配和供应。国家有必要做到、也能够做到的，就是通过商业部门的商品采购去掌握部分主要农产商品资源，纳入国民经济计划的综合平衡之中，以保证重大比例关系比较适当，从主体方面促进国民经济大体按比例地发展，在一定程度上保障人民生活的基本需要。因此，国家委托商业部门收购的农产品，只限于关系国计民生重要的少数农产商品的大部分或一部分；其余大量的农产品，则应充分发挥各类商业企业（包括国有商业企业和各种民办商业企业）自主经营的积极性，以及农民自销和个体商贩的积极作用，来完成其流通过程。这样一种以国家委托收购、商业企业自行收购、农民自主运销为主要内容的农产品多渠道流通的体制，在我国现阶段是适宜的，既能更好地适应农村商品生产发展的要求，又有利于稳定、活跃和丰富农产品市场，满足社会多方面的需要。

国家委托商业机构（国有商业企业或合作商业企业或大型民办企业）收购主要农产品，通常应下达国家收购计划（包括指令性计划和指导性计划）。被指定或委托的商业机构，则按现行政策规定通过合同定购和市场采购这两种收购形式来完成国家收购计划。

这里的合同定购与前述的合同采购有一定区别。前述的合同采购是任何商业经营者都可以采用的组织农产品收购的一种方式，实际上是商业经营者向农业生产者订货，合同价格协商议定，收购来的产品由商业经营者自由处理。而这里的合同定购，则是对关系国计民生重要的农产品所实行的一种国家收购形式，它实际上是国家通过商业部门向农业生产者订货，定购价格由国家制订和调整，定购来的农产品由国家统一分配使用。很明显，这种收购形式，是通过有弹性的国家价格政策和国家指定（委托）的商业机构向农业生产者订立定购合同等经济手段，来实现国家的收购计划，并借以指导农业生产，而不是由国家向农业生产者直接规定交售任务。所以，它不具有统购派购所具有的那种强制性。可以认为，合同定购是现阶段比较理想的一种国家计划收购形式。长期以来，由于种种原因，早已提出的定购形式没有得到应有的重视，实行很少。现在，这种收购形式已成为国家收购粮、棉等主要农产品的基本收购形式。

市场采购，是一种随行就市的收购形式，其特点是市场现购，销者自愿，购者自由。可以说，这是一种天然的自古有之的商业采购形式。现阶段，凡通过商业环节进行流通的农产品，各类商业经营者除采用合同采购以外，通常也采用这种方式进行采购。国家当然也可以委托商业机构采用这种方式收购一定数量的农产品，来补充国家合同定购之不足。其品种和数量由国家根据当时的需要来决定，接受委托的商业机构则应保证优先完成。

国家委托国有商业、合作商业或大型民办企业通过商品货币关系把国家需要的农产品收购进来并归国家支配，表面上看，这种商品货币关系与商业经营者自行收购中的商品货币关系一样，都反映着农商之间的经济利益关系。其实不尽然。国家委托收购，无论是合同收购还是市场收购，本质上反映的是国家与农民、国民经济全局与农业部门之间的经济利益关系。因此，国家收购农产品，最基本的政策就是要正确处理国家与农民的关系，保障农民的经济利益，以利于农业生产的发展和农民生活水平的提高。从这一基本政策出发，国家委托商业部门收购农产品，需要特别注意以下三个方面：

第一，正确处理主要农产品购留数量方面的比例关系。

首先，下达合同定购任务应贯彻统筹兼顾各方、余地留给农民的指导思想。这就是既要考虑国家的需要量，包括工业建设、人民生活（城市居民、经济作物区和灾区以及贫困地区农民生活的需要）、外贸出口和国家储备的需要，又要充分考虑农民自给性消费的需要量或自由上市的销售余地。

其次，在开展合同定购的工作中，应注意不同地区要区别对待：集中产区、富庶地区，购的比例要大些，分散产区、较为贫困地区，购的比例要小些，直至不规定合同定购任务；应注意丰年、灾年要区别对待，贯彻以丰补歉原则；此外，还应注意落实国家定购任务要防止畸轻畸重。总之，要反对脱离实际，讲求实事求是。

第二，贯彻等价交换的原则。

合理制订重要农产品的国家收购价格，并督促有关商业企业严格执行，不准压级压价，也不准抬级抬价，这是国家委托的农产品收购中贯彻等价交换原则的一个主要方面。商品价格是对国民收入进行再分配的重要工具之一，直接关系到交换双方的经济利益。重要农产品的国家收购价格的高低，关系到国家财政收支和农民家庭经济、农业集体经济的收益。合理的收购价格必须包括农产品生产成本和农民在农业劳动中创造的一部分纯收入。这样，才能保证农业的扩大再生产和农民生活的改善，促进农业生产的发展。

贯彻等价交换原则的另一个主要方面，就是应当满足农民对工业品的需求，把农产品收购和工业品供应结合起来。农民出售农产品是为了买回工业品和其他商品性消费，以满足生产和生活的需要。如果出售了农产品只是获取一定的货币收入，而买不到所需要的与货币收入所代表的价值相对应的工业品，就不能认为实现了等价交换。因为，等价交换既包括价值形式，又包括实物形式。

第三，加强法制建设和思想政治工作，实现法制教育经常化，同时把思想政治教育与物质鼓励结合起来，确保国家农产品政策性收购计划的完成。

"政治工作是一切经济工作的生命线"。① 在农产品采购工作中，一定要加强对农民和商业职工的思想政治教育。对农民，要教育他们在坚持社会主义的道路上勤劳致富；教育他们在生产和出售农产品问题上爱国家、识大体、顾大局、保品质，接受国家的计划指导，遵守国家的有关法令、政策；教育他们树立按政策按合同向国家委托的商业企业交售合格农产品的法制观念，自觉地同各种不法行为作斗争。对商业职工，则应教育他们牢固树立为发展农村商品生产多做贡献的思想，大力支援农业生产的发展；教育他们严格执行党和国家制定有关政策，既不能侵犯农民利益，也不能损害国家利益。

在国家委托商业部门所进行的农产品收购活动中，还反映着国家与商业企业的经济利益关系。在这里，重要的问题在于要保证这些企业能够获取大致相当于开展自主经营时所能获取的经济利益。凡属政策性亏损的，应由国家财政给予补贴，以充分调动这些企业完成国家农产品收购计划的积极性。

努力促进农村商品生产的发展

农业商品经济化是我国农业现代化的必由之路，也为扩大农产

---

① 《毛泽东文集》第六卷，人民出版社 1999 年版重排本，第 449 页。

品采购提供物质基础。商业部门要扩大农产品采购，一定要从生产出发，努力促进农村商品生产的发展，特别是商品性农产品生产的发展。

我国广大农村地域辽阔，资源丰富，有精耕细作的农业生产传统，发展农村商品生产的潜力极大。党的十一届三中全会开启改革开放以来，有正确的政策指导，越来越多地发挥了市场配置资源的作用，各有关部门的协同支持和帮助，农村商品生产有了极大的发展。由于推行农业联产承包责任制、"企业＋农户"的农商联营制、农业专业合作社等，实行农林牧副渔全面发展，开展农工商综合经营，鼓励资本投向农业产业，农村商品生产出现了蓬勃发展、方兴未艾的势头。在这一大好局面下，由商业在社会再生产中的地位所决定，商业部门在促进农村商品生产方面大有可为，担负着重要责任。就农产品的生产发展而言，商业部门特别是农村商业部门应当将商品购销业务与促进农业生产统一起来，立足本职地去了解生产、引导生产、支援生产，为加快我国农业生产的发展做出自己应有的贡献。

在指导思想上，应当协同有关部门因地制宜地全面贯彻"决不放松粮食生产，积极发展多种经营"的方针，搞好农业生产布局。在这个问题上，重点是要处理好粮食生产与多种经营的关系。从我国实际情况出发，吃饭是第一件大事，粮食生产一定要抓得很紧很紧，什么时候也不能掉以轻心；同时要把多种经营搞上去，这不仅由于人民生活、轻纺工业、外贸出口需要，而且由于多种经营产值较高，有利于农业积累资金扩大再生产，有利于使农民更快地富裕起来，这样做，也才能保持生态平衡。此外，还应当本着因地制宜和提高商品率的原则，处理好重点产品与一般产品的关系，有计划地抓骨干品种，建设商品基地；应当帮助生产者处理好发展长期受益品种和发展当年受益品种的关系，做到"长短结合"；处理好发展传统产品与引进新品种的关系，根据市场需要去形成"拳头商品""当家商品"。

在行动措施上，应当千方百计地做好产前、产中、产后的各项服务工作。第一是提供经济信息，把国家计划、市场需要、价格变动等信息及时反映给农业生产者，把农民发展商品生产的自主权和积极性与国家计划要求和市场需要协调起来，引导农副业生产按照社会需要发展。第二是提供物质支援，及时做好农业生产资料和生活资料的供应工作。第三是提供技术服务，协同有关部门注重实效地推广良种，帮助农民采用先进的耕作、培育、采收、贮藏等技术，提高经营管理水平，努力降低生产成本，不断提高产品质量。第四是提供适当的资金扶持，按政策或按合同做好预购定金的发放工作，有重点地用好商业部门提留的扶持生产基金。第五是及时收购产品，使农民为市场生产的各种产品迅速转化为货币。在这一点上，特别要注意加强由于生产零星分散、季节性强、产量不稳、供求多变、体大价微或易腐烂，因而经营比较困难这样一类农副土特产品的收购，把产品转化为商品，以增加农民收入，支持生产发展。

在工作重点上，要在促进农业生产全面发展的过程中，十分注意促进商品性生产的发展。因为只有发展商品性生产才更利于促进社会分工，促进生产专业化，提高劳动生产率，提高农产品商品率，农业才能向市场、向社会提供更多更好的农产品，满足国家和人民的需要。目前，随着我国市场经济向纵深发展，城镇化进程的加快，现代农业科技的运用，农村经济体制改革的深化，我国农产品的商品化程度已有很大提高。但是，如何继续大力发展农业中的商品性生产，如何建设稳定的大、中、小型农产品商品基地，继续大幅度提高农产品商品率，仍然是一项迫切任务。为此，商业部门要特别注意支持专业户、专业村、专业乡保持特色商品生产的发展，支援大、中、小型农产品商品基地的建设。根据不同地区的自然条件，因地制宜地实行专业化生产，建立农产商品基地，一方面可以为不同的动植物的生长提供良好的环境，从而提高产量；另一方面由于生产的适当集中，可以扩大生产规模，有利于推广优良品种，进行科学研究，采用现代化的生产方法，提高经营管理水平，从而大大提高劳动生产率。

第三节　工业品采购

工业品采购的特点

工业是国民经济的主导。工业为国民经济各部门提供生产资料，也为人民生活提供日用消费品。工业品由生产进入消费（包括生产消费和个人消费），在我国现阶段一部分是通过生产企业直接对消费需求者的销售活动实现的，其中，主要是重工业部门生产的生产资料，轻工业部门生产的日用工业品只占很小比重；绝大部分日用工业品、农用生产资料以及一部分工用生产资料，则要经过商业部门（包括主要经营工用生产资料的原物资企业）组织的工业品流通来实现。工业品采购，就是商业部门组织的工业品流通的起点环节。

由工业品生产和消费的特点所决定，我国工业品采购具有不同于农产品采购的以下主要特点：

同农业生产具有自给性和商品性相结合的特点不同，工业生产都是商品性生产，产品是否适销对路决定着生产者和经销者的命运；而工业生产的产业集中度也远远高于我国目前的农业产业，这就要求组织工业品采购，必须、也更有可能在更严密的市场调查研究的基础上，加强工商之间产销计划的衔接，减少盲目性，增强计划性。因而，无论是实行自由购销的工业品，还是实行国家政策性计划收购的工业品（一般都是关系国计民生的大宗工业品），其采购组织活动的计划性一般都会高于农产品采购。

与农产品相比，工业品的品种、花色远为繁多，规格、质量更加复杂。不仅如此，纯粹意义上的农产品几乎不存在淘汰问题，工业品则会随着科学技术的进步和人民生活水平的提高而不断升级换代，新品种、新花色层出不穷，品种的淘汰周期随之呈现出逐渐缩短的趋势。这就决定了工业品的产销矛盾复杂多变，工业品采购在商品的品种、花色、规格、档次方面也就具有复杂多变的特点，并要求采用多种采购形式与之相适应。

与农业生产具有强烈的季节性不同，工业生产受自然条件的影响较小，生产周期短，产出具有均衡性和稳定性，这就决定了工业品采购具有连续性和均衡性。但一部分工业品的消费又具有明显的季节性，这就要求商业部门在搞好连续均衡收购的同时，按照商品流通规模的客观要求做好商品储存工作，合理安排市场旺淡季节的需要。

工业品生产不同于农产品生产的另一个特点，就是它的社会化、专业化程度高得多，而且产地集中，生产批量很大。因此，相对于农产品采购机构来说，工业品采购机构规模大，设置集中，专业化程度高。

工业品采购中的工商关系

工业品采购中的工商关系，就是商业部门购进工业部门产品的业务活动中形成的经济关系。正确处理工商关系，对于工业生产的发展和工业品流通规模的扩大具有重要意义。

我国的工业品，一部分是由全民所有制的工业企业生产的，一部分是由城乡集体所有制企业、私营企业、中外合资企业、外商独资企业生产的。工业品采购中的工商关系，当前主要表现为公有制内部、不同公有制之间、不同所有制之间的经济关系。长期以来，工商双方依照法令法规和国家方针、政策、计划的指导，相互依存、相互制约、相互促进、密切协作，共同为满足社会日益增长的物质和文化生活的需要作出了巨大贡献。这种工商协作是我国社会主义工商关系的基本特征，是社会主义制度优越性在经济生活中的重要表现。

但是，由于工商双方在社会再生产中所处的地位不同，所担负的社会职能不同，各自的经济活动受着并不完全相同的社会经济条件的制约，并且工商双方也都存在着各自相对独立的经济利益，因而在工业品采购中又会产生工商之间的各种矛盾。一般说来，这类工商矛盾主要表现为：工业品生产数量与收购数量不相一致的矛盾；工业生产安排与商业收购需要在商品品种、花色、规格、档次方面不相一致的矛盾；工商双方在产品出厂价格高低、如何按质论价方面的矛盾；工商双方在产品购销形式上的矛盾。此外，在商品包装、交货条件（包括交货时间、交货地点、结算方式等）以及运输等方面也会产生工商之间的矛盾。在实际工作中，上述诸种矛盾往往还会交错在一起。

应当看到，工业品采购中的上述工商矛盾普遍存在着。这并非坏事。问题在于要正确地认识它们，妥善地处理它们。正如毛泽东同志所说："一切矛盾都是客观存在的，我们的任务在于尽可能正确地反映它和解决它。"① 只要正确地认识和处理这些矛盾，就能够既有利于工业生产更顺利地发展，又有利于工业品流通更顺畅地进行，从而能够使工商双方更加密切协作，更好地满足国家建设和人民生活对工业品的需要。

---

① 《毛泽东文集》第七卷，人民出版社1999年版，第102页。

那么，在我国社会主义条件下，产生上述工商矛盾的主要原因是什么呢？这从下述几个方面可以得到说明。

第一，工商矛盾是生产与消费之间矛盾的反映。工业品生产与消费的矛盾是经常存在的。由于受生产建设的发展、社会购买力的增长、商品价格的变动、消费时尚变迁等因素的影响，工业品生产的结构、规模和增长速度，同社会生产和人民生活对工业品的消费需求，会经常地出现不平衡。同时，工业生产由于受生产能力、资金来源、技术水平、劳动组织以及原材料供应等多方面的限制，要求在一定时期内保持生产的相对稳定性；而工业品的消费需求却是千差万别，经常变化，不仅要求有丰富多彩的商品可供选择，而且具有很强的多变性和伸缩性。这种情况也影响着产需之间不可能在结构上、数量上相一致。由于商业部门的工业品收购必须与消费需求相适应，生产与消费的上述不平衡、不一致，也就必然会在工商关系中反映出来，引起工商之间在商品品种、花色、规格、数量和质量等方面的矛盾。

第二，工商矛盾是工商双方具有相对独立的经济利益的反映。具有中国特色的社会主义的工商企业都是具有法人地位的经济实体，既对国家承担不同的经济责任，也有各自的经济利益。它们各自盈利水平的高低关系到对国家贡献的大小，也关系到企业自身的发展和职工的劳动报酬、福利待遇。因此，凡是影响各自合理盈利水平的因素，都会导致产生工商矛盾。由于工业品出厂价格水平的高低直接关系到工商双方的盈利水平，出厂价格是否合理，是否质价相称，也就往往成为工商双方争议的焦点。工商双方在商品品种、花色、数量、质量等方面的矛盾固然是生产与消费矛盾的反映，但也与工商双方各自的经济利益密切相关，例如，商业部门如果采购进那些毫无销路的无效产品，就会占压资金，增加费用，造成经济损失。此外，工业部门对于畅销产品愿意多自销，对于滞销产品则希望商业部门多收购，而商业部门的态度往往相反，这种产品购销形式上的矛盾也是与工商双方的经济利益密切相关的。

第三，工商矛盾的产生还往往与宏观管理、宏观决策上主观认识不符合客观实际、不按客观经济规律办事有很大关系。经济体制的不完善，国民经济综合平衡和物价、税收、信贷工作中的失误，等等，都会在不同程度上或者造成生产与消费的矛盾，或者引起工商利润不合理的转移，从而随之产生各种工商矛盾。

第四，工商双方在社会再生产中所处的地位不同，各自有着不同的活动范围，这种客观上的差异，必然会在主观认识上反映出来，从而引起工商矛盾。例如，当工商双方对商品产销情况调查研究不够，没有掌握产销情况发展变化的规律性，双方由于所处地位的不同就会对市场动态产生不同的认识，在这种情况下制订出来的产销计划往往不能正确地反映客观实际，造成产销脱节，形成工商矛盾。

此外，工商双方或者其中一方的经营思想不端正，例如偏离社会主义生产的目的而去不择手段地单纯追求利润，也会引起工商之间的矛盾。

社会主义条件下的工商矛盾是根本利益一致基础上的矛盾，并不具有对抗的性质。因而，正确处理工商矛盾，不仅是可能的，也是完全可以办到的。

第一，通过宏观经济管理举措协调好工商双方的产销衔接，主要是重要商品的产销平衡。

这里，先决条件是要通过国民经济综合平衡，求得社会购买力和商品可供量的基本平衡。但是，这还只是宏观平衡，还需要通过宏观经济管理手段控制投资方向、防止过度重复建设协调好工商产销衔接。工商产销衔接，既要把国家下达的少数指令性、指导性计划按具体品种落实到各有关工商企业，大量的、经常的则是要把属于市场自发调节范围的商品按工商双方协商确定的产销计划落实到有关的工商企业。

加强工商产销衔接，必须坚持按照社会需要（其中主要部分是有货币支付能力的市场需求）来安排生产和组织工业品采购。从商业部门、商业企业来说，首先，要加强市场预测，正确地判断商品销路的有与无、数量的多与少。所谓正确判断就是要避免根据一时一地商品供求的变化而作出目光短浅的判断，而是应该通观全局，从长计量。其次，在调查研究的基础上，应当根据一定时期内产需、供求的实际状况对不同产品区别对待：对于供不应求的商品，特别是其中的主要商品，应当千方百计促进生产的发展，大力协助解决生产中存在的各种困难；对于供求大体平衡的商品，要着眼于帮助降低成本，提高质量，增加花色品种；对于推陈出新、升级换代的新产品，要热诚欢迎，努力创造条件使其在市场上站稳脚跟；对于一时供过于求的商品，在积极开拓销路的同时，凡有质量保证、又宜较长时间保管的，应适当增加库存，以保持现有生产水平；对于因为价高利大而抑制了消费需求的滞销积压商品，应当建议适当调低价格，以利于提高消费水平，为生产的继续发展创造市场条件；对于确属供过于求的商品，应当建议压缩生产，减少收购；对于无效商品，包括质量低劣的积压商品，已为新产品所代替的积压商品以及其他确无销路的积压商品，应当停止收购，坚决淘汰，以市场力量要求改产适销对路的其他商品。

第二，合理议订或制订和及时调整工业品出厂价格。

合理的工业品出厂价格亦即批发商业的收购价格，应当使合理经营的工商企业都能以收抵支、并能获取大体相当的利润。否则，即便是相互衔接的产销计划比较符合实际，也不利于充分调动工商企业完成的积极性。当然，对于某些特定商品出厂价格的制订，可以使工业利润适当高于商业利润，有的也需要使商业利润适当高于工业利润。

议订工业品的出厂价格，应当根据价值规律的要求、供给状况和国家的价格政策，按照"合理经营、中等标准"的原则去计算工业品生产成本，以体现鼓励先进、推动后进、淘汰落后和平抑供求；应当贯彻按质论价原则，实行优质优价，劣质低价，并规定合理的品种比价，以促进工业部门提高产品质量，增加花色品种；为了调节生产和需求，合理补偿劳动耗费，对于常年生产季节消费的工业品，还应当规定适当的季节差价。合理的出厂价格制订后并不意味着能够始终保持合理，当影响价格构成的各种因素发生变动时，则应及时而合理地调整出厂价格。

对少量工业品的出厂价格，是由国家统一制定的，工商双方均应严格执行，价格如果不合理，应积极反映给国家物价部门，但不允许因此而不完成工商产销计划。对于其余商品，应当体现市场调节，根据生产成本和市场供求状况，由工商双方根据国家有关规定协商议定，并做到及时调整，以促进工业部门调整生产和调剂市场需求。

第三，加强法制建设，对工商双方正常的经济活动和合理的经济利益提供法律保证。

过去，我国工商之间的一些争议和纠纷均由上级统管机关进行临时仲裁，这就不可避免地会因人、因地、因时而异。这对于正确处理工商矛盾、协调双方关系十分不利。为了正确处理工业品收购中的工商关系，保持工商关系的相对稳定性，应当按照社会主义原则和市场配置资源为主的要求，结合工业品收购活动的规律性，制定和完善有关的经济法规，并据此加强司法工作，以利于工业品收购活动中的工商关系能够"摆脱单纯的偶然性或任意性而取得社会的固定性和独立性"①，保证工业品的生产和流通能够正常而有秩序地进行。

以上是正确处理工商矛盾的三个主要方面的措施。就企业而言，还可以根据条件开展不同形式的工商联营、专项定制等灵活多样的购销活动，按照"利益均沾，风险共担"的原则来协调工商企业双方的生产经营活动。这对于统一思想认识、密切工商关系、运用市场配置资源，具有明显的积极作用。

应当指出，在商品经济条件下，工商之间的矛盾将会始终存在，旧的矛盾解决了，新的矛盾又会出现，正是在不断解决矛盾的过程中，推动着工业品生产和流通的发展。"市场配置资源"和"完善法治环境"始终是解决这类矛盾的基本指导原则。

工业品的采购形式

根据各种工业品关系国计民生的重要程度、市场供求状况和它们各自本身的特点，工业品采购应当采取适当的形式。我国现阶段，与国家宏观经济管理形式相联系，商业企业采购工业品主要采取政策性收购、订购、自由选购、加工定制等形式。

政策性收购。是商业部门企业按国家政策法律规定对一些关系国计民生重要的骨干商品所实行的一种收购形式。凡属政策性收购商品，工商双方需按国家统一下达的计划签订合同，工业企业保证按计划交售，商业企业保证按计划收购。超计划生产的部分，工业企业可以自销，商业企业也可以协商收购。

订购。商业企业对生产比较集中，销售面比较广，对市场和人民生活影响比较大的工业品，实行订购形式。凡订购商品，商业企业在生产之前同工业企业衔接产销计划，签订合同，预先订购。合

---

① 《马克思恩格斯全集》第 25 卷，人民出版社 1974 年版，第 894 页。

同签订后，双方严格履行。订购以外的商品由工业企业自销，或由工业企业委托商业企业经销代销。

自由选购。商业企业对工业企业生产的品种规格繁多、市场需求变化快的大量商品，一般应根据市场需要有选择地及时采购。

加工定制。对于一些满足特殊消费需要的商品，特别是其中的高档消费品，商业企业可与有生产能力的厂家专项定制，按定制合同开展采购活动。这实际上是上述"订购"的一种特殊形式。

总之，在我国现阶段对工业品实行政策性收购、订购、自由选购、加工定制等商业采购形式，同时存在着与之相对应的工业自主销售，既能保证国家通过商业部门调拨分配必要的关系国计民生的重要工业品，又能实现工业品的多渠道流通，鼓励工商企业加强横向经济联系，开展市场竞争；既便于商业企业按照市场需要组织工业品收购，也能督促、鼓励工业企业根据市场需求变化安排生产，在竞争中提高产品质量，增加花色品种，更好地适应市场需要。所以，商业企业采取多种形式开展工业品采购，能够较充分地贯彻好市场配置资源的市场经济规则，符合社会主义商品经济发展的客观要求，有利于活跃经济，有利于密切工商关系，有利于提高社会经济效益。

第六章

商品销售是商业活动的关键环节

商业部门从工农业生产部门采购进来的商品，都要经过一至数次的商品销售活动，才能最终进入生产消费或生活消费。商品销售，作为为卖而买、买而后卖的商业活动的一个组成部分，乃是完成媒介成商品交换这一商业特有职能的关键环节；作为推动商品最终进入生产消费或生活消费、实现商品价值和转移商品使用价值的社会经济活动，乃是商品经济的生命线。按照商品经济发展的内在规律和社会主义原则，努力组织好商品销售，不仅是顺利进行每一轮商业买卖活动的客观要求，也是大力发展商品生产、努力改善人民生活的客观要求。

第一节　商品销售是商品经济的生命线

商品销售的经济内容

商品销售，原本的含义是指：商品生产者为实现商品价值，通过商品货币关系向消费者或用户让渡商品使用价值的盈利性经济活动。但是，在商品交换以商业为媒介进行的情况下，在商业已经分工为批发商业和零售商业的情况下，商品销售的经济内容复杂化了：商品生产者供作消费（包括生产消费和生活消费）的商品销售活动（见图6-1），在这里演化为前后有序的、一系列面向消费的商品销售活动（见图6-2）。由此，从一般意义上讲，所谓商品销售，就是商品所有者通过商品货币关系向货币所有者让渡商品的盈利性经济活动。

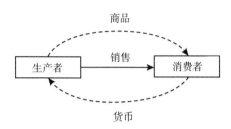

图6-1　商品生产者供作消费的商品销售

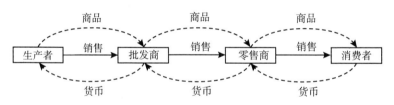

图6-2　前后有序、一系列面向消费的商品销售

商业产生及其内部出现批零分工以后，就商品从生产领域向消费领域（包括生产消费领域）转移的全过程来看，市场上的商品销售活动可按商品出售者区分为三类。（1）生产者的商品销售。这有两种情况：一是将商品直接卖给消费者或用户，供作生活消费或生产消费；二是将商品卖给商人，供作转卖。后者就是前面研究过的商业部门的商品采购。（2）批发商的商品销售。也有两种情况：一是将商品批量供应给加工企业，供作生产消费；二是将商品批量供应给其他批发或零售商，供作进一步转卖。（3）零售商的商品销售。这是直接面向广大消费者和零星生产用户的商品销售活动。

在上述三类商品销售活动中，后两类是由商业企业（商业经营者）进行的。而商业企业的销售活动，按销售对象又可区分为供作转卖和供作消费这两种情况。供作转卖的商品销售活动并没有使商品离开流通领域，供作消费的商品销售活动则推动商品由流通领域进入了消费领域；前者是在商业部门内部的商业经营者之间进行的，后者则是在商业经营者与消费者和用户之间进行的；前者是在为后者准备条件，后者则使前者成为有意义的经济活动，两者相结合，才最终体现了商品销售这一范畴的原本含义。这样看来，商业企业，无论是批发商抑或零售商，尽管它们各自都在从事商品购销活动，但本质上都是商品销售机构，它们的购销活动归根到底是为了把商品最终销售给消费者或生产用户。

但是，批发商供作转卖的销售活动与批发商、零售商供作消费的销售活动毕竟有着质的区别。前者乃是商品的中间销售，后者则是商品的最终销售。批发商所进行的商品中间销售，也就是在商业部门内部进行的商品销售，是在流通领域内通过商品货币关系推动商品面向消费前进的销售行为，它反映着商业经营者相互之间的经济关系。由于这种销售行为，便形成了商业部门内部的商品流通。批发商、零售商所进行的商品最终销售，则是将商业部门采购进来的工农业产品通过商品货币关系让渡给消费者或用户，用以满足生活消费或生产消费的销售行为，它反映着商业经营者与商品消费者之间的经济关系。商品一旦经过这次销售，便结束了它的流通过程，商业所承担的媒介商品交换的任务至此即告最后完成。因此，商品最终销售乃是商业部门组织的商品流通的终点。

商品最终销售的意义

前述分析已表明，商品在最终销售前，有可能在流通领域内一再被销售，但只有最终销售才是一次决定性的销售。从商品的使用价值来看，马克思说："商品的使用价值，只有在商品进入消费领域以后，才能实现，才能发挥作用。"① 商品在出售给消费者之前，无论是处于生产者手中，还是处于商人手中，其使用价值都只是以潜在的形式存在，它作为消费对象，还只是具有可能性。只是通过供作消费的商品最终销售，商品的使用价值才成为现实的消费对象，生产的目的也才得到实现。从商品的价值来看，马克思有一句名言："W—G……是商品的惊险的跳跃。这个跳跃如果不成功，摔坏的不是商品，但一定是商品所有者。"② 这就是说，只有通过供作消费的商品最终销售，商品的价值才能实现，商品所有者的经济利益也才能随同商品价值的实现而实现。所以，可以认为，供作消费的商品最终销售乃是商品经济的生命线。资本主义条件下是这样，社会主义条件下也不能例外。

既然商品最终销售的基本作用是实现商品的价值和使用价值，满足生产消费或生活消费的需要，实现生产的目的，因而社会主义商业部门的商品最终销售，包括生产资料销售和生活资料销售，在国民经济中就具有十分重要的意义。这表现在以下几个主要方面：

这种商品销售提供生产消费的物质对象即生产资料，对于促进工农业生产的发展具有重要意义。在一切生产劳动过程中，劳动力这个人的因素只有与生产资料这个物的因素相结合，生产活动才能进行，才能创造出物质财富。正如马克思指出的："不论生产的社会的形式如何，劳动者和生产资料始终是生产的因素。但是，二者在彼此分离的情况下只在可能性上是生产因素。凡要进行生产，它们就必须结合起来。"③ 因此，工农业生产的持续进行和不断扩大，必须以能够不断补偿和追加生产资料为基本条件。在我国，工农业生产所需要的生产资料商品，大部分是通过商业部门的生产资料销

① 《马克思恩格斯全集》第7卷，人民出版社2009年版，第333页，注（38）。
② 《马克思恩格斯全集》第42卷，人民出版社2016年版，第87页。
③ 《马克思恩格斯全集》第45卷，人民出版社2003年版，第44页。

售而得到满足的。这样，商业部门组织好生产资料商品的销售，便能在促进工农业生产发展方面发挥重大作用。

这种商品销售提供生活消费的物质对象即生活资料，对于满足人民群众的商品性消费需要、不断提高人民的生活水平具有重要意义。在我国，人民群众消费需要的不断增长，生活水平的不断提高，是社会主义经济发展的必然趋势，并且，商品性消费所占的比重也将越来越大。而这种商品性消费需要的绝大部分，是通过商业部门的商品最终销售实现的。所以，商业部门根据人民群众有货币支付能力的消费需求，组织好生活资料商品的销售，便能保证社会成员按照当下的分配原则取得的货币报酬的相当一部分转化为现实的消费对象，保证人民群众的生活水平随着货币收入的增加而不断改善。这不仅有利于人们生活得美满幸福，有利于人们的全面发展，也有利于进一步激发、调动人民群众的社会主义积极性。

这种商品销售实现商品的价值，对于社会再生产的顺利进行、国民经济的正常运转具有重要意义。马克思说：只要商品"停滞在市场上，生产过程就会停止。"① 因为，不通过商品销售实现商品的价值，前一个生产过程所耗费的活劳动和物化劳动就得不到补偿，更谈不上积累用于扩大再生产的资金。这一基本原理同样适用于商业部门的商品最终销售，我们知道，生产部门的产品经过商业部门的商品采购，对生产者来说，已经实现了商品资金向货币资金的转化，直接生产过程又可以重新开始了。但从社会再生产过程来看，只有当商业部门把商品最终销售出去，才最终完成商品资金向货币资金的转化，最终实现商品的价值，社会再生产过程才最后完成。如果商品滞留在商业部门，就会占压商业资金，商业部门一旦因此而无力继续进货，生产部门的下一批产品就不能继续转化为货

---

① 《马克思恩格斯全集》第 45 卷，人民出版社 2003 年版，第 48 页。

币资金，社会再生产过程也就会因此而中断。所以，商业部门的商品最终销售关系到保障社会再生产的顺利进行。总的说来，"出售越迅速，再生产过程就越流畅。"[①]

这种商品销售实现商品的价值，对于实现国家、企业和劳动者个人三方面的经济利益，进而对于推进社会主义现代化经济建设具有重要意义。商品价值，包含着劳动者为社会、为自己创造的价值，包含着物化劳动转移的价值。既然商品的价值只能随同商品销售的实现而实现，也就只有通过商品销售，才能保证国家取得实实在在的财政收入，保证企业收回投资并积累发展基金，保证劳动者取得劳动报酬。离开了商品最终销售，或者商品销售不出去，国家就不能积累现代化建设所必需的资金，企业和劳动者个人也都要受到经济损失。

从政治上看，商业部门通过商品销售满足城乡人民生活消费和工农业生产消费的需要，对于进一步巩固和加强新型工农城乡关系，维护和发展全国各民族的团结，调动和发挥各方面的积极性，使全国人民同心同德，心情舒畅地为新时代中国特色社会主义现代化建设多做贡献，也都无可置疑地发挥着重要作用。

综上分析可见，供作消费的商品销售是商业各项业务活动中一项具有决定性的基本职能业务，商业部门必须自觉地努力做好这项关系国民经济发展全局的重要工作，以促进社会主义经济蓬勃地向前发展。

商业部门内部商品销售的必要性

商业部门采购进来的商品，在多数情况下都要经过一至数次的中间转手买卖，才能最终销售给消费者或用户。这种中间转手买卖的过程，就是在商业部门内部供作转卖的商品销售过程，也就是商

业部门内部的商品流通过程。

由商业部门内部的商品销售活动所形成的商业部门内部的商品流通，既不与生产者，也不与消费者接触，过程的两端都是商业经营者，因此，它表现为商业部门内部各经营环节之间面向消费的商品买卖关系。商品的这一流通过程，是商品由生产领域进入消费领域的整个流通过程中的一个阶段，在这一阶段中，商品的价值虽然并没有实现，但却是处于实现的过程之中。

商业部门内部的商品流通，必然伴随着商品在空间上的移动，即商品从生产地到消费地的移动，因而，它又同时表现为地区之间面向消费的商品购销关系，实现着地区之间的经济联系。就是说，商业部门内部的商品流通，必然同时体现为地区之间的商品流通。当然，不能反过来说：地区之间的商品流通都会表现为商业部门内部的商品流通。地区之间的商品流通，可以体现为不同地区的生产者与消费者之间直接联系的商品货币关系，也可以体现为只经过一道商业环节即可媒介生产与消费联系的商品买卖活动，但在商品经济和社会分工日益发展而出现大规模商品流通的情况下，地区之间的商品流通除了还会在一定条件下继续采取上述两种形式外，大量商品则主要采取了商业部门内部商品流通的形式。

那么，大量商品在地区之间的流通主要采取了商业部门内部商品流通的形式，其客观必要性是什么呢？这种必要性就在于，商业内部分工为批发商业、零售商业是商品经济发展的客观要求。正是由于这种分工，才产生了商业部门内部的商品流通；只是由于这种分工，在地区间组织大规模的商品流通才成为普遍的现实。

批发商业是专门从事大宗商品买卖、专门在企业之间媒介成商品交换的商业形式，本质上这里是资本与资本之间的交换活动，与零售业乃为资本与收入的交换有着质的区别。批发企业按适当低于商品价值的价格大批量地购进商品，然后再向其他商业单位（包括批发企业和零售企业）转卖，或供应生产单位进行加工制作。所以，批发企业是承担大规模商品集散任务的商业机构。零售商业则是按符合商品价值的最终价格向消费者进行小量商品出卖的商业形式，零售企业主要为满足生活消费和零星分散的生产消费服务。在存在批发、零售商业分工的情况下，从生产部门购进商品的批发企业向其他批发企业、最终向零售企业销售商品，以此结合为商业整体，共同媒介成生产者与消费者之间的商品交换，同时也就形成了商业部门内部的商品流通。所谓商业部门内部的商品流通，也就是借助商品货币关系推动商品由批发商业到零售商业的经济过程。在这一过程中，批发商业处于起点环节和中间环节，控制着商品货源，因而处于战略性地位，发挥着主导作用。批发商业的销售活动，构成了商业部门内部商品流通的主要经济内容。

批发、零售商业的分工并不是随同商业的产生而发生的。随着社会分工和商品生产的发展，商品的行销范围和流通规模愈益扩大，生产与消费在空间、时间方面的矛盾，以及反映这一矛盾的商品产销矛盾也愈益尖锐起来。通常有两类情况：一类，生产集中、消费分散（如日用工业品、农业生产资料），或者生产分散、消费集中（如农产品原料）；另一类，生产企业的生产总是具有一定的专业性和相对稳定性，要求少品种、大批量、少批次地集中组织商品的生产，以利于提高劳动效率，而消费则具有综合性和灵活多变性的特点（尤其是生活消费），要求多品种、全规格、小批量、多批次地组织商品的供应。在这两类情况下，如果由生产者自销，或者只通过一道商业环节的买卖活动来媒介，都不可能实现绝大多数商品的生产与消费的联系。因为，这样的商品销售业务将会极其复杂，不仅会占用和耗费大量的人力、物力、财力，商品流通时间也会很长，而且许多商品也会事实上难以找到销路。所有这些，都会迫使再生产过程中断。商业内部的批发与零售分工，正是在出现了这样尖锐的产销矛盾的情况下应运而生的。

批发、零售商业分工，一方面有利于比较顺利地解决上述产销矛盾。这是因为，批发商业既能适应生产企业大批量、少批次集中出售产品的要求，又能在购进商品后进行分类整理、编配分装，做到小批量、多批次，并以众多花色品种可供选择地供应给众多的零售商业，以适应零售商业由销售特点所决定的勤进快销的经营特点。这样，商品就能如同接力赛跑中的接力棒一样，通过两个或两个以上的商业环节的买卖活动，而由生产企业进入各个销地的消费领域，从而有效地促进着社会再生产的顺利进行。另一方面，则是有利于提高社会经济效益。这不仅是由于社会再生产因批零商业分工而得以顺利进行，而且还由于批零商业分工大大减少了商品交换次数，大大简化了商品销售业务，因而能够相对地大幅度降低纯粹流通费用和流通领域的生产性追加费用（如运输费用等），大幅度减少社会投入流通领域的资金总量。① 试比较图 6-3 与图 6-4。

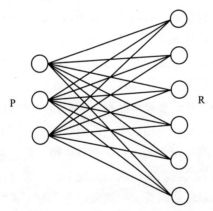

图 6-3　生产者对零售商的商品销售

（P：生产者　R：零售商）

---

① 《马克思恩格斯全集》第 25 卷，人民出版社 1975 年版，第 329～330 页。

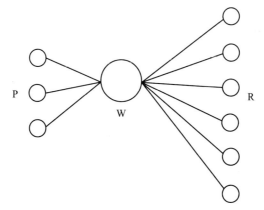

图 6-4 生产者与零售商之间出现了批发商时的商品销售

（P：生产者 R：零售商 W：批发商）

图 6-3 是 3 个生产者对 6 个零售商的商品销售活动示意图；图 6-4 则是在 3 个生产者与 6 个零售商之间出现了一个批发商时的商品销售活动示意图。两相比较，不难看出：后者比前者大大简化了商品销售业务，有助于社会经济效益的提高（这当然是指在产销矛盾扩大化的情况之下）。

上述分析可见，批发零售商业分工乃是商品生产发展导致商品产销矛盾扩大的必然结果，是经济节约地组织大规模商品流通、以解决扩大化了的商品的生产与消费之间矛盾的客观要求。这也正是地区间的商品流通之所以会主要采取商业部门内部商品流通的根本原因，当然也就是之所以会出现商业部门内部商品销售的根本原因。

同样道理，为适应解决商品产销矛盾扩大化的要求，在许多情况下批发商业内部又进一步分工为产地批发商、销地批发商，有时还需要有中转地批发商。这样，商业部门内部的商品销售活动也就复杂化了。目前批发商业企业又呈现出向供应链服务提供商转型的趋势，经营商品的核心职能也逐渐向物流服务、采购协调、信息传递等新型职能延伸。

第二节　商业部门内部的商品销售

组织商业部门内部商品销售的两种方式

商业部门内部商品销售的状况如何，直接规定着商品在地区之间能否合理分配、合理摆布。在我国，按照社会主义原则和商品流通内在规律的要求，合理组织商业部门内部的商品销售，开展好商业部门内部的商品流通，对于合理而有效地利用社会商品资源，促进国民经济按比例、高效益地向前发展；对于丰富和繁荣各地市场，改善和提高人民的生活水平；对于开展社会主义的商品竞争，巩固和发展社会主义统一市场，都具有重要意义。

我国社会主义商业部门组织商业内部的商品流通，是按照把计划机制与市场机制有机地、恰当地结合起来的原则要求进行的。具体说来主要采取两类不同的组织形式：一类是国家计划分配，即按照国家制订和下达的少量商品（一般主要为工业用生产资料）分配计划来组织地区之间的商品流通；另一类是企业自由购销，即由各地区的各商业企业通过相互协商、自愿成交来组织地区之间的商品流通。哪些商品采用前一类组织形式，哪些商品采用后一类组织形式，是由国家根据不同时期的政治经济形势和各种商品关系国计民生的重要程度及其产销状况来决定和调整的。通常的情况是：极少数关系国计民生的重要商品（主要是工业用生产资料）以及个别产地集中、全国消费的主要商品，一般在不同程度上采用前一类组织形式，品种繁多、供求多变以及生产零星分散的大量商品，一般采用后一类组织形式。

极少数重要商品的计划分配需要贯彻"全国一盘棋"的基本原则，正确处理好产区与销区、局部与全局的关系，做到统筹兼顾，适当安排，以利于有关的商业企业合理地组织这些商品在地区之间的流通，合理满足各个地区对这些商品的需要。其中，极少数重要商品在地区间的计划分配必须有利于促进生产的发展，统筹考虑产区发展生产的积极性和生产布局的合理性，在兼顾其他地区需要的条件下，优先满足工农业生产基地的需要。对于货源不够充裕的重要商品，应当保证重点，照顾特殊，兼顾一般。此外，当遇到自然灾害、疫情等特殊情况下，有可能存在对重要生活资料在局部地区实现临时的计划分配，这需要贯彻好统筹兼顾、适当安排、兼顾城乡的原则，同时要保证工农业生产基地和国家重点投资项目所在地区的正常商品供应，促进经济建设的顺利进行。

当然，国家统一计划分配、国有商业或国家委托的合作商业机构在地区间组织销售的只限于极少数重要商品。或是在特殊情况下的临时适时决策，待工农业生产恢复正常时又会回到自由购销的商品流通。可以看到，大量商品是通过企业自由购销形式来组织地区之间的商品流通。采用自由购销形式组织商业部门内部商品流通，通常有如下两种情况：一种是由国家制定计划价格（包括浮动价格），地区之间自由建立商品供应关系，供销双方自主协商议定成交数量，成交额纳入所在地区的商品流转计划。这是一种在国家间接计划管理下组织地区之间商品流通的形式，通常是个别的，或临时的。另一种情况是，在国家政策允许的范围内，各地区商业企业之间自由建立商品供应关系，根据国家规定的有关物价调控目标和市场供求状况，供销双方自主地协商议定商品的成交价格和成交数量。显见，这是一种主要由价值规律起自发调节作用的组织地区之间商品流通的形式，产销地区的商业企业均具有很强的经营灵活性。这种自由购销形式是具有主体性的常规形式。

这表明，即使从形式上看，我国社会主义制度下地区之间的商品自由购销，也是不同于私有制条件下地区之间的商品自由买卖的。由于它仍然不同程度地置于国家宏观管理之下，必须遵循国家的有关方针政策和法令法规，必须服从于为工农业生产服务、为人民生活服务的宗旨，必须按社会主义原则兼顾产销地区和供销双方的经济利益关系，因而仍然体现着社会主义商业企业旨在为全体人民谋福利而相互协作、互相支援的本质关系。商业部门采用自由购销形式组织地区之间的商品流通，有利于进一步调动产销地区商业企业的主动性、创造性，对于扩大城乡之间、地区之间的物资交流，活跃、繁荣全国各地市场，减少商品流通环节，更好地满足工农业生产和人民生活的需要，都具有重要的积极作用。当然，对于自由购销必须加强管理和监督，不允许哄抬物价、囤积居奇、欺行霸市等奸商不法行为。

正确处理批发企业与批发企业之间、批发企业与零售企业之间的关系

商业部门内部的商品销售活动，无论是采取自由购销形式，还是采取计划分配形式，都表现为批发商业企业的商品销售业务。

在商业部门内部的商品批发供应中，形成了批发企业与批发企业、批发企业与零售企业之间的关系（以下简称"批批关系""批零关系"）。那么，应当根据什么原则正确处理这些关系呢？商业部门内部商品流通的过程，亦即商品经由不同的批发环节到达零售企业的运动，实际上是推动商品面向消费运动、使其价值趋于实现的经济过程。因此，为了实现商品的货畅其流，推动商品顺利地进入消费领域，社会主义条件下正确处理批批关系、批零关系的原则是：产地批发、中转地批发为销地批发服务，销地批发为零售服务，简言之，上一道批发为下一道批发服务，批发为零售服务。

这样一种顺序的逐级服务原则自然不是超经济的原则，而恰恰是经济活动本身的内在要求。

其一，这是实现商业职能的需要。商业是为卖而买的，买是手段，卖是目的。批发企业从生产部门购进商品后，只有经过一次或两次乃至三次转卖，直至零售企业的最终出卖（或销地批发企业对生产加工企业的最终出卖），才能媒介成生产者与消费者之间的商品交换，完成自己的使命。为此，批发企业的购销活动必须立足于为零售企业（或销地向加工企业销售商品的批发企业）的最终顺利出卖创造有利条件。

其二，这是实现生产目的、实现社会主义商业基本任务的需要。生产为了消费，产品只是"在消费中才证实自己是产品""才得到最后完成。"① 从生产部门采购产品，用以满足生产消费和人民群众物质与文化生活的消费需要，是批发企业、零售企业的共同任务。但批发企业、零售企业在商业部门内部商品流通中处于不同的地位，零售企业或销地向加工企业销售商品的批发企业是最后一道环节，直接向消费者销售商品，最终实现生产的目的。因此，唯有上一道批发的商品购销活动适应下一道批发的商品购销活动的需要，批发企业的购销活动适应零售企业的购销活动的需要，才能共同实现生产的目的，共同完成为生产建设服务、为人民生活服务的光荣任务。

其三，这是提高社会经济效益的需要。客观上看，上述逐级服务有利于推动商品顺利地完成在商业部门内部的流通，从而有利于加速社会再生产过程。中观上看，亦即从商业部门来看，销区商业企业是产地批发商业的主要市场，零售商业是批发商业的主要市场，上一道批发为下一道批发服务得越好，批发为零售服务得越

---

① 《马克思恩格斯选集》第八卷，人民出版社 2009 年版，第 15 页。

好，商品就越能适应最终销售的需要，批发商品销售、商品纯销售的规模就会越大，商品周转也会越快，整个商业部门的经济效益也就越高。与此同时，从微观上讲，批发企业、零售企业都能取得更好的企业经济效益，实现更多的经济利益。

在我国社会主义条件下，批发企业、零售企业的根本利益、服务目标是一致的，因而，根据上述原则正确处理商业部门内部商品流通中的批批关系、批零关系，做好地区间、地区内的商品批发工作，不仅必要，也是完全可能的。

地区之间的商品批发

与组织商业部门内部商品销售的前述两类基本方式相适应，地区之间的商品批发区分为自由购销和计划供应。同时搞好这两种类型的商品批发工作，是安排好全国市场、繁荣和活跃全国市场的重要保证。

地区之间的商品自由购销是否合理，很大程度上取决于销区进货单位能否避免盲目性。销区进货单位应当深入调查、科学预测本地市场的商品供求情况及其发展趋势，在此基础上，要结合地方产品的生产情况，本着按需进货的原则制订外埠进货计划，要本着费用节约的原则选择进货地区，要力求与理想的供货单位建立相对稳定的产销关系。产区供货单位则应努力为地方产品开拓销路、扩大市场，不但要重合同、守信用，努力维护原有的合理的产销关系，还应根据需要有目标、有步骤地建立和巩固新的产销关系。合理确定产销地区之间的商品购销关系，应当体现三条原则要求：

第一，适销对路，亦即产区调往销区的商品必须适应销区的市场需要。否则，势必会引起销区库存积压，人为造成市场商品供求的不平衡。需要指出的是，同一商品往往多处生产、多处消费，而各销区的要货则往往集中于生产正常、货源充裕、品种花色齐全、质价相称、供货适时、交通方便的某些产区，推动这些产区的可供销售量供不应求，其他产区的可供销售量则会因此而供过于求。解决这个矛盾的措施，一方面，在于各产区必须努力适应销区的需要组织生产；另一方面，由于差别总会存在，在产销区供求情况既定的条件下，就需要由主管单位统筹安排，经过充分协商，尽可能合理地确定购销关系。

第二，费用节约，亦即确定产销区的购销关系应当符合提高经济效益的要求。地区间的商品购销，必然伴随着商品的空间移动，这就需要付出一定的人力、物力。因此，应当尽可能选择费用耗费最少的购销关系，使销区尽量接近产区，使商品从产区到销区按合理流向经由最短的路线，占用最少的时间，支付最低的费用。而要实现这一点，就必须按经济区域建立供货关系。对此，第八章将有专题论述。

第三，相对稳定，就是尽可能保持地区间长期形成的合理的商品购销关系。这不仅因为这类购销关系经过长期实践证明能够相对节约商品流通费用，进一步的意义还在于，这样做有利于密切产销地区的关系，使产区的生产更好地适应销区的需要，也利于更及时、更妥善地解决相互间可能出现的各种矛盾。当然，购销关系相对稳定是有条件的。当生产力布局状况等条件出现明显变化时，就应根据新的情况适时调整原有的商品购销关系。

具体组织地区间的商品批发，要求产销双方都必须全面履行合同义务，不得任意毁约，修改合同需经双方同意，违反合同应承担经济责任和法律责任。为此，产区供货单位要努力促进生产发展，加强商品的采购，搞好商品储存和分类编配，在此基础上积极主动、适时适量、妥善无误地组织商品运输，这样才能顺利完成合同规定的商品产出任务；销区进货单位也要主动协助产区发展生产，体谅产区可能发生的实际困难，使产区能够更加顺利地完成商品产出任务。

对零售企业的商品批发

批发企业对零售企业的商品销售，是商业部门内部商品流通的最后阶段。批发企业应当遵循批发为零售服务的原则，组织好对零售企业的批发工作。

首先，按照市场需要组织货源，努力满足零售企业的进货需要。批发企业必须密切注视本地零售市场的需求变动情况，掌握市场信息，搞好市场预测，按照零售需求变化改进批发经营，大力组织适销对路商品。只有使销售的商品在品种、花色、规格、质量、数量和供应时间等方面都能适应零售的进货需要，零售企业才有可能更好地为消费者服务。

其次，分别货源情况，合理组织各类商品的批发活动。任何一个批发企业所掌握的商品货源，总会共存着不同供求状况的各类商品。它们在各零售企业的摆布状况则会直接影响零售经营管理和消费需要。因此，批发企业必须分别情况合理组织对零售企业的批发工作：主体的、通常的应按市场规律要求，由零售企业自由购销；批发企业应当主动给予咨询服务；若有国家计划分配商品，则应按政府部门的分配指标或有关规定投放到各零售企业。

最后，采取各种有效措施改善服务态度，提高服务质量，接受零售企业监督。主要措施有：适应零售企业勤进快销特点，做好大批量购进商品的整理、分装工作，合理确定批发起点；结合零售需要，保持合理库存，防止人为脱销；设立样品间，搞好商品陈列，便于零售企业看样进货；简化结算手续，适时调整营业时间，方便零售企业组织进货；主动向零售企业介绍新产品，提供商品信息，帮助开展零售经营；允许零售企业进货后换残补缺，实行余量退货（条件是不残不损，包装完整），按查询规定及时查处商品残损短少问题；帮助零售企业调剂余缺，互通有无，如组织商品调剂交流会等；必要时，可对城市零售企业带样服务上门，对农村零售企业则可带样定期巡回展销；经常倾听零售企业的意见和要求，不断改善批发经营；等等。

需要强调的是，组织对零售企业的批发工作，必须特别重视、大力支持工业品下乡。

农村是我国工业品的大市场，农民的商品需求大量的主要是对工业品的需求，因而无论是发展轻工业还是发展重工业，农村都是极大的市场。做好农村地区的工业品销售工作，对于加速发展农村商品经济，加强农副产品采购，为工业品开拓广阔市场，改善农民生活，从而对于实现城乡经济结合、加快现代化经济建设、巩固新型工农城乡关系，都有着重大意义。

组织好工业品下乡，就商业部门而言，关键在于工业品批发企业要树立为工农业生产服务、为广大农民群众服务的思想，端正关于我国农业问题、农民问题、农村市场问题的重要性认识，克服长期存在的重城市、轻农村的错误倾向，千方百计地加强对农村零售商业的商品销售工作。

加强对农村零售商业的商品销售，除应做好批发为零售服务的上述各方面的工作之外，还需要特别注意以下三点：

其一，疏通工业品下乡渠道，避免大通小塞、货流不畅。重要的问题在于正确对待农村多种经济形式的零售商业，在充分发挥农村供销合作社作为工业品下乡重要渠道应有作用的同时，加强对农村其他合作商业和个体商户的商品批发；还要合理制订各类工业品的批零差价和必要的城乡差价，以利于更好地调动农村零售企业的经营积极性，促进工业品下乡。

其二，杜绝以次充好和假冒伪劣商品，把货真价实、适销对路、数量充足的工业品及时地、源源不断地投放农村市场。农用生产资料和其他支农物资必须适时投放；组织货源既要重视少数大商品，也必须重视品种繁多的小商品，既要根据普遍需要组织经济实惠的"大路货"，也要适应农村经济发展所提出的新需要积极组织新商品。

其三，正确组织对不同类型的农村地区的商品批发。在自然条件方面，农村有平原、山区、水乡之分，山区还有丘陵区、半山区、深山区之别；在经济条件方面，农村则有农区、林区、牧区、渔区之分，粮区、经济作物区之分，商品基地与一般地区之分。为此，必须根据各地区的购买力水平、消费特点和人口多少组织工业品批发。一般说来，商品经济发达的农村地区，会比其他农村地区需要更多的工业品。

还应当指出，对城市、工矿区零售商业的商品供应，也应当处理好不同类型地区之间的关系，处理好城市市区不同地段和不同类型零售企业之间的关系。例如，高档商品、名牌商品、新产品通常会主要摆布在主要商业区、主要街道的大中型和专业化商店，对居民区、一般街道的中小型商店则应重点加强日常用品的供应，使整个城市市场的商品供应摆布得体，既能繁荣市场，又能方便消费者购买。

第三节　商品最终销售

生产资料、生活资料商品的销售特点

商业部门的商品最终销售，表现为商业经营者推动商品由流通领域进入消费领域（包括生产消费领域）的经济活动。根据生产消费和生活消费的需要，源源不断地组织生产资料商品、生活资料商品销售给众多的生产者和广大的消费者，是商业活动的基本内容，

也是商业部门的基本任务。

为了做好商品的最终销售工作，商业部门的经营者不仅要如同前述那样研究消费需求，还必须进一步研究销售本身，掌握商品最终销售的具体特点。

为适应社会再生产过程连续进行的客观要求，商业部门的生产资料、生活资料的最终销售都必须保持连续性。这是两者的共同点。但由于产品属性、消费方式和购买行为的不同，生产资料商品、生活资料商品又各有不同的销售特点，从而对商品销售的组织工作提出不同的要求。

（一）一般说来，生产资料商品的最终销售具有下述主要特点：

1. 成交批次少，批次销售金额大。这是因为，劳动资料的更新周期较长，且大多价值量较高；劳动对象的更新周期虽然短，但为保持生产连续进行，生产者必须建立一定的生产储备，其购买行为一般都表现为少批次、大批量。这一特点在工用生产资料的销售中表现得尤为明显，农用生产资料销售中也不同程度地存在。

2. 购买选择余地小，销售量比较稳定。一定物质内容的生产，只能消费一定物质内容的生产资料，代用品的情况很少。这样，不但严格限制了生产消费者的购买选择（一般只选择某一生产资料商品的厂牌或产地），而且使生产资料的市场需求缺乏弹性，价格的涨落对需要量的影响较小，直至完全没有影响。因此，只要生产者的产品有销路而能保持生产的正常发展，生产资料销售者就能保持稳定的或稳中有升的销售量，而较少发生大起大落的情况。

3. 具有越来越强的知识性。生产资料尤其是其中的劳动资料，体现着不同层次的技术水平，不同的品种在使用、保管和维修上具有不同的技术要求。随着科学技术的现代化，各种先进技术水平的新产品、新材料越来越多，品种规格也越来越复杂。这种情况不仅对用户，也对销售单位提出越来越高的技术要求。销售单位只有熟悉所经营生产资料商品的构造、性能以及使用、保管、维修的方法，才能为顺利开展销售工作提供有利条件。

4. 许多生产资料的销售还具有季节性或连带性的特点。一般说来，多数农用生产资料的销售具有很强的季节性，这是由农业生产本身具有很强的季节性所决定的。连带性是指一定的劳动资料与一定的劳动对象存在着内在联系，往往形成互补商品，其中一种商品的销售会连带引起另一种商品的销售，如农药与农药机械的关系就是这样。连带性还指劳动资料、劳动对象各自内部的配套连带关系，例如主机与配套机具、主要材料与辅助材料，它们的销售都相互具有连带性。

（二）生活资料商品的最终销售则具有不同于生产资料商品最终销售的另一些特点，主要是：

1. 生活资料消费主要以家庭为基本消费单位，消费单位小而数量巨大，由此，生活资料销售就具有交易规模很小、交易次数十分频繁、交易地点十分分散的特点。因而，商业部门一般只能以零售形式进行生活资料销售，零售网点则必须遍布各地。当然，满足人们生活消费需要并非只靠个人消费需要的实现，还包括社会公共消费需要的实现。不过，我国的社会公共消费尽管在逐步增长，但并不能取代个人消费而占据主导地位。

2. 正如前述，人们的生活消费需要是多方面、多层次的。在社会主义制度下，随着科学技术的发展和人民生活水平的提高，消费需要更是愈益多样化、个性化。因此，生活资料商品的门类、品种、花色、规格、档次异常复杂，极为繁多，新产品、新花色也会层出不穷，这就使生活资料销售具有经营范围更为广阔、销售商品更为繁杂的特点。

3. 正如前述，生活资料消费需求受着多方面因素的影响，消费水平和需求结构固然受着客观条件的制约，但购买力的投放和投向却在相当程度上受着消费者主观意志的支配。因而，除少数基本生活必需品的需求弹性较小、销售量比较稳定以外，绝大多数消费品的需求弹性都比较大，购买选择性较强，它们各自的销售量也就会由于需求所具有的很强的伸缩性和变动性而会起伏很大。这就使生活资料销售比生产资料销售具有更强的复杂性和变动性，零售经营因而也具有更强的灵活性和艺术性。

4. 生活资料消费者对所要购买的消费品，一般都缺乏专门知识，并不是有关商品的专家，很多人即使对日用消费品也常常最多只有一般的常识，他们的购买行为受广告宣传、周围环境、社会风气、购买心理等的影响比较大。这与生产资料购买者的情况正好相反：生产资料购买者，特别是工用生产资料购买者往往是有关商品的内行和专家。所以，在生活资料销售中，良好的销售服务和有效的市场指导，对于引导消费、鼓励消费，对于开拓销路、扩大销售，发挥着很大作用。

此外，从上述分析中还可以得出一个结论：多数生活资料的购买都具有很强的流动性。因而，在商品供应比较充裕的情况下，生活资料商品的销售竞争比生产资料商品的销售竞争更为普遍、更为经常。

生产资料销售的原则及其实施

在我国社会主义条件下，生产资料销售必须符合按比例发展国民经济和不断提高社会经济效益的客观要求，为社会主义现代化经济建设服务。为此，根据生产资料销售的特点和我国的具体国情，应按下列主要原则去组织销售活动。

（一）统筹兼顾，适当安排，促进工农业生产大体上按比例发展

由于一定物质内容的生产必须供应给一定物质内容的生产资料，而在我国又不时会有一部分重要的生产资料供不应求，这就要求商业部门必须按保证重点、兼顾一般的原则组织销售活动，以利于充分发挥这部分重要生产资料的经济效能。当货源偏紧时，在具体工作中，一方面，要使重要生产资料的销售有利于安排好不同产品的生产需要；另一方面，还要使重要生产资料的销售有利于安排好不同企业或不同地区的生产需要。

就前一方面而言，一种生产资料往往可供多种产品的生产消费，这就必须按照不同产品关系人民生活、经济发展和国防建设的重要程度，分清主次先后，使生产资料销售优先保证重点产品的生产需要，同时兼顾一般产品的生产需要。

就后一方面而言，对工业企业，生产资料销售要优先保证骨干企业的需要，同时兼顾一般企业的需要；在同行业中，则应优先供应那些劳动生产率高、产品质量好、物资消耗少、生产成本低的先进企业的需要，适当安排其他企业的需要，这不仅有利于利用现有生产资料生产出更多、更好、更便宜的产品，也有利于鼓励先进、鞭策后进。在农业中，生产资料销售应当重点满足农产品集中产区、商品粮和经济作物生产基地以及重点户、专业户的需要，以利于更好地调动发展商品生产的积极性。对于生产落后、经济贫困的少数地区，则要加强指导，保持供应，促进生产尽快发展。

（二）从实际出发，为用户着想，讲求实效

因地制宜，因时制宜，是贯彻这一原则的一个重要方面。由于工农业生产力布局状况的不同及其发展变化，在不同地区、不同时期会形成不同的生产消费需求。为此，只有根据当地、当时的实际

情况组织生产资料销售，才能保证生产资料适销对路，满足生产消费的需要。

品种齐全，规格配套，是贯彻这一原则的另一重要方面。在生产资料销售工作中，商业部门应当力戒重主轻配、重大轻小的思想，努力满足生产部门多方面的需要。尤应注意的是：（1）正确处理主机与配套机具、主机与零配件的关系，既要做好主机的销售工作，也要做好配套机具、零配件的销售工作，以适应配套、更新、维修的需要，充分发挥物质技术设备的效用。（2）正确处理主要原材料与辅助材料之间的关系。主要原材料是构成产品主体的物质；辅助材料虽不构成产品主体，但在产品生产中不可缺少，缺了它们，或者会导致生产难以进行，或者会影响产品的规格、等级、质量。所以，在做好主要原材料销售工作的同时，也应做好辅助材料的销售工作。（3）在农业生产资料销售中，必须正确处理现代化农机具与中小农具的关系。在我国现阶段，中小农具依然是农业生产中的"常规武器"，使用范围广，需要量大，在农业生产中发挥着重要作用；此外，它们还具有价格低廉的长处。因此，商业部门既要重视现代化农机具的销售，也必须高度重视中小农具的销售。

数量充足，供应及时，是贯彻这一原则的又一重要方面。工业生产一般都具有常年性、均衡性的特点，这就要求商业部门能够连续地、均衡地销售生产资料。为此，商业部门必须保持一定数量的生产资料储备，尤其是要搞好那些本身生产具有季节性的生产资料的储备（主要是农产原料），以保证工业企业再生产的顺利进行。农业生产具有很强的季节性，商业部门的农业生产资料销售就要保证不误农时。为此，商业部门的各项准备工作要走在季节的前面，做到早调查需求、早计划进货、早购进储存，步步衔接，环环扣紧，以保证生产资料的销售不违农时。此外，某些农业生产资料的储备不仅要保证正常销售，还应当立足于抗灾夺丰收，一旦发生灾情，也能及时出售。

质量良好，价格合理，也是贯彻这一原则的一个重要方面。生产资料的质量，关系到产品的产量、质量和品种等，生产资料质量低，会使产品产量低、质量次、品种少。所以，商业部门应当努力向生产单位销售符合质量标准的生产资料。已如前述，生产资料需求缺乏弹性，很少受价格涨落的影响，但生产资料价格是产品成本的重要组成部分，存在着"水涨船高"的关系。因而，只有生产资料价格合理，产品价格才有可能合理；如果任意提高生产资料销售价格，就有出现轮番提价的危险。所以，商业部门销售生产资料必须认真执行国家制定的物价政策，凡规定有计划价或指导价的应严格执行计划价或指导价，凡企业自行定价的，应按有关规定制订合理的销售价格。

结合销售提供技术服务，同样是贯彻这一原则的一个重要方面。这既有利于满足生产消费的需要，也有利于商业企业扩大销售。对此，下面将有专门讨论。

（三）改善经营管理，增强盈利能力

商业部门的生产资料销售，不仅要有利于满足生产消费，自身也必须合理盈利。为此，应当合理设置生产资料销售网点，既要方便生产者购买，又要符合经济核算的原则；应当努力保持生产资料商品适销对路，并努力扩大销售，以降低销售成本；大批量销售，凡有条件的均应开展直达运输供货，减少中间环节；任何生产资料供应企业都应当保持合理的商品储存，并大力加强商品养护工作；向生产者提供的技术服务，有些项目如维修等应合理收费。

总之，要从各方面采取有效措施，扩大销售，节约费用，增加盈利。当然，所有这一切都必须符合国家有关的政策法令。

生活资料销售的原则及其实施

在社会主义条件下，商业的基本任务之一，就是努力满足人民生活需要，保证人民生活水平随着生产的发展、收入的增加而逐步提高。为此，商业部门应当紧紧围绕全心全意为人民生活服务这个核心，遵循下列几方面的原则，组织好生活资料销售活动。

第一，充分满足人民群众多方面物质文化生活的需要。

人民群众的物质文化生活需要是多种多样的，基本生活需要并非一律化，享受和发展方面的需要更是千差万别。随着社会主义现代化经济建设的发展，社会产品更加丰富多样，人们的消费结构还会日益多样化。因此，生活资料销售应当在不断扩大的范围内充分注意不同消费者的不同需要。商业部门必须坚持凡是人民生活需要的商品一律经营的经营思想，既要重视大商品、主要商品的经营，也要重视小商品、次要商品的经营;[①] 必须根据不断提高的购买力水平，组织适销对路、品种齐全、数量充足的生活资料，源源不断地销售给广大人民群众，使他们根据按劳分配原则为主获得的货币收入得以实现，不仅使他们的基本生活需要得到满足，而且使他们的物质文化生活更加丰富多彩。这样做了，人民群众能够随时买到称心如意的商品，就能更好地体现社会主义制度的优越性，更好地调动人民群众的社会主义积极性。

第二，方便消费者购买，节约消费者时间。

马克思指出："正像在单个人的场合一样，社会发展、社会享用和社会活动的全面性，都取决于时间的节省。"[②] 组织好生活资

---

① 商品的"大"与"小"、"主"和"次"，一般是按照它们价值量的大小和在生活消费中的地位来划分的，有些小商品、次要商品的价值量并不大，在人民生活中也不占据显著地位，但却是生活中不可缺少的，有些则对丰富人民生活发挥重要作用。

② 《马克思恩格斯全集》第 8 卷，人民出版社 2009 年版，第 67 页。

料销售，为消费者节省购买商品的时间，增加闲暇时间用于学习、休息和娱乐，有利于发展劳动者的才能，提高其素质，从而有利于提高劳动生产率，增加社会财富。所以，"而这种节约就等于发展生产力"①，时间的节约就意味着财富的增加。为此，商业部门应当从各方面采取有效措施，使人民群众走最少的路、操最少的心、花最短的时间、以最简便的手续买到称心如意的商品。

首先，合理设置零售商业网点。商业网点的设置应当符合方便群众购买和讲求经济核算这两条原则，前者要求商业网点尽量接近居民群众，后者要求使每一个网点都能保持一定的商品销售额和一定的盈利，两者必须统一起来。从这一点出发，网点的数量，应当与购买力水平、人口数量及其分布状况相适应；网点的布局，应当分散与集中相结合，以分散为主；网点的规模，应当大、中、小型企业相结合，小、中型企业为主；网点的经营类型，应当综合经营与专业经营相结合，不同层次的综合经营为主；网点的设置地点，则应顺应购买力的流向，设置于交通方便的地方。一般说来，消费者经常购买、挑选性不强的商品宜于分散经营，不需要经常购买、品种复杂、选择性强的商品宜于集中经营；宜于分散经营的商品应设综合性商业企业来经营，宜于集中经营的商品应设专业性商业企业或大中型综合商业企业来经营；专业性商业企业可以按商品属性设置，也可以按特定消费对象设置；企业规模大小，则应根据经营商品种类的多少和服务半径内的购买力水平来确定。这样来设置各具特色的零售商业网点，就能为群众购买商品提供方便的条件。

其次，每一个零售商业企业都应当在确定的商品经营范围内，积极组织货源，做到品种齐全，适销对路，数量充足，及时供应。零售商业企业应在洞察市场需求的基础上决定进货商品的品类、数

---

① 《马克思恩格斯全集》第 8 卷，人民出版社 2009 年，第 203 页。

量、规格和样式，合理确定进货频率和周转时间，保证商品适销对路，同时可以节约流通时间，满足不断变化的消费需求。规模商业企业应当与供应商形成长期合作并且和谐的供货关系，保障生活资料的及时、稳定和安全供应。从满足消费预期和保障消费供给两端出发，充分发挥社会主义市场经济下零售商业企业作为市场主体的保民生职能，不断满足人民群众物质生活消费的需要。

最后，服务方式、售货方法、商品陈列、营业时间等也都要考虑方便消费者购买。服务方式一般以店堂销售服务、线上销售服务为主，以流动销售服务、送货上门服务、邮寄销售服务、预订销售服务等为补充。售货、结算方法，应当有利于方便顾客挑选，减少顾客等候时间，尽量提高售货效率。商品陈列要醒目、整洁、美观、明码标价，便于消费者挑选和购买。营业时间的安排，要适应居民的生活条件、劳动条件和购买习惯，做到因地制宜、因店制宜、因季制宜，便于群众购买。

第三，执行国家宏观调控和市场监管的相关政策，遵守社会主义商业道德，维护消费者利益。

维护消费者利益，是由社会主义商业的性质决定的，体现着社会主义制度的优越性。在生活资料销售中维护消费者利益的基本内容，一是满足消费需要；二是商品安全可靠；三是商品货真价实；四是方便群众购买。为此，商业部门除应按照前述原则组织销售活动外，还必须严格执行国家宏观调控和市场监管的相关政策，严格遵守社会主义商业道德。凡政府定价或指导价的商品，应一律按价格管理制度的要求出售；凡企业自行定价的商品，应按政府规定的物价调控目标合理定价，做到质价相称、货真价实；凡低于质量标准的劣质商品，应根据按质论价原则削价出售。对于食品、药品、家用电器等，要严格检验，把好质量关，绝不允许把已经腐烂变质的食品、过期失效的药品以及其他有碍人体健康或危及人身安全的商品出售给消费者。在销售活动中，还必须坚决反对其他一切虚伪欺骗和对消费者不负责任的行为，做到不以次充好、不掺杂使假、不硬性搭配、不以貌取人。

第四，指导消费者消费，有利于引导群众建立健康的生活方式，促进人们的身心健康发展。

生活资料销售密切关系到人们的生活方式，关系到社会主义精神文明的建设。中国共产党第十九次全国代表大会进一步强调指出"推动社会主义精神文明和物质文明协调发展"①。商业部门也必须贯彻执行这一指导方针。在生活资料销售中，不仅要努力满足人们的生活需要，而且应当通过指导消费，培养消费者健康的情操、爱好和正确的审美观点，改变落后的消费习惯，抵制资产阶级生活方式和颓废腐朽思想的影响。为此，商业部门应大力组织设计新颖、优美、能够美化环境、增添生活乐趣的，或者有助于智力开发、增进人们科学文化知识、提高艺术欣赏能力的，或者能够激发热爱社会主义、爱国主义思想感情的商品，销售给广大消费者；商业广告、橱窗陈列、商品陈列等，不但是传递商品信息、介绍商品知识的媒介，也应该是传播优秀传统文化、美化人民生活的一种工具；文明经商，礼貌待客，优质服务，既为扩大销售所必需，也是社会主义精神文明建设的一部分，对于形成和保持良好的社会风气具有重要影响。

第五，改善经营管理，增强盈利能力。

在生活资料销售中，商业部门在努力为人民生活服务、维护消费者利益的同时，也必须取得自身合理的经济利益。生产资料销售中有关论述的基本精神在这里同样适用。

第六，根据不同情形采取适宜的零售组织形式，与时俱进地发

---

① 中国共产党第十九次全国代表大会报告。

展零售组织形式。

　　生活资料的销售可分为生产者主导的直接渠道和零售商业企业主导的间接渠道，后者根据商业资本还是产业资本承担流通职能又可划分为自营和联营两种形式。生产者主导的直接渠道表现为产销合一，适用于现代社会化大生产条件下的集中生产对应集中消费或大规模生产对应大规模消费的情形，在信息技术的作用下，依托线上平台的直接渠道甚至已经不再限于上述"大宗的、集中的"的交易情形，也适用于大规模生产与分散化消费或小生产与分散化消费的情形。自营形式是零售商业企业使用独立的货币资金采购商品以获取销售差价的利益，即由商业资本承担流通职能，有利于通过专业化经营发挥分工优势，但需要承担商品所有权转移带来的存货与滞销风险。而联营形式是零售商业企业不采购商品，转为上游生产者提供交易撮合场所而收取进场费用和销售提成，即由产业资本承担流通职能，无须承担商品滞销等经营风险，能够以低成本销售丰富的商品品类，但可能会面临商品同质化的困境，难以满足消费者多样化的物质需求。自营和联营是共存关系而非互斥关系，应根据零售商业企业自身经营情况采取合理的组织形式。随着信息技术的发展和应用，进一步出现了线上线下融合的组织形式，协同线下实体店面和线上虚拟空间的优势，应与时俱进地发展先进的零售组织形式。

第四节　商品销售促进

商品销售促进的作用

　　商业企业的商品销售促进，就是商业企业向消费者（包括生产消费者）传递商品信息，提供良好服务，以唤起消费者需求，引起消费者行动，从而开拓商品销路、扩大商品销售。这不仅有利于企业自身的发展，对于商品购买力的充分实现亦即市场消费需求的充分实现，对于促进商品生产的不断发展，也有着重要意义。随着社会主义现代化建设的成功进展，销售促进这一课题在新时期的社会主义商业活动中占有越来越重要的地位。

商品销售促进，实际上是商品销售者在市场上寻找买主并影响买主（包括转卖者、消费者或用户）购买行为的一类活动，包括企业（销售者）旨在增强商品吸引力和企业信誉的一切服务性、激励性活动，诸如向潜在需求者传递商品信息、帮助需求者认识某种商品所能带给他的利益，以及为达成交易创造有利条件等多方面的活动。促销活动当然应以市场上客观存在着的潜在消费需求为基础，而不能仅以企业的主观愿望为依据，否则，促销活动就会因失去目标对象而成为无的放矢的活动；但是，促销活动需要企业充分发挥主观能动性，体现企业在市场日益广阔、供求变化日益复杂的现代条件下开拓市场、扩大销售、满足消费的主动精神和创造精神。

商业企业进行促销活动的直接目的是扩大商品销售。这种目的是通过促销活动所起的下述作用实现的：

第一，促销活动能够向导购买。通过传递进入市场或即将进入市场的商品的信息，可使需求者明确何时、何地、在何种价格水平上能够购买到多大数量的何种商品，从而使得那些正在市场上寻找卖主的潜在买主成为现实的买主。这就是说，促销活动中的信息沟通，乃是消除由于生产与消费相分离而导致的商品供求矛盾的一项有效措施。

第二，促销活动能够指导购买。在现代生产门类众多，新技术、新工艺、新产品不断涌现的情况下，人们购买商品往往很难根据自己的需要进行正确的判断和选择。有效的促销活动则可以起到指导消费的作用，帮助需求者从犹疑不定的状态中解脱出来，进行正确的购买决策，并采取购买行动。

第三，促销活动能够诱发需求。这在新产品销售中表现得尤为明显。通过介绍某种新产品的性能、用途、特征等，往往能够引起具有潜在消费需求的消费者或用户的注意，从而刺激产生出新的市场需求，也就是诱发或者创造出新的市场需求，由此引起转卖者、消费者或用户的购买行动。

第四，促销活动能够重新激发需求。当由于心理因素、时尚因素、宣传失误、服务不周等原因而导致某些商品的销售量下降时，强有力的有的放矢的促销活动往往能够重新激发出对这些商品的消费需求，使销售量重新回升，有时还能恢复甚至超过原有的销售水平。

第五，促销活动能够增强竞争能力。市场商品竞争主要表现为同类商品在花色品种、规格款式、质量、价格等方面的竞争。然而，需求者很难仅凭自己的主观努力迅速全面地判断出同类商品在这些方面的差异，有些微小的差异甚至很难为需求者所觉察。企业的促销活动则可以突出本企业经营商品的特色，加深需求者对商品的了解，促使他们采取购买行动或者增加购买。这一过程也就是增强企业竞争能力的过程。

这些分析表明，促销活动对于扩大商品销售具有重要作用。当然，销售促进并不会增大市场总需求，市场总需求毕竟是由社会商品购买力决定的。但是，它对于商品购买力的投放与投向却会产生重大影响，亦即对于商品购买力能否充分实现以及如何实现产生着重大影响。正是由于这一点，商品销售促进是大有可为的。

商品销售促进的途径

商业企业商品销售促进的途径或方式多种多样，一般可分为人员推销、非人员推销、销售技术服务三大类，非人员推销又有广告宣传、公共关系、推销激励等具体方式。这些途径或方式各具特点，作用有别，相辅相成。商业经营者应当分别情况，合理选择，综合运用。

在我国中国特色社会主义制度下，商业企业可以通过下述多种途径进行促销活动：

运用广告宣传。商业广告，是企业通过支付费用，有计划地把各种商品的信息传送到各种可能的顾客或用户中去，以达到增加信任和扩大销售目的的一种宣传形式。它的基本功能是传递商品信息、沟通供求双方，起着激发需求、增加销售，介绍商品、指导消费，招徕顾客、促进竞争的积极作用。它的最大优点是广而告之，能在同一时间内向广大潜在的顾客或用户传递信息。所以，广告是工商企业开拓市场、扩大销路的强有力的手段。广告媒体多种多样，包括报纸、杂志、广播、电视、邮寄函件、网页、智能移动端应用程序、商品目录、广告牌、告示、霓虹灯、商品陈列、橱窗陈列、包装纸、价格标签，等等。商业企业应当因商品制宜地针对商品供应可能达到的地域范围内的潜在顾客或用户，选择费用较省、效果较好的广告媒体。零售商业企业应着重做好售货现场的广告宣传工作。广告宣传的重点商品，则应是新产品、有可能进一步开拓销路的商品、迎季时新商品、降价销售商品以及某些传统名牌商品。

加强人员推销。人员推销，包括售货现场推销和访问推销，前者由售货员、供货员进行，后者由推销员进行。零售商业企业一般采用售货现场推销，批发商业企业则是两种人员推销形式并用。人员推销的功能在于：把商品信息传送给现有的或潜在的顾客；说服顾客产生购买欲望、采取购买行动，以保持现有顾客或用户，努力吸引新的顾客或用户；为顾客或用户提供售前、售后的多种服务；

把市场动向、顾客反映或要求等市场信息反馈回来。可见，与广告宣传只是单向传递信息（供货者→消费者）的情况不同，人员推销的特点是双向沟通信息（供货者↔消费者），能够发挥人的主观能动作用去直接成交，并可兼做一部分市场调查和市场预测方面的工作。因此，商业企业应当十分重视、大力加强人员推销工作。关键则在于加强对售货人员、推销人员的培训，提高他们的政策水平和业务素质，在经理人员领导下形成一支强有力的推销力量。作为一名优秀的推销人员，应当了解国家有关商品购销的政策法令，熟悉本企业的经营方针、经营目标和经营情况，掌握有关的市场行情，通晓商品知识，具有熟练的销售技术和较强的语言艺术，并具有洞悉消费者购买心理的能力。当然，人员推销工作应当有计划、有重点地进行。

　　搞好公共关系。公共关系，这里是指商业企业与外界的关系，主要包括：与其他企业的关系，与新闻舆论机构的关系，与相关社会团体（如消费者协会）的关系，与政府有关机构的关系，等等。商业企业正确处理好与外部多方面的关系，可以增进外界对企业的了解，提高企业的知名度，扩大企业的影响；可以形成良好的社会舆论，并借助于这种舆论使本企业的经营特色在潜在买主的心目中形成较为鲜明的形象；也有助于企业更全面地了解市场上的消费需求。所有这些，对于扩大商品销售都能产生积极的有利影响，甚至产生重大影响。一般说来，处理好商业企业与生产用户、批发企业与零售企业的关系，有助于建立并巩固良好的供销关系，通畅供应链，稳定和扩大商品的销路；处理好与新闻机构、社会团体和政府机构等方面的关系，能够借助于它们的评价和宣传，形成对企业有利的社会舆论，而这种评价和宣传是由他人作出的，通常较为公正，也比广告宣传更易为潜在买主所接受，这就能够有效地促进商品销售量的增加。为此，商业企业应当高度重视公共关系，经常地主动提供或发布有关本企业经营特色的信息，有选择地认真接待来访者，积极地参加有关的社团活动和公益性活动，采用多种办法广泛地征集意见和要求等等。

开展销售技术服务。商业企业对所经营的生产资料、耐用消费品和其他新产品提供销售技术服务，不仅管销，而且管用、管修，就是说，企业的责任不是随商品成交而告终，还把保持售出的商品在消费领域中正常发挥作用作为自己应尽的责任，这是维护企业信誉、促进商品销售、提高竞争能力的一项重要手段，是社会主义商业更好地为消费服务的应有的经营作风。商业企业的销售技术服务有的是独自承担的，有的则与工业企业联合进行。销售技术服务的方式，按经营过程可分为售前服务和售后服务，售前服务主要是介绍商品知识、提供技术咨询、帮助规划购买等，售后服务包括人员培训、设备安装、调试、维修等工作。按服务活动形式可分为固定技术服务和巡回技术服务，前者是根据销售商品的分布情况，按区域设立服务网点，指导消费，开展维修；后者是指定期不定期地访问用户进行现场检修或维修。按是否收费划分则有免费或收费两种情况，一般说来，保修期内因商品内在质量问题而进行的技术服务是免费的，保修期外或虽在保修期内，因事故造成零部件损坏而进行修理，大多收费。

不断提高服务质量。文明经商，优质服务，是社会主义商业的本质特征所要求的。良好的服务质量，不仅能使消费者的需要得到更好的满足，而且能密切企业与顾客或用户的关系，提高企业的信誉，促进商品销售额不断扩大。服务质量高低的重要标志，就是能否做到让顾客或用户高兴而来、满意而去。服务质量的内容十分广泛，归纳起来主要有四个方面。第一，为顾客或用户提供称心如意、货真价实的商品，提供必要的技术服务和其他附加服务（如送货上门）。第二，方便购买，节省购买时间。这两个重要方面，在前述有关讨论中已经详细论及。第三，营业人员具有良好的服务态度和熟练的服务技能，做到礼貌待客，服务主动、热情、耐心、周到，讲究语言艺术，当好顾客参谋，反映出社会主义社会人与人之间的新型关系。第四，讲究清洁卫生，为购物者提供优美舒适的环境。这一点在零售业界尤为必要。零售商店是广大消费者活动的场所，客流量大，必须保持清洁卫生。商品要洁净，营业人员要仪容整洁，店堂内外经常打扫干净；室外要搞好环境绿化，室内要保持空气清新；商品陈列应当精心设计，并充分利用空间美化店堂环境，使顾客悦目赏心。

采取推销激励措施。推销激励是一种能够迅速产生激励作用的辅助性促销方式，通常用于刺激商品的早期需求。在我国，商业企业可用的这方面的具体措施大致有三种情况：一是针对消费者而采取的激励措施，如赠送纪念品或样品、举办新产品展销会、进行现场操作表演、一次性或临时性减价销售等，其目的是为了直接导致顾客或用户立即采取购买行动；二是批发企业针对其他商业企业采取的激励措施，如举办供货会、帮助培训有关人员、以津贴形式承担部分推销费用、价格优惠、广告合作等，其目的是吸引或鼓励它们当机立断地多进货；三是针对推销人员而采取的激励措施，如按照推销绩效给予精神鼓励和物质奖励等，其目的是鼓励推销人员积极主动地开展推销活动，努力扩大商品销售。

商品销售促进的原则与组合

我国是一个社会主义国家。商品销售促进活动应当在下述原则的指导下进行。

第一，宣传内容的真实性。在我国，商品供给者与商品需求者的根本利益是一致的，企业的促销活动必须兼顾交易双方的经济利益，最终只能是在消费需求的满足之中去扩大商品销售。从这一点出发，实事求是地向社会、向公众传递各种商品信息，就成为促销活动必须遵循的一条基本原则。为此，企业在进行各种形式的推销宣传时，都应以高度负责的精神，真实、准确地说明事物的本来面目，自觉充当消费者忠实可靠的顾问。这样做，既能有效地维护消费者的利益，又能从根本上赢得顾客或用户对企业的信任，对企业的长远发展具有战略性意义。所以，推销宣传要力戒内容失真。至于弄虚作假、欺骗顾客、坑害消费者的行为，则是社会主义法治所不允许的，一经发现，应当依法惩处。

第二，促销活动的文明性。商品促销活动对人们的思想意识、生活方式和社会风气具有广泛的、潜移默化的影响，因此，促销活动的形式与内容必须符合社会主义精神文明建设的要求。推销宣传不仅要内容真实，而且要内容健康，使之成为传播社会主义精神文明的一条渠道。比如，商业广告就应力求实现真实性、思想性、艺术性这三个方面的统一。在促销手段的运用上，也应当仔细考虑各种促销手段会对社会生活产生什么样的影响。一切有碍或有害于精神文明建设、腐蚀人们思想、败坏社会风气的促销手段，都应自觉地不予采用。

第三，促销费用的经济性。开展商品促销活动必然要开支一定的费用。限于企业财力，也是为了提高经济效益，企业必须按照效果好、费用省的要求开展促销活动。为此，应当首先明确，并非所有商品都需要开展促销活动。一般说来，需要开展促销活动的主要是新商品，时令商品，销售金额大或需求变化快或供过于求的某些商品，以及销售暂时下降但仍有复苏可能的某些商品。这就是说，促销活动应当有计划、有重点地进行。进一步应当明确的是，并非各种需要开展促销活动的商品都要千篇一律地采取前述所有的促销方式或途径。应当区别情况地从中精心选择，灵活编配，综合运用，力求因商品而异地采取经济而又有效的优化的促销组合，不可

"一刀切"，防止盲目性。唯此，才有可能将促销费用保持在合理的水平上。

商业企业开展商品促销活动除应遵循上述主要原则外，还应当精心设计商品促销组合。促销组合问题，就是多种促销途径的合理编配、有机结合、综合发挥作用的问题。

商业企业设计促销组合，主要应考虑以下诸因素：

1. 促销目的。促销所要达到的具体目标主要包括：推出新产品，扩大销售量，提高市场占有率，保持现有顾客，或树立企业的良好形象等。促销的具体目标不同，要求设计出不同的促销组合方案，以免促销活动无的放矢，事倍功半甚或劳而无功。

2. 目标市场的地域范围及其市场容量。应当根据市场地域范围和市场容量的大小以及潜在顾客的多少，设计不同的促销组合。凡市场地域范围广、市场容量大、潜在顾客多的商品，应当多种促销手段并用，尤其要注意加强广告宣传，搞好公共关系。

3. 商品属性。不同使用价值的商品，各有不同的消费特点和需求特征，应当因商品制宜地设计不同的促销组合。生产资料商品一般需求比较集中，技术性较强，销售批量较大，价格也较贵，通常宜于采取"推"的促销策略，多用人员推销，并应提供必要的技术服务；而生活资料商品的需求十分分散，销售批量一般很小，通常宜于采用"拉"的促销策略，多用广告宣传、现场服务、推销激励等促销措施。

4. 商品的市场生命周期。系指一种商品从进入市场到退出市场的全过程，一般可划分为导入期、成长期、成熟期、衰退期四个阶段，其中以成熟期持续的时间最长。在商品市场生命周期的不同阶段，应当设计不同的促销组合。一般说来，在导入期、成长期，主要的促销方式应是广告宣传（用以强调该商品的"创新"之处和与其他同类商品的"差异"之处，帮助广大顾客尽快了解该商品），并需辅以其他促销方式；在衰退期，则应以推销激励为主；而在成熟期，则应加强各项服务工作，搞好公共关系，以树立强有力的企业形象，保持自己的竞争能力，稳定商品的销售量。

5. 商业企业的类型与财力。批发企业、零售企业担负的任务和服务的目标对象不同，大、中、小型企业的目标对象和费用预算也有很大差别，这就需要从实际出发，因企业制宜地采取不同的促销措施，设计各自不同的促销组合。例如，同是利用广告宣传，但不同的企业应当选择不同的广告媒体。

6. 生产企业采取的促销组合。商业企业在设计某一商品的促销组合方案时，还应当考虑到该商品的生产企业已经采取的或即将采取的促销措施，尽可能与之相配合、相协调，既要避免重复宣传，也要突出商业经营的特点。在通常情况下，应当防止相互抵消力量。

第七章

商品储存是商业活动的保证条件

马克思在《资本论》第 2 卷中论述资本的流通过程时，曾经把商品储存形象地比喻为"蓄水池"。商品储存是商品流通不致中断的保证条件。在商业购销活动所形成的商品流通过程中，只有正确发挥商品储存的"蓄水池"作用，才能保证商业购销活动的正常进行。

第一节　商品储存是商品流通和社会再生产的保证条件

商品储存的形成及其发展的一般规律

商品储存，亦称商品储备，是指生产部门或商业部门供最终出售的待销商品。在商品生产条件下，"在产品处在它从中出来的生产过程和它进入的消费过程之间的间隔时间，产品形成商品储备。"①

商品储存具有静止性的外观，因为储存中的商品"停留在生产与消费之间的中间阶段上，停留在流通领域本身中"；但商品储存

---

① 《马克思恩格斯全集》第 45 卷，人民出版社 2003 年版，第 155 页。

具有流动性的本质，因为储存中的商品并非"真的发生静止"，它们"必须被售出，但还没有被售出"，① 而一经售出，又会为生产之流所涌来的新的商品所替补。所以，流通过程中的商品储存，就其使用价值形式来看，是在经常地更新着，但从价值形式来看，则是经常存在着一定数量的商品。可见，商品储存虽然是商品在流通过程中的停滞，其实不过是商品运动的一种特殊形式，是自身处在不断新陈代谢状态中的商品群体流的一种特殊运动形式。商品储存，只不过是对这样一种离开生产过程以后、尚未进入消费领域之前的商品群体流所处状态的描述和概括。

商品储存是怎样形成的呢？

首先，商品的生产和消费之间存在着一定的时间间隔。千门万类的商品存在着产销时间互有差异的几种情况：有些商品是季节生产、常年消费；有些商品是常年生产、季节消费；有些商品是常年生产、常年消费；还有些商品是季节生产、季节消费。无论上述哪种情况，生产与消费之间都存在着或长或短的间隔时间，商品在这段间隔时间内便形成为商品储存。正如马克思所指出的："商品在它能够由同种新商品替换以前，在一个或长或短的期间内形成储备。"②

其次，商品从生产到消费，在空间上存在着一定距离。商品的生产过程完成以后，需由产地运往销地供最终销售，才有可能成为满足一定消费需要的实际使用价值。要完成商品在空间位置上的转移，就必然会有一部分商品处于运输途中，形成为在途商品储存。

再次，为了满足消费者多样化的消费需要，方便消费者购买，并为消费者购买提供选择余地，许多商品在最终销售前，需要经过

---

① 《马克思恩格斯全集》第 38 卷，人民出版社 2019 年版，第 230 页。
② 《马克思恩格斯全集》第 45 卷，人民出版社 2003 年版，第 165 页。

一定的准备工作，如对商品进行挑选、整理、分装、编配、拆零，等等。这样，便会有一定量的商品停留在流通领域，形成商品储存。

又次，市场商品购买力虽然可以预测，但即使商品供应充足，它的最终实现毕竟还要取于消费者自己。消费者想购买什么、购买多少商品，以及在什么时候、什么地点购买，一般都不是社会所能规定的。为了使消费者随时随地都能购买到所需要的商品，必然要有一定量的商品经常处于供购买者选择的待售状态，这也形成商品储存。

最后，为了预防、应付由各种偶然事件、突发事件（如发生自然灾害、战争等）所造成的物资短缺，保证国民经济大体按比例发展，保证人民生活的安定，也必须保持一定量的商品储存，特别是那些关系国计民生重大的商品，更要建立战略储备。

综上可见，只要产品是当作商品生产出来，在它已经完成了生产过程而尚未进入消费领域之前，就必然会在或长或短的期间内停留在流通领域，形成商品储存。它为商品的最终销售做好物质准备，为商品流通不致中断提供保证条件。

但是，并非一切经济形态中的社会产品都会形成为商品储存。在任何经济形态下，为了保证社会再生产的顺利进行和满足个人消费的正常需要，都要保持一定量的产品储存。产品储存是一切社会所共有的，而采取商品储存形式则是商品经济中的情况。就是说，商品储存只是商品生产的产物，因而它是一个历史的范畴。

即使在商品经济中，产品储存也并不全部采取商品储存形式，而是采取生产储备、个人消费储备、商品储备这三种形式。生产储备是指"或者已经处于生产过程，或者至少已经在生产者手中，也就是已经潜在地处于生产过程"的生产资料；① 个人消费储备则是指存在于个人消费领域的消费品，其中"一部分被缓慢地消费，而一部分被每日每时地消费。"② 生产储备、个人消费储备、商品储备这三者之间存在着此消彼长的数量关系，"虽然就绝对量来说，三种形式的储备可以同时增加，但是一种形式的储备会在另一种形式的储备增加时相对地减少。"③ 它们各自在社会产品储存中所占的比例，则是取决于商品生产的发展程度。

随着商品生产的发展，"商品储备同社会总产品相比，不仅它的相对量增大，而且它的绝对量也同时增大"④。这是商品储存发展的一般规律。一方面，随着产品越来越采取商品形式，即使生产规模不变，也会由于生产储备、个人消费储备的一部分逐步转化为商品储备，而使其相对量、绝对量同时增大；另一方面，商品生产的发展，必须会导致生产规模的扩大，商品储备的相对量、绝对量也就会随同总产量的增加而同时增大。生产储备、个人消费储备的数量变化则有所不同。随着商品生产的发展，尽管它们的绝对量也可能逐步增加，但它们在社会产品储备中的相对量却会因商品储存呈上升趋势而趋于下降。

实际形成的社会商品储存分存于生产部门和商业部门。其中，商业部门的商品储存占相当比重。商业在社会再生产过程中处于中介地位，它集中组织商品流通，专门在生产与消费之间媒介成商品交换，因而，停留于流通领域的商品，就其总量来说，必然会有较大一部分集中在作为商品流通主要组织者的商业部门。至于宜于生产者与消费者直接进行交换的商品，这一类商品的商品储存则由生

---

① 《马克思恩格斯全集》第 45 卷，人民出版社 2003 年版，第 159 页。
② 《马克思恩格斯全集》第 49 卷，人民出版社 1982 年版，第 316 页。
③ 《马克思恩格斯全集》第 45 卷，人民出版社 2003 年版，第 158 页。
④ 《马克思恩格斯全集》第 45 卷，人民出版社 2003 年版，第 161 页。

产部门承担。

商品储存的经济意义

上述分析表明，商品储存是商品在流通过程中必然出现的一种形态，归根到底是为了保证生产消费和生活消费的需要。这是因为，一定量的商品储存，是保证商品流通不致中断、保证市场商品供应不致中断的必要条件，从而也是保证社会再生产得以顺利进行的必要条件。正如马克思指出的："没有流通的停滞，就不会有储备，……没有商品储存，就没有商品流通。"[①] "这种储备的经常存在是再生产过程的经常条件。"[②] "只是由于有了这种储备，流通过程从而包含流通过程在内的再生产过程的不断连续进行，才得到保证。"[③] 因此，商品储存具有重要的经济意义。

第一，为生产企业的资金循环提供保证条件，促进生产过程周而复始地顺利进行。生产企业的资金循环，依次采取货币资金、生产资金、商品资金这三种形式。只要一种形式不能转化为另一种形式，再生产就不能进行。货币资金能否及时地转化为生产资金，也就对再生产的进行产生直接的影响。而货币资金能否及时地转化为生产资金，则是取决于市场上有无一定量的商品储存。马克思说："生产过程和再生产过程的不断进行，要求一定量商品（生产资料）不断处在市场上，也就是形成储备。" "对 G—W 来说，商品不断存在于市场，即商品储备，却是再生产过程不断进行，新资本或追加资本得以使用的条件。"[④] 因此，只有保持一定数量的、品种多样化的商品储存，才能源源不断地供应生产消费所需要的各种

---

① 《马克思恩格斯全集》第 45 卷，人民出版社 2003 年版，第 163 页。
② 《马克思恩格斯全集》第 38 卷，人民出版社 2019 年版，第 230 页。
③ 《马克思恩格斯全集》第 45 卷，人民出版社 2003 年版，第 165 页。
④ 《马克思恩格斯全集》第 24 卷，人民出版社 1975 年版，第 155 页、156 页。

生产资料，使每一个生产企业能够有把握在市场上现成地找到自己再生产的条件，保证它们的货币资金及时地转化为生产资金。

就商业部门来说，还可以通过保持一定量的商品储存，把生产企业提供的、一定数量界限之内的非当前市场需要的商品储备起来，使生产企业的商品资金也能及时地转化为货币资金，这就可以进一步保证生产企业的资金正常周转，促进再生产过程的顺利进行。

第二，有利于及时地满足广大消费者日益增长的物质文化生活的需要。在我国，随着社会主义现代化经济建设的顺利进行，劳动人民用于生活消费的货币收入逐年增加，这些货币收入主要用于购买生活资料。但是，任何一个家庭或个人都不会倾其所有地把一定时期内的全部货币收入用于一次性购买；对于大多数生活资料，他们在一定时期内总是分批购买甚至是逐日购买的。显然，这同样要求一定量的商品（生活资料）作为储备不断地存在于市场上。这样的储备越经常化、越多样化，"个人消费者也就越能找到他所必需的产品"。① 可见，社会主义商业部门保持一定数量的、品种多样化的生活资料商品储存，对于随时随地满足人民群众的消费需要，具有重要意义。

第三，商品储存是商品流通的"蓄水池"，由此而成为市场商品供求状况的重要调节器之一，在支持生产发展、满足消费需要方面，发挥着无可替代的重要作用。这不仅表现在通过储存商品可以顺利地解决商品的生产与消费在时间、空间方面的矛盾，而且可以有效地解决或缓解由于更为广泛的原因（例如，政府储备对特殊产品的储存需求；经济运行过程中可能出现的各种预料以外的新情况，甚至突发重大的偶然事件）所造成的一时一地商品少了或多了

---

① 《马克思恩格斯全集》第49卷，人民出版社1982年版，第313页。

的供求矛盾。社会主义商业部门的商品储存在这方面的作用尤为明显。商品一时多了，商业部门可以适当增加商品储存，继续支持生产发展；商品一时少了，商业部门则可以减少商品储存，将一部分储存商品投入市场，用以满足消费者的需要。当然，商品储存在调节商品供求方面的作用不是无限的，但这种有限的调节作用却是无可替代的。

第四，商品储存保证商品供应不致中断，对于提高商业经济效益也有重要作用。因为，只有在保证商品供应不致中断的条件下，才有可能在需求千变万化的市场上抓住有利的市场机会，去努力扩大商品销售额。而商品销售额的扩大，一般都意味着商业经济效益的提高。古人所谓的"贾人夏则资皮，冬则资絺，旱则资舟，水则资车"，①　就是这个道理。

总之，商品储存作为商品流通不致中断的保证条件，对于生产和消费有着直接的影响。商品储存工作的好坏，不仅会影响商品流通，而且会影响社会再生产过程能否连续进行，影响整个国民经济能否正常运转。

商品储存的客观经济界限

商品储存在经济生活中具有重要意义，并不意味着商品储存越多越好。马克思指出："只有在商品储备是商品流通的条件，甚至是商品流通中必然产生的形式时，也就是，只有在这种表面上的停滞是流动本身的形式，就像货币准备金是货币流通的条件一样时，这种停滞才是正常的。"②　这就告诉我们，商品储存的数量，有其客观的经济界限，那就是：在一定的生产力水平条件下，商品储存在总量和结构上能够适应商品流通的需要，保证商品流通不致中

---

① 《国语·越语》。
② 《马克思恩格斯全集》第 45 卷，人民出版社 2003 年版，第 165 页。

断，保证生产、消费相统一的社会再生产过程连续进行。低于或高于这一界限的商品储存，对于商品流通和社会再生产都会产生不利影响。

如果低于这一界限，商品供应就会在某一时点中断，出现商品脱销。一旦出现脱销，无论是商品总量上还是商品品种上，都表明商品储存量不能保证商品流通的正常需要，不能满足生产消费和生活消费的正常需要。反之，如果超过了这一界限，则会导致商品流通不正常的停滞，出现商品积压。积压下来的商品储存，"已经不是不断出售的条件，而是商品卖不出去的结果。"① 积压商品的生产如果继续进行，"卖不出去而堆积起来的商品就会把流通的流阻塞"②"就会出现再生产过程和流通过程的停滞"。③ 因为，商品价值不能最终实现，商品资金就不可能转化为货币资金，也就不能再转化为生产资金，社会再生产必然会因此而受到严重阻碍。商品积压往往主要存在于商业部门，尽管在这种情况下占压的是商业部门的资金，但问题的上述实质仍然一样。

需要指出的是，商品储存量过少，会由于商品行将脱销而易于较早地为商业部门、生产部门所察觉。商品储存量过大则不然。由于正常的商品储存与过量的非正常商品储存即商品积压"从形式上是区分不出来的"，"二者都是流通的停滞"，因而开始出现商品积压之际往往不能及时引起人们的注意，并且，在由商业部门储备商品的情况下，"商品储备的规模由于流通停滞而扩大的现象，会被误认为是再生产过程扩大的征兆"。④所以，在商业部门的商品储存逐步增加时，应当特别注意判断是否属于正常增加。

社会主义商业部门保持正常的商品储存，不仅能够有效地发挥

---

①④ 《马克思恩格斯全集》第 45 卷，人民出版社 2003 年版，第 166 页。

② 《马克思恩格斯全集》第 45 卷，人民出版社 2003 年版，第 63 页。

③ 《马克思恩格斯全集》第 38 卷，人民出版社 2019 年版，第 232 页。

商品储存在保证生产、生活消费需要方面的重要作用，而且同时有助于提高社会经济效益。具体表现在以下几个主要方面：

其一，保持正常的商品储存，有利于改善经营管理，提高商业经济效益。各个商业企业为保持一定数量的商品储存，必须占用一定数量的商业资金，支付一定数量的流通费用。商品储存量越大，占用的资金和支付的费用就越多，反之则越少。所以，商品储存量合理与否，是反映商业经营管理水平的一个重要标志。商品储存量合理，亦即与商品流转的规模和结构相适应，就能保证正常经营，加速资金周转，以合理的费用支付去取得最佳经济效果。如果商品储存量过大而出现商品积压，必然会增大资金占用量，增加商品流通费用，必然会由此而影响继续进货的能力，经营能力就会随之缩小。如果商品储存量过小，导致商品脱销，那就不利于扩大商品流转，不利于充分利用资金，不能保证正常经营。可见，商品储存量过大或过小，既不利于货畅其流，也不利于提高商业企业的盈利水平。因此，商业部门保持正常的商品储存，对于提高商业经济效益，为企业、为国家积累更多的资金，具有重要意义。

其二，保持正常的商品储存，有利于缩短商品流通时间，加速社会再生产过程，促进工农业生产的发展。商业部门保持与商品流通客观需要相适应的正常商品储存，能够合理地加速商品周转，缩短商品流通时间，这不仅可以改变生产时间与流通时间的比例，使生产时间相对延长，增加物质财富的生产，而且，由于商品在商业部门停留的时间缩短，加速了资金周转，就能相对减少商业部门的资金占用量，增大生产领域的资金，使社会总资金的生产职能得到充分发挥，促进生产规模的不断扩大。总之，商品储存越合理，商品"出售越迅速，再生产过程就越流畅"①。

---

① 《马克思恩格斯全集》第45卷，人民出版社2003年版，第155页。

其三，保持正常的商品储存，也有利于保证货币流通的正常进行。货币流通是由商品流通引起的货币的运动形式；其他条件不变，货币流通的规模和速度取决于商品流通的规模和速度。这样，如果商品储存不足，出现商品脱销，货币流通速度就会减慢，银行已经发行的货币就不能及时回笼；如果商品储存过量，出现商品积压，社会占压大量商品资金，既影响商业企业资金周转速度，也影响银行信贷计划的实现，并且，银行信贷支大于收而被迫引起不正常的货币投放，又会进一步影响经济建设的顺利进行。可见，保持正常的商品储存，商品流通才能连续不断，货币才能及时回笼，从而有利于保证正常的货币流通。

上述分析表明，只有正常的商品储存，才是商品流通和社会再生产连续不断进行的必要条件；经常保持正常的商品储存，以利于提高社会经济效益，是对社会主义商业合理组织商品储存的基本要求。在我国社会主义公有制基础上，生产和消费之间不存在对抗性的矛盾，商业部门储存商品的根本目的是为了更好地满足社会生产和人民生活的需要。所有这些，都为商业部门在主体方面保持正常的商品储存提供了可能。当然，可能不等于现实，要使可能变为现实，需要作出多方面的实际努力。

第二节　合理地组织商品储存

合理确定商品储存

确定合理的商品储存量和商品储存结构，是商业部门合理组织商品储存的一项基本内容。

（一）要有合理的商品储存量

马克思说："商品储备必须有一定的量，才能在一定时期内满足需求量。"① 确保市场商品供应不致中断，满足一定时期内生产消费和生活消费的市场需求，就成为确定商品储存量的根本出发点。为此，需要建立三种类型的商品储存：一是周转性商品储存（包括少量机动性储存作为保险系数），用以保证日常商品供应连续不断地进行；二是季节性商品储存，作为周转性商品储存的一种特殊情况，用以保证季节性商品供应的需要；三是社会后备性商品储存（主要是国家战略性储备），用以应付灾害、战争等突发事件所造成的物资短缺。

商品储存必然要支付一定的费用，而"储备形成的费用仍然是社会财富的扣除，虽然它是社会财富的存在条件之一"②。所以，确定商品储存量，必须有利于提高商业经济效益，符合经济核算原则。作为商业企业，一般只需要建立周转性、季节性商品储存；社会后备性商品储存属于社会后备基金，通常由国家委托商业部门建立而以国家储备形式出现，其费用应由财政列支。

但是，正常的商品储存量并不能只以满足市场平均需求量为限，而应以满足略高于市场平均需求量的需求量为限。马克思指出："储备量要大于平均出售量或平均需求量。不然，超过这个平均量的需求就不能得到满足。"③为此，正常的商品储存量应当相应略高于平均储存量。商业部门的商品购销业务是不断进行着的，商品的购销会从相反的方向制约商品储存量不断发生变化：购进使它增加，销售又使它减少。因而商业部门的商品储存量在每一时点上都不相同，一定时期内必然存在最高量和最低量。这是社会生产和社会消费不断发展变化的必然结果。最高商品储存量是商品出现积压的"警戒线"，最低商品储存量是商品出现脱销的"警戒线"，从经常的趋势来看，商品储存量则会界于最高量和最低量之间。所

---

①③　《马克思恩格斯全集》第 45 卷，人民出版社 2003 年版，第 164 页。

②　《马克思恩格斯全集》第 45 卷，人民出版社 2003 年版，第 165 页。

以，确定合理的商品储存量既不要采用最高量，也不能采用最低量，而应采用略高于中心水准即平均商品储存量的某一数量。这样做，既符合经济核算的要求，又能留有余地，以满足意外增加的市场需求。

这些分析表明，确定合理的商品储存量，必须遵循这样几条原则：保证市场供应，满足消费需求；节约流通费用，提高经济效益；兼顾意外需要，留有适量余地。

在经济生活中，商品储存量要受到一系列客观经济因素的影响和制约。为了贯彻好上述原则，确定合理的商品储存量就必须充分注意影响商品储存量的各种因素及其动态变化，以利于根据需要与可能，做到因时、因地、因品种制宜。这些客观经济因素主要有：

1. 商品销售量的大小。已如前述，商品储存应当保证市场商品销售不致中断，因此，一般说来，商品销售量越大，为销售而准备的商品储存量也越大；商品销售量越小，商品储存量也越小。两者是同向变化关系，但一般不是等比变化关系。

2. 商品生产规模的大小。一般说来，商品生产的规模越大，产品种类越多，商品储存量就越大；反之，商品储存就越小。马克思指出："生产的规模越大，在其他条件不变的情况下，处在市场上的商品储备……的规模也就越大。生产之流越大，处在这中间阶段上（指流通领域——引者）的商品流也就越大，而且越多样化。"[1]

3. 商品再生产周期的长短。商业部门储存的商品会因不断销售而减少，须以渐次补充而更新。这种更新，只能从生产中获得。所以，商品储存量必须保证在同种商品重新生产出来以前的这段时间内能够满足正常销售的需要。马克思指出："更新以商品再生产所需要的时间为转移。在这个期间，商品储备必须够用。"[2] 如果其

---

[1] 《马克思恩格斯全集》第38卷，人民出版社2019年版，第230页。

[2] 《马克思恩格斯全集》第45卷，人民出版社2003年版，第164页。

他条件不变，商品储存量与商品再生产周期成正比例，商品再生产周期越长，商品储存量越大；反之，则越小。各种商品的再生产周期长短不同，它们的储存量也就应当大小不等。

4. 商品本身的自然属性及其花色款式、规格、档次的复杂程度。商品体的物理、化学属性决定了商品储存时间具有一定的期限，超过这个期限，它的使用价值就会部分乃至全部报废，商品的价值也就随之损失。因此，商品储存时间应以不损坏商品使用价值为界限。马克思指出："一种商品越容易变坏，生产出来越要赶快消费，赶快卖掉，……一种商品越容易变坏，它的物理性能对于它作为商品的流通时间的绝对限制越大"。[①] 所以，其他条件相同，储存期限比较长的商品，其储存量可以大些；反之，则应小些，乃至不必保持一定的储存量。另外，从商品本身来看，其他条件不变，花色款式、规格、档次越复杂的商品，所需储存量越大；反之，所需储存量越小。

5. 商品产地到销地的距离和交通运输事业的发展状况。商品产销地点的距离越远，在途商品储存量就越大；反之，就越小。而随着交通运输事业的发展和交通运输工具的改良，商品"不仅空间运动的速度加快了，而且空间距离在时间上也缩短了",[②] 从而能够相对减少在途商品储存量，这是一方面；另一方面，同样原因"又引起了开拓越来越远的市场"，"运输中的并且是运往远地的商品会大大增长,"[③] 这又相对增加了在途商品储存量。

6. 仓储设施状况和仓储技术水平。其他条件不变，仓储设施越完善，技术手段越先进，商品储存量可以越大；反之，则只能越小。特别是仓库容量的大小，对商品储存量有很大影响；保管商品

---

① 《马克思恩格斯全集》第 45 卷，人民出版社 2003 年版，第 145 页。
② 《马克思恩格斯全集》第 45 卷，人民出版社 2003 年版，第 278 页。
③ 《马克思恩格斯全集》第 45 卷，人民出版社 2003 年版，第 279 页。

技术手段的先进与落后，对易于变质商品的储存量会产生很大影响。

为了确定合理的商品储存量，还必须进行定量分析。商品储存量的多少，可以用两种方法来表示：一种是以绝对数表示，即某一时点商品储存量的绝对数或某一段时间平均商品储存量的绝对数。根据前述有关分析，其中平均商品储存量应当成为日常商品流转必备的储存指标，成为衡量商品资金周转和经营管理状况的重要质量指标。为此，在确定计划期末应当保持的商品储存量时，就必须根据统计资料，采用时点数列计算序时平均数的方法，计算出过去一段时期内的平均商品储存量，作为重要依据之一。另一种是以相对数表示，即商品储存量可供销售的日数或一定时期内的周转次数，这两者均与整个商品流转额相联系，表明商品周转速度（商品周转率），表明商品在商业企业内停留的时间，因而不仅用以考察已有的商品储存量是否合理具有重要意义，对于确定未来合理的商品储存量也具有重要作用。

（二）要有合理的商品储存结构

确定合理的商品储存，不仅要保证合理的储存量，而且要保证合理的商品储存结构。商品储存结构，是指商品储存总量中各种商品质的组合和量的比例。商品储存结构，特别是主要商品的储存比例，是否适应市场需要，对于商品流通能否顺利进行关系极大。在商品货源正常的情况下，商业部门的商品储存是否合理，通常主要并不在于储存总量上的多与少，商品储存结构是否合理往往占有更为突出的地位。商品储存结构不合理，即使生产正常，也会导致市场上某些商品积压、某些商品脱销，从而影响商品流通的顺利进行，影响市场商品需求的满足，影响商业经济效益的提高。

商业部门为了保持合理的商品储存结构，就必须经常分析商品需求构成的变化和各类商品的销售动态，弄清哪些是畅销商品，哪些是平销商品，哪些是滞销商品，在此基础上促进、引导生产部门生产适销对路的商品，并根据已有的商品储存情况，确定各类商品的进货比例。这是基本的措施。此外，商业部门还必须及时处理冷背呆滞商品、残次变质商品，改善库存商品结构，以保持商品储存结构的合理性。

在理论上研究能否确定合理的商品储存是一回事，在实践中能否确定并保持合理的商品储存则是另一回事。我国的实践一再证明，商业部门究竟能否确定并保持合理的商品储存，宏观上要取决于商品流通体制是否科学，微观上则要取决于企业经营管理水平的高低，简言之，取决于人们能否按照客观经济规律的要求去组织商品流通。一般说来，其他条件不变，商品流通组织得越合理，经营管理水平越高，商业部门的商品储存就越能保持在合理的水平上；反之，就会非正常地增加或减少，当然也不可能保持合理的商品储存结构。

例如，按照经济区域设置批发企业，按照商品合理流向和合理运输路线组织商品运销，相对于按行政区划、行政层次组织商品流通来说，就可以精减流转环节，加速商品流通，减少商品储存量。

又如，商业部门能够根据市场需要来引导商品生产和组织商品收购，使商品的品种、花色、规格、数量、质量、价格等均能适合消费者的需求，相对于"生产什么、采购什么，生产多少、采购多少"来说，不仅商品销售将会顺利得多，商品储存量也能因商品储存结构合理和销售顺利而相对减少。

再如，一个企业的管理者能够审时度势地把握市场商品供求的变化，能够根据科学的销售预测及时调整进货和组织销售，相对于盲目采购、保守惜售来说，既可以扩大经营，也能够相对减少商品储存，并能保持合理的储存结构。

可见，确立符合客观经济规律的商品流通体制，不断提高经营水平，正确把握前述影响商品储存的各项经济因素，对于确定和保持合理的商品储存，往往具有决定性的影响。

正确摆布商品储存

正确摆布商品储存，商业部门合理组织商品储存的另一项基本内容。它指的是使商品储存在批发商业和零售商业之间、全国各地区之间得到合理的分布。

正确摆布商品储存其所以必要，就在于即使商业部门商品储存的总量和结构都是合理的，但如果分布不合理，批发有货、零售脱销，此地积压、彼地脱销，也仍然达不到合理储存商品的目的。商品储存的摆布应做到有利于生产的发展，有利于加速商品流通，有利于灵活运销商品及时供应市场，有利于节约流通费用，提高商业经济效益。

就批发商业和零售商业来说，商业部门的商品储存应主要由批发商业承担。这是由批发商业在商品流通中所处的地位和担负的任务决定的。批发商业处于商业组织的商品流通过程的起点和中间环节，它的主要任务，一方面是通过组织货源，成批购进商品，促进工农业生产的发展；另一方面是通过批发供应，源源不断地供应给零售企业，保证市场商品供应。这样，集中掌握货源，建立必要的商品储存，在商品流通中发挥"蓄水池"作用，就成为批发商业的基本职能作用之一。

商业部门由批发商业集中储存商品，充当主要"蓄水池"，好处很多：

其一，有利于商业部门根据市场商品供求情况，灵活地在地区间、城乡间运销商品，保证市场需要。如果商品储存主要摆布在小型分散的零售企业，就会使物资分散，既不便于灵活运销和调剂，也容易导致"货到地头死"，这就会造成此地积压、彼地脱销，不利于保证市场商品供应。

其二，有利于生产企业组织生产。由批发企业大批量采购商品，并负责商品储存，使生产企业主要与规模较大而为数不多的购货单位发生联系，可以大大简化生产企业的销售业务，减少生产企业出售商品所耗费的时间，使生产企业的劳动耗费和劳动时间只有很少一部分被束缚在这种非生产职能上，从而有利于生产企业更好地组织生产的发展。

其三，有利于零售企业正常经营。一方面，资金雄厚的批发企业集中储存商品，可以避免本小力单的零售企业因过多地储存商品而占压资金，影响正常经营；另一方面，批发企业大批购进不同生产企业的不同商品，集中起来进行整理、分类、编配，把商品的生产分类变为商业分类，再供应给零售企业，满足零售企业进货小批量、花色品种多样化的需要，为零售企业的正常经营提供有利条件。

其四，批发企业规模大，商品吞吐量大，因而商品储存主要集中于批发企业，有利于仓储技术现代化，改善商品储存条件，妥善保管商品，减少商品损耗，有利于实现物流科学化，进一步节约各项商品流通费用。马克思指出："储备越是社会地集中，这些费用相对地就越少。"[①]

从批发商业内部来看，由于不同类型的批发企业在商品流通过程中所处的地位和担负的具体任务也有不同，因而它们之间的商品摆布也有区别。

工业品流通的特点是由城市到农村，由集中到分散。根据这一特点，工业品批发企业（采购供应企业）可分为全国性、区域性、

---

① 《马克思恩格斯全集》第45卷，人民出版社2003年版，第162页。

地方性三种类型。全国性、区域性批发企业设置在产地或中转集散地，担负着面向全国或较大区域范围内供应商品的任务，因而担负着较大的商品储存任务。主要包括：供应范围内各商业企业（主要是其他批发企业）正常进货所需要的商品储存；供应范围内各生产企业生产消费所需要的商品储存；加工原料付出所需要的商品储存；社会后备性商品储存。此外，还要担负季节性商品储存，以及把某些暂时多余的商品储存起来作为调节性商品储存。这就表明，全国性、区域性大中型工业品批发企业，不仅担负着保证市场商品供应不致中断的周转性、季节性商品储存的主要任务，而且担负着绝大部分属于"以丰补歉、瞻前顾后、留有余地"性质的后备性储存和其他调节性储存的任务。因此，对这两类批发企业不宜笼统地提倡压缩商品储存，而应更多地注意充分发挥它们在商品流通中的"蓄水池"作用，真正做到有备无患。

至于地方性基层工业品批发商店，它们是批发商品流转的最后环节，其特点是面向零售，分布地区广，供应范围小，因而不宜担负储存大量商品的任务。其商品储存量，应以保证供应范围内零售企业的进货需要并略有宽裕为限。重点是周转性商品储存，以及少量季节性商品储存。一般情况下不承担社会后备性商品储存的任务。

农产品流通的特点是由农村到城市，由分散到集中再分散。根据这一特点，农副产品采购供应企业的商品储存，与工业品采购供应企业相比有所不同。农产商品的储存任务，主要不是由产地基层收购企业承担，而主要是由担负集散中转任务的集并供应企业、面向零售企业供应农副产品的城市批发企业来承担。分散于广大农村地区的基层收购企业，收购进来的农副产品极少当地销售，不必要保持最低必备的储存量，应当尽快调运集并，或直调销地，以利最大限度地加速资金周转，扩大收购。在收购旺季，尤应如此。当然，有些农副产品收购企业还担负着某些农副产品就地供应的任务，这就需要根据当地供应业务的大小合理确定必备的商品储存量，以保证市场供应。

商业部门的商品储存主要摆布在批发企业，并不是说零售企业可以不要商品储存，或者越少越好。零售企业的任务是直接为消费者服务。为了完成好这一任务，零售企业不仅要在经营范围内保持商品品种齐全、适销对路，而且应以保证市场销售不致中断为限度，保持合理的商品储存量。其中，大量的是周转性商品储存，季节性商品储存一般只是过季剩余商品和迎季商品形成的。

零售企业为保持合理的商品储存量，必须根据自己供应范围的大小和市场需求的特点，借助于科学的统计方法，确定最低商品储存量（包括：平均在途商品量，售货现场陈列向购买者提供的选择量，销售前准备工作过程的占用量，防备意外购买冲击的机动量）、最高商品储存量（即平均每次进货量加最低商品储存量）和平均商品储存量（一般以最高量、最低量之和除以 2 求得），并以平均商品储存量为依据，实行储存定额管理。在日常购销活动中，既要坚持勤进快销，加速商品周转，也必须防止"怕积压不怕脱销"，人为造成批发有货、零售脱销。总之，零售企业应把商品储存保持在略高于平均商品储存量的水平上。

商品储存在地区之间、城乡之间的合理摆布，与商品储存在商业内部各经营环节之间的合理摆布密切联系在一起。因此，在合理摆布商品储存时，必须把这两者结合起来。

商品储存在各个地区之间的摆布，应当考虑到各个地区的商品购买力、消费特点、交通运输条件、各地货源和计划期初商品储存等因素。同时，对于某些紧缺的重要商品、名牌商品、特需商品，也要根据各个地区市场的重要性和对这些商品需要的迫切程度，分别轻重缓急，有计划、有重点地予以适当安排。

商品储存在城乡之间的摆布，要力求符合城乡商品需求的特点，做到物尽其用。需要指出的是，凡属供应农村市场的工业品，其储存量并不是主要摆布在农村零售商业，或面向农村零售商业的基层批发商店，而是主要摆布在设置于城市的大中型批发企业。所以，保证农村市场工业品销售不致中断，关键并不在于要把商品储存主要摆布到农村去，而是在于工业品批发企业必须根据农村市场需求状况及时下放工业品，确保对农村零售商业的批发供应不致中断。

在市场配置资源中，商业储存是由商业企业自行决策决定的。但上述论述，符合客观规律和我国国情，应当成为商业企业的自觉行为，成为政府部门宏观管理有关管理举措的重要依据。

加强库存商品监督

库存商品是商业部门商品储存的一个主要组成部分。各类库存商品的多少直接关系到能否保证商品的正常供应。而商品库存量又总是随着商品购销活动的进行处于动态变化之中。由此，商业企业加强对库存商品结构和数额的监督，就成为合理组织商品储存的一项经常性的重要工作。

加强库存商品监督的目的，是为了努力实现商品既不脱销又不积压，这样，既能保证各类商品的供应不致中断，满足消费者的购买需要，又能符合经济核算的要求，尽可能地节约劳动耗费。

商品不脱销，意味着应使商品库存量保持在平均商品库存量的水平上。平均商品库存量的简便计算公式是：

平均商品库存量＝平均日销售量×补货周期（天数）

显然，这里的平均商品库存量并不是既往一定时期内的平均库存量，而是计划期内的平均库存量。而计划期内的日销售量和补货周期又都是变量，前者要受到未来市场需求变化的影响，后者要受到生产周期变化和运输条件、运输效率变化的制约。这样，运用这一公式精确计算确保计划期商品供应不致脱销所必需的平均商品库存量，就存在一定的难度。不过，在实际工作中参照前期实绩和市场预测，还是能够大体确定的。需要指出的是，为了确保意外增加的市场需求也能得到满足，作为监督、控制商品库存量的依据，应当略高于平均商品库存量，增加部分的计算公式是：保险系数×平均商品库存量。

监督、控制库存商品的另一个重要的数量依据，就是库存商品的"保本天数"。商业企业组织商品库存要耗费物化劳动和活劳动，其货币表现包括库存商品占用资金而支付的利息（商业企业库存商品占用的资金一般要占企业全部流动资金的80%左右）、运杂费、保管费、商品损耗费以及有关人员的工资等。所有这些费用都要从商品进销差价中得到补偿。因此，进销差价幅度大的商品，在库时间可以长一些；反之，则应短一些。否则就会发生亏损。商品在库时间内所发生的费用（包括在此以前发生的运杂费）与该商品的进销差价相等时，这一在库时间就是库存商品的保本天数（或称保本期）。一旦逾期而不能销售出去，亏本就是必然。因此，库存商品的保本天数应视为商品积压而致亏损的临界点。其计算公式是：

$$保本期（天）= \frac{进销差价额（或进销差率）}{日平均费用额（或费用率）}$$

为计算简便，可采用近似法进行粗略匡算，即只取几项主要费用开支（如利息、运杂费）代入上式进行计算。

理想的做法，应是对企业经营的所有商品都实行必要商品库存量（即前述略高于平均商品库存量的库存量）和保本天数的监督与控制。但是，商业企业一般都经营着成千上万种不同规格、品种、牌号的商品，对所有商品不分巨细贵贱地实行上述监督与控制，实际上难以实现，也没有必要。为此，应当实行 ABC 库存管理制，区别情况，抓住重点，分别对待。

所谓 ABC 库存管理制，就是将库存商品按销售额的大小和对实现企业目标的重要程度区分为 A、B、C 三级，进行重点监督与控制。这是一种较为简便的选择控制法。A 级商品品种不多，一般占品种总数的 5% ~ 10%，但其销售额却占到销售总额的 70% ~ 80%，库存占用的资金额也相应占库存总额的 70% ~ 80%。显然，这一级商品应是库存商品监督的重点，有必要分品种分别进行。C 级商品则相反，品种为数众多，一般约占品种总数的 70% ~ 80%，而其销售额只占销售总额的 5% ~ 10%。对这一级商品库存的监督，只需实行粗略的总金额控制即可。B 级商品介于 A、C 两级商品之间，品种约占品种总数的 10% ~ 20%，销售额约占销售总额的 10% ~ 20%。对这一级商品库存的监督，宜于分小类进行金额控制。见图 7 – 1。

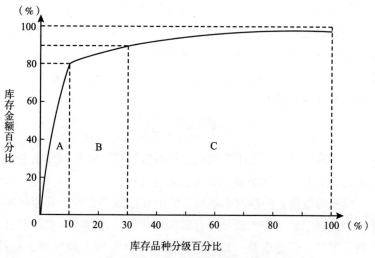

图 7 – 1　ABC 库存管理制示意

　　ABC库存管理制，实质上是将"重要的少数"从"一般的多数"中分离出来，这就为可行而有效的实际控制提供了条件。一般说来，企业只要集中力量把少数A级商品重点控制好，就能取得明显的控制效果。分离的具体方法是：把控制对象按销售额的大小进行排队，算出每种商品的销售额占销售总额的比例，然后根据管理需要所确定的A、B、C三级商品的分级标准"对号入座"，即可实现A、B、C三级商品的分离。

第八章

货畅其流是商业活动的基本要求

货畅其流，是对商品畅通无阻地完成其流通过程这一最佳运动状态的描述。实现货畅其流，亦即解决好商品的生产与消费、供给与需求在时间、空间、品种、数量、质量、价格等方面的矛盾，使商品能够顺利地完成其形态变化而发挥出人们所期望的效用，是商品经济正常发展的一个基本条件。由此，实现货畅其流，就成为社会对商业活动的基本要求。而货畅其流本身也是全部商业活动包括商品购进、销售、储存、运输等活动的有效、合理、经济的综合体现。在我国社会主义现代化建设的进程中，搞活流通，实现货畅其流，对于繁荣经济、实现国民经济持续、稳定地协调发展，对于实现国家兴旺发达、人民富裕幸福的奋斗目标，始终具有重大意义。

第一节 货畅其流是富国富民之道

商品运动与货畅其流

有商品生产，就会有商品运动。马克思指出：商品"本来就是为市场而生产的，必须卖掉，转化为货币，因此要完成 W—G 运动。"① 所谓商品运动，就是商品实现自身价值的运动；商品运动过程，就是商品从生产领域向消费领域转移的流通过程。

商品运动，亦即"W（商品）—G（货币）运动"，包含着双重经济内容。首先，"W—G"运动形式本身，是商品价值形态变化的过程；而在它的背后，则是商品所有权由生产者手中向消费者手中转移的过程。在商业存在的情况下，随同 W—G 的形态变化变形为一至数个 G—W—G 循环，② 上述商品所有权的转移过程要复杂一些，表现为在生产者、一至数个商人和消费者之间顺序转移的过程。进一步考察、暗含着商品所有权更迭的商品形态变化，不论是 W—G，抑或是其变形 G—W—G，最终都会要求商品发生场所变更，引起商品由一个地方到另一个地方的空间物理运动（房屋之类的特殊商品除外）。只有这样，商品才能真正抵达消费领域（包括生产消费和个人消费），成为现实的消费对象。可见，商品运动既包括价值运动，也包括使用价值运动；商品运动过程实际上是商品价值形态变化和商品物质实体转移这两种完全不同的过程的统一。

这就表明，凡是影响商品价值形态变化的因素，或者影响商品物质实体转移的因素，都会影响商品运动呈现为不同的状态。

商品运动状态包括三个方面：商品的流向、流速和流量。商品流向，系指商品运动的空间方向。总的来讲，商品总是由产地流向销地。不过，由于商品生产总是相对集中，而消费往往极为分散，一种商品通常会有多个不同的流向，由此产生了选择或确定商品合理流向的问题。所谓商品合理流向，系指由商品供求关系和交通运输条件决定的、商品由产地到销地的最便捷、最经济的流动方向。

商品流速，是由商品流通时间的长短来衡量的。流通时间短，

---

① 《马克思恩格斯全集》第 45 卷，人民出版社 2003 年版，第 46 页。
② 参见本书第一章第一节的有关内容。

是为流速快；反之，则为流速慢。由于商品作为使用价值的存在，决定了商品经过一定时间后会自然消灭，这就要求商品流通时间总是越短越好，也就是商品流速越快越好。商品流速越快，进入消费后的可用性时间就越长。如果商品流速太慢，甚至"没有按照它们的用途，在一定时期内，进入生产消费或个人消费，换句话说，如果它们没有在一定时间内被卖掉，它们就会变坏，并且在丧失它们的使用价值的同时，也就丧失作为交换价值承担者的属性"。①

商品流量，系指一定时期内商品流通的规模，即处于运动中的商品数量。它的大小，可以用一定时期内商品最终销售量以及商品最终销售量占同期商品生产量的比重来衡量。一般说来，生产出来的商品可能会全部处于运动状态、全部进入消费；也可能只是部分地处于运动状态、部分地进入消费。从商品必须卖掉这一天然要求来看，自然是生产出来的商品能够全部进入消费最为理想。

商品运动的流向、流速和流量，会受到商品需求状况、交通运输条件和商品流通渠道的组织状况等因素的制约。这些制约因素不同，商品运动的状态也就不同：可以是货流不畅，也可以是货畅其流。理想的运动状态，是商品能够按照合理的流向迅速地、畅通无阻地完成其形态变化和实体转移而进入消费，既不致被阻滞在生产者手中，也不致沉淀在流通过程。所谓货畅其流，就是对商品这一理想运动状态或最佳运动状态的描述和概括。这在现实生活中，一方面表现为生产者生产出来的、为社会所需要的商品，能够及时地、顺利地卖出去；另一方面表现为消费者所需要的、生产者能够提供的商品，可以及时地、方便地购买到。显然，商品运动的这种状态，是商品生产发展的客观要求，也是社会主义基本经济规律的客观要求。

---

① 《马克思恩格斯全集》第 45 卷，人民出版社 2003 年版，第 144 页。

货畅其流的外在标志有三：其一，商品流向合理。同一产地的同种商品不存在相向运动的对流，也不存在由销地到产地的倒流或迂回曲折的空间运动，而只是按照合理的流向运动。其二，商品空间运动顺利。商品能够在尽可能短的时间内实现由产地到销地的运动，不存在不必要的、因而是多余的中间经营环节，商品也没有在某一经营环节沉积下来。其三，商品最终销售顺利。商品能够适时地在预定的市场上出现，并能以适当的价格迅速地出售给消费者或用户，使商品能够发挥出它的物态效用（即商品所固有的能够满足某种消费需要的功能）、时间效用（即消费者或用户在需要某种商品时及时得到了满足）和地点效用（即消费者或用户在需要某种商品的地方拥有了该商品的效用）。任何一种商品，其运动过程只要大体上体现出这样三个方面，就可以认为它在流通领域处于最佳运动状态，也就是实现了货畅其流。

应当指出，货畅其流只是个相对的概念。由于商品供求不平衡是商品供求矛盾运动中的常态，绝对的货畅其流是不存在的。因此，判断是否实现了货畅其流，只能从商品运动的主体方面去认识。

货畅其流与富国富民

在我国现代化经济建设的进程中，实现货畅其流，是实现社会主义生产目的的需要，是加速经济发展的客观要求。能否实现货畅其流，关系到能否大力发展社会主义商品经济，能否实现富国富民这一进行现代化经济建设所要达到的目标。这样提出问题，是基于货畅其流在经济生活中发挥着重大作用。

很明显，对于已经生产出来的商品来说，实现了货畅其流，可以使商品的价值顺利实现；可以使商品及时发挥其效用，满足社会消费包括生产消费和生活消费的需要；也能缩短商品流通时间，节约商品流通费用。无须多论，所有这些，对于商品生产者、商业经营者、商品消费者乃至整个社会，都是极为有益的。不过，这些还仅仅是静态地观察问题所得到的认识。

如果动态地看问题，就会进一步发现，能否实现货畅其流，对于社会再生产规模的大小起着决定性的制约作用，直接关系到能否连续不断地、在扩大的规模上创造出满足社会消费需要的物质财富。本书前面的有关分析一再表明，商品是为市场而生产的，能不能卖掉、转化为货币，决定着再生产过程能否重新开始；而"卖的速度不同，同一个资本价值就会以极不相同的程度作为产品形成要素和价值形成要素起作用，再生产的规模也会以极不相同的程度扩大或者缩小"。[①] 商品卖出了，会由于实现了积累而能扩大再生产；而商品卖出的速度快，可以缩短再生产的周期，加速实现更多的积累，这就能够在更为扩大的规模上进行再生产。由此可见，越是货畅其流，也就是商品卖出的速度越快，商品就越能在更大的规模上进行再生产，社会物质财富也就能越来越多地涌现出来。所以说，货畅其流乃富国富民之道。

在现实经济生活中，货畅其流对于经济发展的作用是多方面的。组织地区之间商品流通的客观必要性充分说明了货畅其流的重要性。

组织地区之间的商品流通是商品生产发展的客观要求。随着商品生产的发展，一方面，各地生产的商品量已经不再为当地市场所能容纳，需要到外地推销；另一方面，各地生产消费的物质资料也不再限于地方资源，需要从其他产地购进。这两方面都要求突破原有的市场界域，拥有空间范围更为广阔的市场，才有利于商品生产的进一步发展，而这只有通过顺畅地组

---

① 《马克思恩格斯全集》第45卷，人民出版社2003年版，第48页。

织地区之间的商品流通才能实现。

组织地区之间的商品流通是社会分工发展的客观要求。社会分工，一方面表现为由于自然条件和生产力发展水平不同等原因而形成的生产的地区分工，如乡村的农业生产、城镇的工业生产以及某些产品的集中产区等；另一方面则表现为随着科学技术的进步和生产力水平的提高而发生的工农业生产部门内部的生产专业化。随着地区生产分工的发展和生产的日益专业化，商品结构日趋复杂，商品量日益增加，必然会引起各地区之间、各生产部门之间、各生产企业之间物资交流的不断扩大。在这种情况下，只有通过顺畅地组织地区之间的商品流通，才能沟通城乡之间、地区之间、各生产部门及生产企业之间的经济联系，促进各地区的经济繁荣。

组织地区之间的商品流通也是地区之间经济条件有差异、经济发展不平衡的客观要求。各地区由于自然条件和生产力发展水平的不同，必然会形成各地区在产品品种、数量、质量和生产时间等方面的不同，任何一个地区都不可能在消费需要的所有方面完全自给自足，每一地区都会存在某些产品自给有余、另一些产品又不敷需要，某类产品的花色品种繁多、某类产品花色品种却较单调之类的情况。为了丰富、繁荣各地市场，满足各地区多方面的生产消费和生活消费的需要，必然会产生在地区之间调剂余缺、调剂品种的客观要求。显而易见，这也需要通过顺畅地组织地区之间的商品流通才能实现。

这些分析表明，按照货畅其流的要求组织地区之间的商品流通，密切各个地区之间的经济联系，实质上是为了顺利地解决商品经济条件下社会生产与社会消费在时间、空间上的矛盾，推动商品经济的发展。这样，在货畅其流背后，也就包含着更为广泛、更为深刻的社会内容：使各个地区都能地尽其利，物尽其用，人尽其才，从而使经济发展和社会生活充满生机和活力，进而有助于实现富国富民的社会经济发展目标。

在我国数千年的文明史中，一些杰出的思想家、政治家对于货畅其流在社会经济生活中的地位与作用，都曾有过精辟的见解和论述。公元前 3 世纪，战国后期的伟大思想家荀况，不仅指出了地区间互通有无的贸易活动可以使"泽人足乎木，山人足乎鱼，农夫不斫削不陶冶而足械用，工贾不耕田而足菽粟"，可以使"天之所复，地之所载，莫不尽其美致其用"，难能可贵的是他进一步指出，要实现这一点，最要紧的则是要使财货在流通中"无有滞留"，他说："通流财物粟米，无有滞留，使相归移也。"[①] 为此，他提出国家应采取措施排除商旅往来及商品流通方面所存在的一切主客观障碍，实现"商旅安，货财通，而国求给矣。"[②] 就是说，只要实现货畅其流，就能使社会得到足够的商品供应。[③] 19 世纪末，民主革命的伟大先行者孙中山先生，在《上李鸿章书》中提出了"人能尽其才，地能尽其利，物能尽其用，货能畅其流"的四项革新社会经济的政治主张，并强调"此四事者富国之大经，治国之大本"。[④] 在这里，孙中山先生已经将实现货畅其流列为治国、富国之大计。这一远见卓识，至今仍然具有光辉的现实意义。

新中国成立以来，实践一再证明，能否在流通领域实现货畅其流，对于生产的发展、人民生活水平的提高和国家的繁荣昌盛关系极大。目前，在党的领导下我们正在进行着全面深化改革的伟大实践。党的十九届六中全会通过的《中共中央关于党的百年奋斗重大成就和历史经验的决议》指出，要加快构建以国内大循环为主体、

---

① 《荀子·王制》。

② 《荀子·王羁》。

③ 胡寄窗．中国经济思想史（上）[M]．上海：上海人民出版社，1962：438 - 441.

④ 石峻．中国近代思想史参考资料简编 [M]．北京：生活·读书·新知三联书店，1957：778 - 790.

国内国际双循环相互促进的新发展格局。如何畅通国内大循环表现在流通领域就是加快建设全国统一大市场，消除市场经济进一步发展的地方保护和区域壁垒，解决商品流通过程中的痛点和堵点，保持新的历史条件下、新的水平上的货畅其流的局面。可以说，实现并保持货畅其流的局面，始终是发展社会主义市场经济、建设具有中国特色社会主义这一伟大事业中的一个战略性问题。

总之，货畅其流是富国富民之道。既然如此，货畅其流也就成为社会主义条件下开展商业活动的基本要求。

货畅其流的基本条件

任何事物都是依一定条件而运动变化着的。货畅其流也只是在一定条件下才能实现。

商业活动中的商品运动，是通过商品的购进、售卖活动来推动的。但从社会再生产全过程来看，商业活动所引起的商品由生产领域进入消费领域的运动过程，始终不过是商品相继卖出的过程。而"卖，是资本形态变化的最困难部分"。[①] 在现代社会化大生产条件下，随着社会分工的发展和商品生产规模的扩大，随着商品交换向广度和深度扩展，商品的生产与消费在空间、时间、品种、数量等方面的背离、差异和矛盾也在扩大和发展，商品的售卖活动也就更为复杂。由此，尽管货畅其流是理想的、重要的，但在商业活动中真正实现货畅其流却是困难的、艰巨的。这就需要人们去正确认识并努力创造实现货畅其流所必需的条件。

从一般意义上来考察，在社会化大生产条件下，商品运动实现货畅其流必须同时具备下述五个方面的基本条件：

其一，商品本身适销对路，亦即符合反映在市场上的社会消费

---

① 《马克思恩格斯全集》第45卷，人民出版社2003年版，第143页。

的需要。消费需要是商品运动的原动力。商品只有符合社会消费的需要，消费者或用户才会去购买，商品由此才能最终完成其 W—G 的形态变化。因此，商品适销对路，是实现商品价值运动即商品形态变化的先决条件，是实现商品货畅其流的最基本的条件。这就要求，商品生产者必须按照社会消费的需要去组织生产，商业经营者则必须按照社会消费的需要去组织进货。现实生活告诉我们，只要在商品的品种、数量、质量、价格、包装、供应时间、供应地点等方面有一个或几个方面不能符合消费的需要，就会影响商品运动的流速和流量，甚至会使部分商品被阻滞在生产者手中，或者在流通过程中呆滞沉积下来。

其二，充裕的仓储、运输能力。由于商品的生产与消费总是存在着空间、时间上的分离，这就使商品物质实体的空间转移和仓储养护成为必要。而"商品在空间上的流通，即实际的移动，就是商品的运输"；① 商品的仓储养护就是商品的储存。因此，没有一定的交通运输能力和仓储养护设施，即使是适销对路的商品，也不可能发生商品的空间运动。在现实生活中，社会需要的产品却货弃于地或积压待运而迁延时日乃至报废是不乏少数的，这在许多情况下就是由于仓容不足、运力不足、养护手段落后而造成的，所以，交通运输能力、仓储养护能力是否适应商品流通即商品运动的需要，制约着商品运动的流向、流量和流速。可以认为，一定的交通运输能力、仓储养护能力是能否实现货畅其流的决定性条件之一。

其三，商情信息准确、及时的传递。已如前述，商情信息是商业活动的先导；同样道理，商情信息也是商品运动的先导。从这种意义上说，商情信息的传递状况，在很大程度上决定着商品的流向、流量和流速。正如马克思所说："每个人总是力求了解普遍的

---

① 《马克思恩格斯全集》第 45 卷，人民出版社 2003 年版，第 170 页。

供求情况；而这种了解又对供求产生实际影响。"① 从商业活动的角度看，商情信息传递得越准确、及时，就越能有效地开展商品购销活动，商品运动也就会越顺利；反之，信息传递严重失真或由于信道壅塞而传递不及时，就会出现购销活动的盲目性，造成货流不畅甚至商品运动的严重阻塞。可见，商情信息准确、及时的传递，也是实现商品货畅其流的决定性条件之一。

其四，流通当事人能够实现一定的经济利益。商品不能自己到市场上去，更不会自行进入消费领域，商品总是通过人的经营活动而由生产领域进入消费领域的。而"这里涉及的人，只是经济范畴的人格化，是一定的阶级关系和利益的承担者"。② 一切经济活动总是受经济利益所制约。因此，只有当推动商品运动能够给流通当事人带来一定的经济利益时，他才会开展商品经营活动。如果流通当事人开展商品经营活动不能实现预期的经济利益，或者无利可获，甚至反要因此而受到经济损失（如政策规定购销价格倒挂而又得不到相应的财政补贴），商品运动就会发生阻滞，甚至会立即中止下来。所以，保证流通当事人在推动商品运动的经营活动中实现一定的经济利益，是实现商品货畅其流的又一决定性条件。

其五，统一市场的形成和发展。这是社会化大生产条件下实现地区间货畅其流的一个决定性条件。统一市场，是指一个国家在商品经济发展的基础上把全国的经济活动融为一体的统一的国内市场。它既区别于在小商品生产条件下自然形成的地方小市场相互隔绝的状态，也区别于受自然经济观、地方主义影响以及经济管理体制不当而人为造成的市场分割状态（如我国旧体制下存在的"条块分割""城乡分割"）。在各个地方市场相互开放的统一市场条件下，商品流通不受行政区划、行政层次的阻割，而是能够按照商品

---

① 《马克思恩格斯全集》第 8 卷，人民出版社 1995 年版，第 55 页。
② 《马克思恩格斯全集》第 42 卷，人民出版社 2016 年版，第 16 页。

产销规律在全国范围内自由流通，这就为实现地区间的货畅其流提供了可能。如果出现任何形式的经济封锁和市场分割，就会人为地割断合理的商品产销联系，增加不必要的中间经营环节，从而严重障碍地区间商品流通的顺利进行；并由此而保护落后，助长"小而全""大而全"，严重阻碍社会经济效益的提高。

上述可知，确保商品适销对路，提供充裕的仓储运输能力，健全高效率的商情信息网络，维护流通当事人合理的经济利益，巩固和发展统一市场，是现代条件下实现货畅其流缺一不可的五项基本条件。资本主义商品经济中是这样，社会主义商品经济中也是如此，只不过在不同社会制度下创造这些条件的方式和途径有所不同而已。这些条件，既有发展社会生产力方面的问题；也有经济管理体制方面的问题；既有微观经济决策方面的问题，也有宏观经济决策方面的问题。因此，实现商品运动的货畅其流，不仅需要流通部门、流通当事人作出努力，也需要国家机器和各有关部门做出努力。这也从另一角度表明，说货畅其流乃治国之大计，绝非言过其实。

第二节　商品流通渠道与货畅其流

商品流通渠道的概念及其类型

商品流通是依托商品流通渠道进行的，流通渠道是商品运动的载体。商品流通渠道又称商品销售渠道。所谓商品流通渠道，就是商品在其形态变换中由生产领域进入消费领域所经过的流通环节的组织序列，或者说，是商品所有者组成的、推动商品在其形态变换中由生产领域进入消费领域的组织序列。

为社会消费需要而生产出来的商品，总是面向消费而运动的，只有抵达消费领域，它的价值和使用价值才能得到实现。商品流通渠道作为商品据以流通的通道，也就必然是一端连接生产、另一端连接消费。就是说，它所组织的是从生产者到消费者之间"一通到底"的完整的商品流通过程，而不是商品流通过程中的某一阶段。因此，商品流通渠道不是某一个孤立的流通环节，而是商品在流通中所要经过的前后有序、相互关联的全部流通环节的序列。

商品是使用价值与价值的统一体。商品在流通领域的运动虽然包括使用价值，即商品实物体的物理运动和价值形态变化这两个完全不同的过程，并且这两个过程既可以合而为一进行，也可以互相分离进行，但唯有价值形态变化才是商品流通的本质规定。事实上，有时甚至"没有商品的物理运动，商品也可以流通"。[①] 例如，买卖房屋就是这样。因此，如果只存在商品的物理运动而不存在商品的形态变化，那就不成其为商品流通，也就无所谓商品流通渠道。可见：商品流通渠道反映的不是商品实物体场所变更的空间路线，而是商品价值形态变化的经济过程；只有通过商品货币关系发生买卖行为而导致商品所有权随之更迭的环节，才是商品流通环节，才能构成商品流通渠道。

商品流通渠道既然是由一个个流通环节互相衔接构成的，而每一个环节都是一个经济单位（企业），经济单位则必定具有一定的所有制形式。所以，商品流通渠道与经济成分、经济形式密切相关。但这两者又不能混同为一。经济单位的所有制形式说明的是生产资料或流通资料归谁所有，因而反映着商品流通渠道的社会性质；但它不是渠道本身，不能说明流通渠道的功能。事实上，任何一条商品流通渠道既可以是同一种所有制形式的经济单位相互衔接所组成，也可以是不同所有制形式的经济单位交互衔接而共同构

---

① 《马克思恩格斯全集》第 45 卷，人民出版社 2003 年版，第 167 页。

成。正如任何一条人工水渠，既可以用泥土筑就，也可以用石料砌成，还可以用混凝土浇建，当然也可以用泥土、石料、混凝土分段修建衔接而成。这就说明，流通领域内一种所有制形式就是一条流通渠道、多种所有制形式就是多条商品流通渠道的表述，是不确切的。

商品流通渠道与商品流通形式密切相关。不同的商品流通形式，亦即生产与消费通过商品货币关系的不同联系形式，会形成不同类型的商品流通渠道。商品流通有简单商品流通和发达商品流通两种形式，与此相对应，商品流通渠道也就形成为两种基本类型：第一类，生产者和消费者直接进行商品交换，产销①结合在一起，形成的是直接流通渠道；第二类，商品交换以商业为媒介进行，形成的则是产销分离的、主要由商业环节构成为其特征的间接渠道。由生产社会化程度不同所决定，直接渠道分为产销合一（无推销机构）和产销结合（有推销机构）两种形式。产销合一渠道是生产者把商品销售（给消费者）活动作为自己的副业而形成的，产销结合渠道则是生产者自设推销机构将商品销售给消费者或用户而形成的。前者是人类历史上最早形成的商品流通渠道，它与商品化程度很低或较低的自然经济、半自然经济相联系，由小商品生产者附带兼营销售业务而形成。后者则是在社会化、专业化大生产条件下，一些经济实力雄厚的大中型生产企业，尤其是属于第一部类的生产企业直接向消费者或用户销售部分产品（主要是那些规格简单、专用性强、产销稳定的产品），产品销售活动与生产活动分离开来，同为企业的主要业务活动，企业也往往自设专门推销机构进行这种销售活动，独自担负起组织较大规模商品流通的任务。上述两种渠道形式虽然都是生产者与消费者直接相交换而形成，但产品的销售

---

① "产销"中的"销"，系指商品的最终销售。下同。

方式、销售批量、销售对象、行销范围等方面都有若干不同，反映着相差殊异的不同层次的生产力发展水平。

间接渠道随着商业内部分工的发展而具有多种形式。历史上，为了足以解决不断扩大化、复杂化了的生产与消费在时间、空间和商品集散方面的矛盾，商业内部先是出现了批发环节和零售环节的分工，进而批发商业中出现了产地批发环节、销地批发环节乃至中转地批发环节的分工，由此出现了商业内部的多种商品流通渠道：既可以由一个商业环节与生产者相组合构成一条渠道，也可以由二至数个商业环节与生产者相组合构成一条渠道。所有这些都是传统的间接渠道形式。随着生产社会化、专业化程度的提高，出现了生产者推销机构与不同环节的商业经营机构相组合而构成的渠道，这可以认为是新型的间接渠道形式。这种新型的间接渠道形式又有两类情况：一类是生产者主导型渠道，这类渠道由生产者推销机构决定其后续商业环节的批零形式和数量多少；另一类是产地批发商主导型渠道，这类渠道则是由产地批发商决定其后续商业环节的批零形式和数量多少。总之，间接渠道具有多种形式；具体形式的发展变化则与生产力的发展水平、商品经济的发达程度紧密相关。

在现实生活中，一种商品往往会有几种具体形式的流通渠道。不过，从前面有关商业在商品经济中独立存在的理论分析中可知，就大多数商品而言，其流通渠道总是以不同形式的间接渠道为主体。

归结起来，千万种商品由生产领域进入消费领域有以下五种基本渠道形式：

（1）生产者—消费者（用户，下同）；

（2）生产者—商人—消费者；

（3）生产者—批发商（产地采购供应商）—零售商—消费者；

（4）生产者—产地批发商—销地批发商—零售商—消费者；

（5）生产者—产地批发商—中转地批发商—销地批发商—零售商—消费者。

很明显，这五种形式的渠道有长短之别。一般来说，无中间商业环节的直接渠道，以及只有一两个商业环节的间接渠道，属于短渠道；中间商业环节较多的间接渠道，则为长渠道。

网络零售的迅速崛起重塑了消费端的购物习惯和购物模式，由此商品由生产领域进入消费领域的渠道形式呈现出新的发展态势。一方面，生产者和消费者直接进行商品交换的直接流通渠道（生产者—消费者）借助互联网交易平台呈现加速增长，作为蛹化形态的直接流通渠道也将进一步常态化。与传统线下市场不同的是，生产者和消费者之间直接进行商品交换的、隐于两者之间的交易市场是一个虚拟空间和交易场所。生产者或将更好地利用线上空间和信息数据功能助推流通渠道的效率提升，满足更加多样的、即时的、个性化的消费者需求。另一方面，商品交换以商业为媒介进行，形成的则是产销分离的、主要由商业环节构成为其特征的间接渠道，其中的"商业媒介"在具体业态上有了更为多元的形式，例如自营电商平台、线上零售商、线上线下融合零售商等。本质上，流通渠道在线上与线下的市场空间中具有不同的性质和功能，渠道成员或其主导者应当推动线上和线下渠道形式的协调发展，以提高资源分配效率，避免同一渠道体系在不同市场空间中诱发内部资源争夺。

商品流通渠道对商品运动的影响

商品流通渠道作为商品运动的载体，对商品的运动状态产生着广泛的影响。它不仅规定着商品的流向，而且它的组成状况影响着商品的流通时间和流量，因而在很大程度上制约着商品运动能否实现货畅其流。充分认识这一点，对于商业部门、商业企业顺利地开展商品购销活动具有现实意义。

　　首先，商品流通渠道形式是否多样化，对于社会需要的各种商品能否经济节约地顺利完成其流通过程而进入消费，具有决定性影响。就商品群体来看，各种商品的生产与消费的状况，以及各种商品本身的自然属性，都是极不相同的，它们各自的流通范围、流通数量以及各自的自然属性所能允许的流通时间，也就相差殊异，因而要求有不同形式的流通渠道与各自的运动相适应；就一种商品而言，也往往会由于有多个不同的销地而有不同的运动，这也需要凭借长短不一的多种形式的渠道进行流通。因此，渠道形式多样化，就成为货畅其流的一个重要条件。如果不是这样，所有商品都人为地限定在一两种形式的渠道中运动，即使是适销对路的商品，也都会形成流通阻滞，延长流通时间，导致社会劳动的无端浪费，并会严重阻碍商品生产的发展。此外，线上交易平台虽不能构成实质上的渠道环节（或商业环节），但却以通过支持交易空间、提供市场服务和数据赋能等方式对渠道主体的经营效率和不同主体之间的交易效率施加重要影响，因此，主体和平台之间的协调发展也是构建高效流通渠道，实现货畅其流的题中应有之义。

　　其次，商品流通渠道的长短，亦即渠道中流通环节的多少，对商品的流通时间、流通范围发挥着重要影响。一般说来，在其他条件相同的情况下，环节多、渠道长，商品的流通时间就长，流速就慢；反之，就可以加速商品运动，节约商品流通时间。仅从这一点来看，流通环节似乎应当减少越好。但是，对于那些需要开拓远方市场的商品、对于那些需求面广、流通量大、需要以不同程度的集散为条件方能顺利进入消费的商品来说，环节过少，却又往往难以完成其形态变化和空间转移的全过程。所以，正确的认识只能是：在保证商品能够抵达预定的消费者或用户手中的前提下，商品流通环节越少越好。减少环节的程度应视不同商品的不同产销特点而定。这就表明，环节过多、渠道冗长，固然不利于货畅其流；而不加区别地盲目强调环节越少越好，连必不可少的集散环节也以为可以不要，就会事与愿违，造成渠道堵塞，既会限制商品的流通范围，也会延长商品流通时间。

再次，商品流通渠道的宽窄，对商品运动的流向、流量和流速均有重要影响。流通渠道的宽窄，是就一种商品不同流通环节上的网点数目多少而言的。经营同一种商品的网点较多，表明该商品的销售"窗口"较多（包括批发销售和零售），该商品的渠道就较宽；而渠道越宽，意味着市场覆盖面越大，商品就越能流向广阔的市场。反之，渠道则为较窄，市场覆盖面也就相应较小。很明显，各种商品市场需求面的大小是极不相同的，这就需要宽窄不同的流通渠道与其运动相适应，而绝不能只是按照统一的渠道模式组织各种商品的运动。只有这样，各种商品才有可能货畅其流。如果不是这样，渠道过窄，商品运动的"入口""出口"就会出现"卡脖子"现象，导致货流不畅甚至呆滞沉积；渠道过宽，又会出现"粥少僧多"的现象，导致部分商品"不落地"、到处转运、环节增加，或者会使部分网点处于半闲置状态。显然，这都会延长商品流通时间，造成社会劳动的浪费。

最后，商品流通渠道能否适应动态变化着的商品运动的需要而不断地转换和调整，对于能否实现货畅其流也有重大影响。由于商品的生产与消费在数量、结构方面总是处于动态变化过程之中，交通运输事业也在不断地发展变化，任何一种商品都不可能经年不变地保持始终如一的流向和流量。在科学技术迅猛发展的当代社会，尤其是这样。常见的情况是：一种商品今年采用某种形式的渠道是经济合理的，明年却很可能已不再适用，需要重新调整一些中间环节，组建新的流通渠道。所以，为了实现和保持货畅其流的局面，就必须顺应商品运动不断变化的客观要求，保持商品流通渠道的可变性。

总之，商品流通渠道的多样化、可变性，是实现商品运动货畅其流的关键之一。

广开商品流通渠道的客观必要性

既然商品是依托商品流通渠道向前运动的，那么，广开商品流通渠道就成为实现货畅其流的必要条件。所谓广开商品流通渠道，就是要在市场上形成多种形式渠道并存、长短渠道结合、宽窄渠道配套的纵横交错的商品流通渠道体系，为各种商品的运动提供四通八达的基本条件。

市场上存在着多种形式的商品流通渠道，也就是实现商品多渠道流通的局面，从根本上讲，是由于生产与消费之间存在着多样化联系，商品产销关系具有复杂的多样性。这种多样性，决定了种类数以万计的商品从生产领域向消费领域转移不可能只采用单一的流通渠道模式，而是必须采用多种形式的商品流通渠道。

第一，各种社会产品在国民经济中的重要程度的不同所决定的商品产销关系的多样性，客观上要求多渠道流通。各种产品在国民经济中的重要程度，归根结底，决定于社会消费的需要程度。一方面，在种类数以万计的社会产品中，有的是普遍需要的基本生产资料或人人必需的基本生活资料，有的则是次要的生产资料或人们可有可无的消费品。因而，各种产品的市场需求状况不同、流通范围大小不同。这就决定了产销关系具有复杂的多样性。另一方面，就生活资料而言，人们的消费水平、消费习惯各不相同，并且，消费水平会逐步提高，消费习惯也会时有改变；就生产资料而言，也会因技术革命而引起生产消费所需的工具、原材料等的结构和数量发生变化。这些，又使产销关系的多样性更加复杂，并处于动态变化之中。产销关系的这种状况，决定着社会产品必须多渠道流通。

第二，各种社会产品生产特点的不同所决定的商品产销关系的多样性，客观上要求多渠道流通。具体来说，（1）各种产品的生产所需要的技术经济条件或自然条件不同，因而它们的产地（产区）不同，各自产地的数量多少也不同，这就会形成集中生产分散消费、分散生产集中消费等多样性的产销关系；（2）相当一部分产品、主要是农产品的生产具有季节性，由此形成了季节生产常年消费、季节生产季节消费等多样性的产销关系；（3）相当一部分产品、主要是农产品的生产具有不稳定性，在不同地区、不同年份往往因自然条件的不同而有不同的产量，这些产品的产销关系就会因此而具有复杂的多变性；（4）各种产品的商品化程度不同，工业品几乎都是商品性生产，而我国农产品的商品率则低得多，不同农产品的商品率悬殊也很大，这也决定着不同的产品有着很不相同的产销关系；（5）各种产品的规格、型号、档次、花色的复杂程度有着很大差异，由此也会形成不同的产销关系。所有这些，都说明各种产品因其生产特点的不同而会有大小不同的流通范围、多少不等的流通数量、长短不一的流通时间、错综复杂的行销路线。唯有实行多渠道流通，才能与如此复杂的产销关系相适应。

第三，各种社会产品供求状况的不同所决定的商品产销关系的多样性，客观上要求多渠道流通。任何一种社会产品的供求局势，都会受到各自特定的生产条件、需求状况等因素的制约，存在着各自特殊的供求矛盾；它们各自从供求不平衡转化为平衡，又从供求平衡转化为新的水平上的供求不平衡的矛盾运动，也不可能整齐划一地同时间、同方向、同程度地发展变化。因此，一定时期内，无论市场上的商品供求总量是相互适应、供过于求抑或供不应求，从千万种商品来看，却都会同时并存着某一些商品供求平衡、另一些商品供不应求、还有一些商品供过于求这三种不同的供求局势。这样，不同的商品，或者同一商品在不同的时期，必定会存在不同的或不尽相同的运动方向、流通范围、流通时间和流通数量，产生出极其复杂的、经常变化着的产销关系。与此相适应，也必须实行多渠道流通。

第四，各种社会产品自然属性的不同所决定的商品产销关系的多样性，客观上要求多渠道流通。这包括两种情况：（1）由于各种产品的自然属性不同，有的供作生产消费，有的供作生活消费，有的既可作生产消费、也可供生活消费，这就决定了各种产品的流通时间长短不等、流通范围大小不一。（2）由于各种产品的自然属性不同，它们各自变坏的快慢程度也就不同，这也决定了各种产品的流通时间长短不等、流通范围大小不一。正如马克思所说："一种商品越容易变坏，因而生产出来越要赶快消费，也就是越要赶快卖掉，它能离开产地的距离就越小，它的空间流通领域就越狭窄，它的销售市场就越带有地方性质。"① 这两种情况都说明，各种产品自然属性的千差万别，从流通时间、流通范围两个方面，影响着社会产品的产销关系产生了又一方面的多样性。这同样需要多种商品流通渠道与之相适应。

第五，各有关部门多层次的生产力水平所决定的商品产销关系的多样性，客观上要求多渠道流通。从生产部门看，不仅工业与农业的生产力水平、专业化生产程度有很大差别，而且工农业内部生产各类产品的生产力水平、专业化程度也有很大差别，并且各个地区的生产力布局状况也有显著不同。这些情况都使整个社会产品的产销关系呈现出多样性。从交通运输部门看，反映不同层次生产力水平的运输工具总会同时并存，并处于不断变化之中；同时，各地区交通运输事业的发展水平也不平衡。这也在相当程度上影响着产销关系呈现出多样性，因为：运输工具不同，会导致商品流通时间有长有短，并在买卖机会等方面造成地点差别；先进运输工具的出

---

① 《马克思恩格斯全集》第45卷，人民出版社2003年版，第145页。

现，则会一方面缩短商品流通时间，另一方面又引起了开拓越来越远的市场。最后，仓储技术手段的先进与落后，会影响商品的流通时间和流通范围，这也会对商品产销关系的多样性产生一定影响。显然，这类产销关系的多样性，仍然需要多种商品流通渠道与之相适应。

综上分析，商品多渠道流通具有客观必然性。适应上述各种因素所决定的商品产销关系多样性的要求，社会主义国家必须确立多渠道流通的市场体系，以有利于为社会所需要的各种商品各得其所地以最快速度全部进入消费领域提供基本条件。

商品流通渠道的形成与疏理

前面的论述是以既已形成的商品流通渠道为前提的。但事实上，并非在商品开始运动之前就已存在着一条条现成的流通渠道。在商品开始运动之前，存在着的只是一个个可以推动商品运动的经济单位。这些各自独立存在的经济单位能否成为某种商品的流通环节，进而相互衔接组合而成为一条有机的流通渠道，却要取决于其他方面的条件。为此，就有必要进一步研究商品流通渠道是怎样形成的。只有这样，人们才有可能寻找到合理地组织与疏理商品流通渠道的正确途径，为实现商品运动的货畅其流提供必要条件。

商品流通渠道的形成，概言之：商品产需关系的存在，是商品流通渠道形成的前提；商品流通渠道能否形成、怎样形成，则取决于组织商品流通渠道有无经济利益以及经济利益的大小。

众所周知，一切社会生产都与消费相联系，最终都用于满足人们的消费需要，这是社会生产的一般目的，是生产的一切时代的"共同规定"。在商品经济社会中，生产与消费的这种关系表现为商品的产需关系。这样，作为连接生产与消费的商品流通渠道，就必然要以这种产需关系为前提。如果没有商品产需关系的存在，就无所谓商品流通渠道问题。商品流通渠道只是适应商品产需关系的要求而产生的。然而，这并不是说，一种商品只要有生产、有需求，就必定会自动形成一条流通渠道。商品流通渠道必须通过人的活动才能形成。而人们的一切社会活动总是受人们的经济利益所制约，因而，尽管已经存在着建立某种商品流通渠道的客观要求，但这种渠道能否形成，从纯粹意义上讲，却要取决于组建渠道是否有利于流通当事人（经济单位），包括商品的生产者和经销者。只有当组织某种商品流通渠道能够给他们带来一定的经济利益的时候，商品产需关系要求建立的这种渠道才能形成。

每一社会中的经济利益都是经济关系的表现，都是一定生产方式下的生产关系总和的反映。任何社会经济制度的生产关系中主要的东西是直接生产者对生产资料的关系，因而经济利益归根到底要以生产资料所有制为转移。这样，不同性质的所有制所决定的经济利益，就对商品流通渠道的形成起着不同的决定作用。

在资本主义经济中，由于资本主义的私人占有制，社会生产的一般目的即满足消费的需要与它的直接目的即追逐尽可能多的剩余价值，是互相分离和对立的，资本家与工人、生产者与消费者的经济利益本质上也是根本对立的。社会总资本组织、控制商品流通渠道，完全是为了实现包含了剩余价值的商品价值，为资本积累服务。哪一种渠道更有利于资本的积累，它就会组织哪一种渠道；多少条渠道更有利于资本的积累，它就会组织多少条渠道，而不管这样做是否会对消费者有利。而这一切，又是在单个资本搜取超额利润欲望驱使下，在各自为政、互相倾轧的状态中进行的。可见，资本主义社会的商品流通渠道，是在剩余价值规律支配下自发地盲目地形成的，体现着剥削与被剥削的经济关系。

在社会主义经济中，由于建立了社会主义的生产资料公有制，从主体上讲，社会生产的一般目的和直接目的统一起来了——都是为了满足人民消费的需求。这就产生了在全社会范围内有意识地自觉组织商品流通渠道的可能性和必要性。哪一种渠道有利于货畅其流、有利于生产和消费，就应当组织哪一种渠道；多少条渠道有利于货畅其流、有利于生产和消费，就应当组织多少条渠道。商品的价值实现问题、经济单位的经济利益问题在这里依然存在，但已被置于社会主义生产目的的实现这一社会整体利益的制约关系之中。社会主义经济中的商品流通渠道，主要是在公有制基础上、在全社会范围内、在社会主义基本经济规律支配下，自觉地有控制地形成的，体现着社会一致、互相协作的经济关系。这就是社会主义制度下商品流通渠道形成的基本特点。

然而，在我国社会主义条件下，还存在着生产资料私有制的多种经济形式，社会还划分为根本利益一致、具体利益并不相同的经济单位。即使是全民所有制企业，也都有着各自相对独立的经济利益。由于存在着不同社会经济利益主体，在商品流通渠道的形成上，必然不可避免地潜在着自发性。因此，按照兼顾生产者、经销者、消费者三者利益的原则，协调流通领域内各种经济形式的企业或经济单位之间的经济利益，就成为正确组织或疏理商品流通渠道的一个关键性问题。

经济利益从来都是与经济绩效相联系的。在商品流通渠道中，每一个流通当事人（经济单位）亦即每一个渠道成员的经济利益，是与它所担负的流通职责及其完成的实际绩效相对应的。而要完成一定的流通职责，就必须投入一定的社会劳动，其货币表现就是商品流通费用。在商品由生产领域向消费领域转移的全过程中，要完成商情信息的收集、加工与传递、商品的买卖（一次或数次）、商品的储存与运输以及为推动商品运动服务的资金的筹集与融通等。这些流通职责通常由一条渠道内的各个渠道成员分担（这些职责可以在渠道成员间转移，但不可能消除），它们也就应当按各自所完成的流通职责的多少，也就是按各自所投入的社会必要劳动的多少，来分享一定的经济利益。由此看来，合理地确定这种职责—利益的组合对应关系，就成为组织或疏理商品流通渠道的主要经济内容。

各渠道成员实现其经济利益的具体形式是商品购销差价。所谓商品购销差价，是同一种商品因购销环节不同而形成的价格差异。只有当购销差价额能够补偿流通当事人因推动商品运动所支付的流通费用，并能带来一定的利润时，一个个经济单位才会由潜在的渠道成员变为现实的渠道成员，推动商品向消费领域运动。我国战国中期成书的经济学巨著《管子》中说："其商人通贾，倍道兼行，夜以续日，千里不远者，利在前也"，① 讲的正是这个道理。可见，合理的商品购销差价，乃是商品流通渠道形成并保持畅通的现实的内在动力。

在社会主义条件下，渠道成员与消费者之间、各个渠道成员之间的根本利益是一致的，这就要求确定商品购销差价时必须有利于正确处理这两方面的关系。首先，要正确处理渠道成员与消费者之间的经济利益关系。为此，必须确认商品购销差价额的大小有一定的经济界限。从形式上看，工业品购销差价的最大值域是出厂价与其最终销售价之间的中间价格区，农产品购销差价的最大值域是收购价与其最终销售价之间的中间价格区。但是，社会主义条件下商品的最终销售价格应以商品价值为基础，供求关系所引起的价格变动也只是围绕商品的价值上下浮动。这样，上述中间价格区亦即各流通环节购销价格的总额，就不是一个可以随意变动的量。只是在这样一个中间价格区内确定各流通环节的购销差价，才能兼顾好渠道成员与消费者双方的经济利益。其次，要正确处理一条渠道内各

---

① 《管子·禁藏》。

渠道成员之间的经济利益关系。显然，上述最大值域的购销差价额可以由某一渠道成员如商品生产者独占，但他也就因此而必须完成商品进入消费领域的全部流通职责，承担全部流通费用；如果他难以完成全部流通职责而需要另外的渠道成员（必定是商业经营者）分担，他也就必须相应地合理分解这个差价总额与他人共享。在大多数情况下，一条渠道内总是存在两个以上的渠道成员，这就要求通过合理确定（无论是由买卖双方议订，抑或由国家制订）各流通环节上的购销差价，来分配上述购销价格总额。如果分配不合理，就会出现某一环节（渠道成员）得益多、另一环节（渠道成员）得益少甚至无益可得的问题。一旦如此，商品流通渠道就会中断，商品流通也就会因此而阻塞。以零供关系为例，实体零售商凭借着经营规模的日益扩大和组织化程度的不断提高，利用自身渠道优势地位通过过度拖长账期、收取不合理通道费等方式过度攫取利益，妨害了渠道内供应商的正常经营，长期而言损害的是渠道整体利益，不利于商品运动的货畅其流，造成了社会整体的福利损失。另外，随着近年来电商领域竞争白热化，出现线上零售商要求供应商在自己与竞争对手之间"二选一"，利用其市场支配力实质性实施限定交易，还存在强制供应商参与促销活动、收取高额平台服务费、知假售假等交易行为。因此，为了商品流通渠道形成并保持畅通，要正确构建供应商与零售商之间的经济利益关系，从冲突频发的争利型向沟通协作的创利型转变。

基于以上分析，可以得出三点结论：

其一，商品购销差价的形成与存在，是商品流通渠道形成与存在的决定性条件，是引导商品运动方向和制约商品流通规模的决定性因素。可以认为，抓住了商品购销差价，就是牵住了组建、疏理商品流通渠道的"牛鼻子"。

其二，离开了合理的商品购销差价，货畅其流就无从谈起。正确地议订或制订各个流通环节上的购销差价，乃是协调各渠道成员经济利益、推动各司其职地共同完成商品流通全过程的主要杠杆。

其三，为了保护消费者的经济利益，各流通环节的购销差价总额应有一定的经济界限，这就是：确定各流通环节的购销差价，应在基本保证商品的最终销售价格大体反映商品价值的限度内进行。

第三节　商业部门实现货畅其流的主要措施

保持商业企业的生机与活力

我国实行的是公有制为主体、多种所有制经济共同发展的基本经济制度。国民经济活动的主体方面，是在国家为实现一定的社会经济发展目标而有意识地加以调控之下进行的。在这样的经济形态中实现商品运动的货畅其流，就不仅取决于流通当事人按照上述理论分析那样去进行努力，在很大程度上还要取决于国家顺应货畅其流的客观要求自觉地采取正确的调控措施。就商业部门而言，最重要的措施之一，就是搞活商业企业，使各种经济形式的商业企业保持生机勃勃充沛的活力。

商业企业是社会再生产过程中专门从事商品交换的、独立的经济组织，是商品流通的直接承担者。由商业在商品经济中独立存在的必要性所决定，商业企业的购销活动所形成的商品流通，乃是整个社会商品流通的主体部分。因而，商业企业是否具有强大的活力，亦即它们各自开展购销活动的经营积极性、主动性、创造性能否充分发挥，就成为宏观上搞活流通、实现货畅其流的一个关键问题。

我们正在建设中国特色社会主义。而"具有中国特色的社会主义，首先应该是企业有充分活力的社会主义。"① 那么，作为商业企业，在什么样的条件下才是生机勃勃、充满活力的企业呢？概括起来说，至少应具备下述三方面的条件：

其一，拥有经营活动的自主权。即：商业企业在遵从国家有关规定下，有权确定商品的经营结构和数量规模，有权选择商品的供货来源和供应对象，有权选择灵活多样的经营方式，有权在国家允许的范围内确定商品的价格，等等。一句话，企业具有相对独立地进行商品购销活动的权力，包括商品经营的决策权和实施权。只有这样，企业才能根据市场供求情况的变化，灵活地开展购销业务，进而才有可能实现商品运动的货畅其流。

其二，拥有流通资料的支配使用权。这是商业企业自主经营的前提和保证。很明显，不占有一定的流通资料，企业就无法开展经营活动；不能自主地支配和使用所占有的流通资料，企业也就失去了独立开展经营活动的自主权。问题在于，当商业企业的流通资料归国家所有时，企业也应当拥有流通资料的支配使用权。其根据是：在社会化大生产条件下，商业企业的流通资料所有权与支配使用权固然可以相统一，但也可以在一定条件下、一定程度上相分离。马克思说："资本主义生产本身已经使那种完全同资本所有权分离的指挥劳动比比皆是。因此，这种指挥劳动就无须资本家亲自担任了。一个乐队指挥完全不必就是乐队的乐器的所有者。"② 社会主义的实践证明，抽去其社会内容不论，马克思的这一论述也同样适用于社会主义社会的公有制企业。应当看到，在现代条件下，"由于社会需求十分复杂而且经常处于变动之中，企业条件千差万别，企业之间的经济联系错综繁杂，任何国家机构都不可能完全了解和迅速适应这些情况。如果公有制下的各种企业都由国家机构直

---

① 《中共中央关于经济体制改革的决定》，人民出版社 1984 年 10 月版，第 12 页。
② 《马克思恩格斯全集》第 46 卷，人民出版社 2003 年版，第 434 页。

接经营和管理，那就不可避免地会产生严重的主观主义和官僚主义，压抑企业的生机和活力。"① 如果这样，商品运动的货畅其流自然就会受到严重阻碍。

其三，具有独立或相对独立的经济利益。其表现形式，就是财务上的独立核算、自负盈亏和用工制度、收益分配上的奖勤罚懒、奖优罚劣。这是商业企业实行自主经营的必然要求。具有独立或相对独立的经济利益，意味着企业对自己的经营成果负完全责任，意味着企业所能获取的经济利益的大小只能取决于其经营成果的多少。由此，经济利益不但会成为企业经营所追求的目标，同时也成为企业不断开拓进取的压力和动力。只有这样，才能持之以恒地激发出企业和职工自主经营的积极性、主动性和创造性，不断增强企业的自我发展能力和市场应变能力，更好地完成组织商品流通的任务。

概言之，充满生机、具有活力的商业企业，应是真正的相对独立的经济实体，成为自主经营、自负盈亏的社会主义商品经营者。

进一步考察，社会主义条件下的公有制商业企业怎样才能具备上述条件而充满生机与活力呢？从我国的实践来看，关键在于政企职责分开。

在过去很长一段时期，由于存在把搞活企业当成"资本主义"的"左"倾错误，加上商品匮乏等历史原因，从20世纪50年代中期起，我国逐步形成了高度集权的政企不分、以政代企的商业管理体制。政府机构中的商业行政主管部门与商业企业结为一体，商业企业（无论是国有企业还是合作企业）实际上成了行政机构的附属物。在这种体制下，企业很少有自主权，几乎不存在自身特殊的经济利益，因此，企业不可能、也不必要去积极开展自主的经营活

---

① 《中共中央关于经济体制改革的决定》，人民出版社1984年10月版，第13页。

动；而各级行政主管部门为了维护本地区、本部门的利益，又处处以行政眼光、行政办法去管理企业的经营活动，使得本来应是开放性的商业活动几乎统统变成了"统购包销"和"调拨分配"。其结果，一方面是城乡分割，条块分割；另一方面限制了企业的经营积极性。两方面相结合，致使商业活动所形成的商品运动基本上表现为按行政区划画地为牢，按行政层次逐级调拨，企业之间跨区（行政区）越级（行政层次）的横向经济联系极其薄弱，商品流通渠道一般都表现为多环节的、长长的纵向渠道。由此，"小商品大流转"的现象比比皆是，大通小塞、下通上塞、上通下塞的现象常常发生，产地积压、销地脱销的问题时有所闻，造成严重的货流不畅的局面。

显然，这样一种政企不分的商业管理体制不利于生产，不利于消费，也限制了社会经济效益的提高，远不能适应大力发展社会主义商品经济的需要，必须进行根本性的改革。正因为如此，在经济体制改革中，党中央决定实行政企职责分开。由此逐步实现了各级政府部门原则上不再直接经营管理企业，企业的事放手让企业自己去办，使企业自己掌握自己的命运，在市场竞争中求生存、求发展。企业学会了千方百计地在商品适销对路上下功夫，在精减环节、疏理渠道方面下功夫，在商品仓储运输方面下功夫，在信息收集、传递方面下功夫，大大提高商业购销活动的成功率，促进商品运动实现货畅其流。

加强横向经济联系

实行跨越行政区划、行政部门、行政层次的企业之间的横向经济联系，有助于打破城乡分割、条块分割，巩固和发展社会主义统一市场；有助于精减商品流通环节，加速商品流通，节约流通费用；有助于促进竞争，搞活市场，提高商品的适销率，更好地满足消费需要。这样做，须以商业企业自主经营、自负盈亏为前提，但反过来又会进一步增强商业企业的活力。因此，加强商业企业的横向经济联系，应当成为商业部门实现商品货畅其流的一项重大措施。对商业部门来说，所谓加强企业间的横向经济联系，其实就是允许商业企业自由开展商品购销活动，而这正是商业企业组织地区间商品流通的基本形式之一。一般说来，除少数按国家指令性计划实行分配运销的商品外，其他商品都可以在遵从国家有关规定的前提下，通过建立横向经济联系来开展购销活动。它的基本特点，就是企业能够自由选择进货对象或销售对象，购销双方协商自愿成交。根据这一特点，可以有以下几种主要的具体组织形式。

（一）批发贸易中心、批发交易市场

批发贸易中心、批发交易市场是在商品产地或消费中心建立的开放式商品批发市场，一般设立在大、中、小城市。进入这种批发市场的商品，既有地产地销的商品，也有地区之间交流的物资。参加交易的人员，既有本地业主，又有外埠客户；既有生产者，又有商业经营者；既有批发商，又有零售商；既有来自国有企业、集体企业的，也有个体商贩。交易方式相当灵活，既有经销，也有代销；既可现货成交，也可期货成交；既可大批量成交，也可小批量成交。商品价格不分销售对象，大多随行就市，上下浮动。

显见，这种开放式的批发贸易不受行政部门、行政区划的限制，产销、供销双方能够直接见面，商品也能够比质比价地进行竞争，不仅有方便购销之利，更可显疏通渠道之功，不仅直接有利于商品流通减少中间环节，节省流通费用，缩短流通时间，也有利于促进、引导商品生产按市场需要增加花色品种，提高产品质量，降低生产成本。所以，普遍发展规模有大有小、类型多种多样的开放式批发交易市场，通过它们组织地区之间、城乡之间的商品流通

（主要体现为商业部门内部的商品流通），对于扩大物资交流，繁荣城乡市场，提高社会经济效益，具有显著的积极作用。

（二）物资交流会、供货会

物资交流会、供货会由主办单位定期或不定期召开。会议期间，产销、供销双方直接见面，自愿协商议定商品批发成交额。成交方式是现货交易和期货交易相结合，以期货为主。成交的商品，既有执行国家计划价格（主要是浮动价格）的商品，也有价格随行就市的商品，不同产地的同类商品可以比质比价，有一定竞争。根据需要召开专业性、综合性物资交流会，有利于沟通行情，调剂余缺，疏通渠道，减少环节，密切产销、供销关系，不仅能够把地区之间的商品流通，而且能够把产地的生产和收购间接地纳入国家计划轨道。

（三）联合经营

联合经营是指商业企业与工业企业、农业企业（专业户）或产地商业供货企业之间联合经营某类商品的组织形式。联合经营的商品一般是地方特色产品、新产品或需要大力推销的商品等。这种联合经营虽然也是产销之间、供销之间直接建立联系，但它具有将产销双方、供销双方的经济利益直接结合在一起的特点，存在着利益均沾、风险共担的关系，因而更有利于疏通渠道，密切产销、供销关系。此外，联合经营通常还具有专业性强、稳定性强的特点。不过，联合经营需以联营双方共同的利益需要为基础，并以各自确认对方具有较高的商业信誉为条件，这就要求联营双方事先相互深入了解，并进行周到的磋商。

（四）贸易货栈

贸易货栈或贸易信托部（公司），是以代营业务，即代购、代销、代储、代运商品为主的居间性流通机构。这种以信托代办为特色的常设性商务机构，是通过提供商业劳务服务来沟通地区之间物资交流的传统形式。对于商品的流通，它可以补充批发交易市场和物资交流会的不足，把地区间、城乡间零星的、临时的物资交流组织起来，起着穿针引线、拾遗补缺的作用，有利于解决委托单位商品购销中的困难。

（五）外地采购和外地推销

外地采购是指销地直接到产地采购，外地推销是指产地直接到销地推销，基本上以企业或经营联合体为单位进行。前者是解决销地市场急需、特需某些商品的必要形式，后者是产地打开、开拓某些商品销路的必要形式，因而有利于活跃市场、繁荣市场，有利于促进生产、满足需要。但是，应当避免盲目性，以免四处奔走，事倍功半，甚至造成人力、物力浪费。

以上几种加强横向联系、实行自由购销的组织形式同时并存，为各类商业企业提供了可供选择的多样化的商品购销渠道，适应市场商品供求千变万化的客观要求。采用这些形式组织地区间或者说商业部门内部的商品流通，具有国家统一计划分配商品不能代替，或者没有必要代替的作用，对于实现商品运动的货畅其流有着重大意义。

不过，在自由购销的情况下，如果没有一定的措施相配合，只要有销路、有利可图，一次次转手加价倒卖所形成的流通渠道，反而可以是环节多得惊人的长渠道。因此，一切自由购销活动都必须在国家有关法令、法规的约束下进行。对于盘剥消费者的投机倒卖，应坚决予以取缔。

按经济区域组织商品流通

加强横向联系，实行自由购销，并不意味着每一个商业企业都可以走遍天下地任性开展商品购销活动。如果那样，从宏观上看，将会普遍出现商品不合理的空间运动，造成人力、物力、财力的巨大浪费。

货畅其流的核心，是按照节约时间规律的要求，使商品经过最少的中间环节，经由最经济合理的运输路线，用最短的时间，支付最合理的费用，顺利地由生产领域进入消费领域。这样做的基本措施之一，就是不受行政区域、行政层次的限制和约束，按照经济区域建立批批之间、批零之间的商品供应关系，按照经济区域组织商品流通。

马克思说："各不相同的产品的主要市场在各个中心地点形成，这些地点所以成为中心地点，或者是由于它本身要么是某种生产的中心，要么是这种中心的直接供应地。"① 经济区域就是这些主要市场辐射力和吸引力所及的一个个地域范围。

经济区域是社会产品的生产地区与消费地区相统一的地域范围。它是生产的地区分工和由此产生的地区间经济联系的产物，是在特定的生产、运输、商业等条件下，人们按照经济节约的原则就近建立地区之间的经济联系而自然形成的。通常是以某一城市为中心，它与周围地区具有密切而稳定的商品产销关系、供销关系，构成一定地域范围的物资交流网络。这个中心城市可能是工业生产中心，也可能是作为物资集散地的交通枢纽，一般则是二者相兼，既是工业生产中心，也是交通枢纽。它以自己生产或调进的工业品等供应周围地区，从周围地区集中农副产品、矿产品等供本地消费或调出。经济区域的大小也就以中心城市的规模大小（反映着该城市生产、消费和物资集散的能力大小）为转移，并且，围绕中小城市形成的经济区域还会围绕大城市形成更大的经济区域。

---

① 《马克思恩格斯全集》第 39 卷，人民出版社 1995 年版，第 239 页。

　　这样以中心城市为依托而形成的开放式、网络型的经济区域，与按政权机构设置而划分的行政管辖的地域范围即行政区域，往往不相一致。一个经济区域的不同地区可能分属于几个不同的行政区域，一个行政区域的不同地区也可能分属于几个不同的经济区域。为了保持经济区域内在的、合理的经济联系，尽管各级政权机构要对实现地区间经济联系的商品流通实行必要的行政管理，但却不能因此按行政区域、行政层次去组织商品流通。否则，就会打乱地区之间合理的经济联系，普遍出现如前所述的那种不合理的商品运动。

　　按照经济区域组织商品流通的基本要求是：按经济区域设置批发商业机构，强化中心城市的流通功能；按经济区域建立商品批发供应关系，根据商品流通的实际需要确定商品所经过的批发环节。

　　商品从生产地区到消费地区的空间运动，在多数情况下是由设在各地的批发商业机构组织的。因此，按经济区域设置批发机构就成为按经济区域组织商品流通的组织基础。批发机构的设置，要符合商品的合理流向，要最大限度地方便销地批发企业或零售企业购进商品，还要能够保持一定数量的商品销售额以符合经济核算、讲求经济效益的要求。根据这些要求，不同层次、不同类型的批发机构的设置，应当在全国、全省范围里统一规划，合理布局，选择不同层次的大小经济区域的中心城市（城镇）作为设置地点。要防止同一经济区分属两个或两个以上行政区管辖时，随行政建制设置几套平行的批发机构，也要防止在同一经济区的同一地点按行政层次设置重叠的批发机构，以免人力、物力、财力的浪费。不过，在同一经济区的同一地点、同一行业中存在着经济形式或经营方式不尽相同的、规模大小不一的多个批发商业企业，在国家允许的范围内相互竞争，发挥各自的优势而相互取长补短，有利于搞活商品流通。这与按行政层次设置批发机构是两回事。

按经济区域合理设置批发商业机构，为合理地组织商品在空间上的流通、也就是合理地组织商品运输提供了组织上的可能性。在此基础上，还需要按照商品的合理流向就近建立批发企业之间、批发企业与零售企业之间的商品供应关系，在毗邻地区不受行政区划的限制，一律相互开放，实行就近跨行政区供应商品。这样，才能实现商品在空间上的合理运动，才能避免迂回、倒流、对流等不合理的商品运输所造成的经济损失。

按照商品的合理流向建立批发企业之间、批零企业之间的商品供应关系，一个十分重要的问题，就是应该使商品从产地到销地只经过最为必要的、也就是最少的中间批发环节。经过的批发环节越多，流通速度就越慢，费用开支也越大。为了适应工业品流通从集中到分散、从城市到农村的特点，工业品批发机构分为三级：全国性或区域性采购供应企业、地方性采购供应企业，以及主要向零售企业供应商品的基层批发商店。为了适应农产品流通从乡村到城市、从分散到集中又从集中到分散的特点，农产品采购供应机构也被分为三级：基层收购企业、集并供应企业、城市批发企业。但是，这绝不意味着每一种商品在空间上的运动都必须顺序经过所有这些批发环节才能到达零售企业，进而进入消费领域；而是应当区别情况，例如运销距离的远近、运销批量的大小、交通运输条件、商品本身的自然属性等，根据各类商品在运销过程中集中与分散的矛盾程度和完成流通过程的实际需要，使它们分别经过一道、两道、最多三道批发环节即能由产地到达销地的零售企业。一些需求面极窄的专用商品，一些地产地销商品，一些鲜活商品，一些产品定型、规格简单、产销稳定、交易批量大（或价值量大）的生产资料商品，还应不必经过商业部门内部商品流通阶段，按合理流向直接进入或者只经过一道商业环节即可进入消费领域。

在我国社会主义建设的实践中，早在 20 世纪 60 年代初期就已提出"按照经济区域，组织全国的商品流通"的要求，① 但一直未能真正实现。其根本原因就在于政企不分，条块分割。鉴于历史的经验，在新的历史条件下按照经济区域组织商品流通，必须坚决实施政企职责分开的改革。企业一旦拥有自主经营的权力，就能充满生机与活力地冲破地区封锁、条块分割的藩篱。在这里，商业行政主管部门的职责主要有三项：一是按照强化中心城市流通功能的要求，搞好批发机构（包括批发贸易中心、批发交易市场）设置的规划布局；二是对于少数在国有商业内部实行计划分配调拨的重要商品，切实按商品合理流向建立企业间的供货关系；三是配合物价行政主管部门，对于极少数实行计划价格（包括浮动价）的商品，建立起符合价值规律要求的、动态的商品差价体系。除此三项，其他的事情原则上应由企业去办。在自负盈亏的条件下，企业将会自动地按照经济区域开展商品购销活动。如果有哪个企业"满天飞"，它迟早会尝到因费用太高而导致自身经济利益遭受损害的苦果，最终按经济区域开展商品购销活动。

需要指出的是，并不存在界域绝对分明的经济区域。虽然中心城市商品市场整体的辐射力和吸引力决定着经济区域的大小，但不同商品市场的辐射力和吸引力却并非整齐划一，各自力之所及的地域范围也就不可能一样。因此，如果也要人为地给经济区域画出"边界"，那就不过是经济封锁、条块分割的花样翻新。

还应当指出，经济区域并非一成不变，而是会随其形成条件的变化而变化。当生产力布局或交通运输条件发生重大变化时，原有的经济区域就会发生变动。不过，一般来说，不会发生突变，已经形成的经济区域在一定时期内具有相对稳定性。这就要求既要看到经济区域的形成条件具有相对稳定的一面，不要草率割断传统的经

---

① 《新中国商业史稿》，中国财政经济出版社1984年版，第257～262页。

济联系，打乱现有的经济区域；又要根据客观条件的重大变化，适时地加以调整，建立地区间新的合理的经济联系。

搞活商业批发

批发商业处于商品流通的起点环节和中间环节，它的活动状况反映着商品运动的状况。要实现商品运动的货畅其流，搞活商业批发具有不可忽视的重要作用。

富有活力的商业批发活动，要求确认客户的地位一律平等。也就是说，任何一个批发企业，都应当敞开大门，不分销售对象地接待来自四面八方的其他批发企业、零售企业和加工企业等客户，一视同仁地协商交易，自愿成交。

确认客户地位平等，就是确认社会主义条件下的企业地位平等。无论是在资本主义社会，还是在社会主义社会，任何一个企业都是经济实体，而经济实体都具有法人资格。法人是相对自然人而言的，系指依法成立并能独立行使法定权利和承担法律义务的社会组织。法人资格是企业独立性的法律保证，是企业自主经营、自负盈亏的必备条件。既然如此，作为一个批发企业的销售对象即客户，不论它们是批发性质、零售性质抑或加工性质的企业，不论它们是大型、中型抑或小型企业，也不论它们是来自何方，其地位都是平等的，无有亲疏远近之别，更不存在等级高低之分。只是这样，才能形成开放式的商品批发体系，为形成长短不一的多种形式的商品流通渠道提供有利条件。

富有活力的商业批发活动，要求实行批量作价。批量作价，是按客户购买数量确定销售价格的一种作价办法。凡一次购买超过某一数量级，即可按批发牌价打一定折扣计价；而低于批发起点的，则应在批发牌价的基础上适当加价，直至按零售价计价。

批量作价有其经济依据，是价值规律的客观要求。商业企业销售商品要取得一定的购销差价（进销差价），其中除包含有一定的税金和利润外，就是补偿流通费用的。而费用的大小与销售批量的大小密切相关。马克思指出："在商业中比在产业中会更多地出现这样的现象：同一职能，不管是大规模地完成还是小规模地完成，都要花费同样多的劳动时间。"又指出：一个资本家和1000个商人打交道，比起和100个商人打交道，"他的纯粹商业支出，因此会无限制地扩大"。① 批发销售中的情况正是这样。大宗供货比起小批量销售，省时省力，销售费用较少；反之，销售费用就会增加。因此，大宗供货的价格应当低一些，而小批量销售的价格则应当高一些。可见，在批发销售中，不论批量大小都是一个价，是违背价值规律的。在社会主义条件下，相对稳定较多商品的零售价是必要的，但无论如何也要允许批发价在一定幅度内随批量大小上下浮动。

与实行批量作价相联系，还应当因企业规模不同、经营商品不同，灵活地确定和调整批发起点。批发起点，又称起批点，系指批发商品按品种规定的一次成交的数量限额。每笔交易凡达到起批点及其以上者，方可按批发牌价成交；达不到起批点的，不是不成交，而是要加价成交，直至按零售价成交。一般来说，大批发企业的起批点应当定得高一点，小批发企业的起批点则应定得低一点，而不宜笼统地提倡"降低批发起点"，更不能用行政手段"一刀切"地规定批发起点。这样做，实际上是用经济办法来划分不同规模批发企业的销售对象。大批发企业起批点高，其销售对象就会主要是其他批发企业、大型零售企业；小批发企业起批点低，其销售对象就会主要是小型零售企业和大小商贩。显然，这比起用行政办法划定批发企业的销售对象，要自然得多，简便得多。

批发不分销售对象，实行批量作价，可以灵活调节批发起点，

---

① 《马克思恩格斯全集》第46卷，人民出版社2003年版，第328页。

是搞活商业批发必不可少的主要业务工作内容。这几方面结合在一起，对商品流通的组织，对推动商品合理运动产生着广泛影响。首先，在上述条件下，符合商品合理流向的批发企业，其业务会大大扩充，而不符合商品合理流向的批发企业则难以存在，这就有利于实现按经济区域组织商品流通。其次，在上述条件下，大型零售企业多半会从产地或中转地的大批发企业进货，小零售商则多半会从销地小批发企业进货；同一个商业企业，销量大的商品会从大中型批发企业进货，销量小的商品则会从小批发企业进货。如此，从表面上看，虽然市场上存在着从事一道、二道、三道批发的批发企业，但实际上却会形成环节多少不等的各式各样的商品流通渠道。不必要的中间环节想要保留也是保留不住的。最后，在上述条件下，任何一个商业企业都可以多头进货，但它也一定会因此而权衡利弊得失，仔细进行决策。这样，流通渠道的形成与调整就会千变万化，富有动态性。一成不变的、僵化的渠道体系自然也就不会出现。所有这些（不限于这些），对搞活流通，实现货畅其流的局面，显然都是极为有利的。

不过，在我国长期形成的高度集中、政企不分的旧商业体制中，在行政力量的干预下，一、二、三级批发之间的经济关系不成文地变成了政权系统的上下级关系；商品批发一般表现为"一、二、三、零"（即一级批发、二级批发、三级批发、零售）等级顺序的购销关系，每一个批发企业又按行政区划固定了销售对象，非经行政主管部门批准，下一级批发企业和零售企业既不得越级进货，也不得跨行政区进货；批量作价早在1956年后即已取消，改行按销售对象的性质①作价，各环节之间的倒扣率或加价率固定不变；与此相联系，批发起点这一杠杆，也久已弃之不用。这样，企

---

① "销售对象的性质"系指：是批发企业还是零售企业，是二级批发企业还是三级批发企业等。

业不仅成为行政机构的附属物，它们之间应有的平等关系也不存在；既形成了封闭型的批发体系，也形成了行政化的购销渠道。在这样的批发体制中，要减少不合理的流通环节，要按经济区域组织商品流通，要实现商品的货畅其流，花再大的力气也无异于缘木求鱼，即或收微效于一地，也绝难持久。所以，这样的批发体制非改革不可。只有在实施了符合客观规律的改革，我国市场上商品货畅其流的局面才能得以逐步实现。

1992 年以来我国建立了与社会主义市场经济相适应的新型批发体制，通过改革传统的产销体制、流通格局发生了深刻变化，原有国有批发企业系统中的一级站下放给省、二级站下放给市、三级站下放给县，原有批发体制被完全打破。随着我国流通体制改革的完成，原有批发"三级站"行政体制瓦解，商品市场上兴起了多种批发商业形式，批发商品交换中的经营主体、运营模式趋向多样化。随着我国社会主义市场经济体制的逐步建立，商品流通得到了迅速的发展，加入 WTO 以后接入国际市场使得商品生产和交换的地域范围得到了前所未有的拓展，批发商业的发展面临了来自本土生产企业、零售企业以及物流企业的多头挤压。随着数字化技术的发展和批零上下游衔接的需要，一部分批发商转型成为供应链集成电商，通过整合产业链上下游商贸合作主体，搭建以经销商为主导的智能化、平台化供应链。一部分国内大型批发市场主动寻求数字化转型的道路，例如创新线上线下融合发展模式、搭建现代化物流园区、转型体验式智能化商城、重构数字化供应链等途径，发挥批发市场现有独特优势，提升商贸流通服务能力。对于批发商业而言，数字经济不仅意味着生存挑战，更是实现发展跃升的有力工具，搞活批发商业可以借助数字技术手段不断发展新的商业模式和商业生态，促进我国市场上形成商品货畅其流的新局面。

第九章

提高经济效益是商业活动的中心

商业部门开展商品购销活动，需要耗费和占用大量的人力、财力和物力资源，社会和商业经营者必然会因此而关心如何最有效地利用这些资源，亦即关心商业活动的经济效益问题。在我国社会主义条件下的商业活动中讲求经济效益，是为了充分而有效地发挥商业的职能作用，通过媒介成商品交换，实现商品的价值与使用价值，来促进生产的发展和满足人民群众的消费需要。因此，努力提高商业经济效益，是全部商业活动的中心。所有商业企业都应当紧紧围绕这个中心去开展自己的各项业务活动。

第一节　讲求商业经济效益的内容

商业经济效益的内容

提高人类经济活动的效益，是经济和社会发展的普遍规律。讲求和提高经济效益，始终是社会主义经济建设的中心问题，是社会主义经济活动的一个经常性的和首要的目标。

怎样认识社会主义商业的经济效益？应当从商业活动自身的经济效益和商业活动必定会同时产生的经济意义上的社会效益这样两

个方面去理解。

经济效益问题，在国民经济各部门的各种经济活动中都是存在的，因而具有共同的规定性。作为一个一般的概念，经济效益系指经济活动取得的有用成果同经济活动过程中的劳动耗费与劳动占用的比较。所谓商业经济效益，也就是商业活动所取得的有用成果同这种经济活动中劳动耗费与劳动占用的比较。在这一比较关系中，有用成果是主导方面，离此则无所谓经济效益问题。

这样一种比较关系并不是经济学家的凭空抽象，而是一切从事经济活动的人们所必定关心的。人类的任何经济活动都是为了取得某种有用成果，亦即合乎预期目的的某种结果。但是，为了取得这种结果，各种经济活动都要耗费和占用一定的劳动。由此，从事经济活动的人们必然会关心这样两个问题：一是经济活动结束时能否实现或在多大程度上实现了预期目的；二是为实现预期目的耗费和占用了多少劳动，或者耗费和占用同量的劳动取得了多大的有用成果。并且，只要在劳动耗费和劳动占用方面存在着达到预期目的的多种可能性，人们也总是会尽力选择其中耗费和占用劳动尽可能少的方法去进行经济活动。可见，经济效益的概念不过是对这样一种实践活动的描述和概括。

虽然各种经济活动的经济效益有着共同的规定性，但不同领域的经济活动有着不同的具体内容，它们各自所取得的有用成果，以及为取得有用成果而耗费和占用的劳动，在具体形式上和内容上都会有所不同。在商业活动领域，这两个方面都有着不同于其他经济活动的特点。这种特点是与商业媒介成商品交换的特殊职能相联系的。

先就商业活动的有用成果来考察。撇开生产过程在流通领域继续的那些活动如商品的运输、保管等不论，纯粹商业活动是商品买和卖的对立统一，这一矛盾运动的形式规定性是 G—W—G 这种商品形态变化系列。商业的特殊职能就是通过这种形态变化系列，也就是通过先买后卖的活动去媒介成商品交换，实现生产与消费的联系，实现商品的价值和使用价值。这样的结果，就是商业活动所要达到的预期目的，也就是商业活动的有用成果。

商业活动有用成果的表现形式和数量标志是一定时期内的商品销售额。表面上看，商品采购额似乎也可以视作商业活动的有用成果，但其实不然。商品采购只是商业活动的开始，采购继以销售才能完成商业活动的全过程，只有通过销售才能完成商业的特殊职能，促成社会劳动的物质变换，实现商品的价值和使用价值。只是在这时，商业活动才能达到预期的目的，取得有用的成果。还应当看到，商品采购与商品销售乃是同一商品两次转手的重复交易，因而商品销售额之中必然再现着商品采购额。如果商品销售额不能再现全部采购额，不论出自什么原因，都表明有一部分已经采购的商品未能进入消费而尚未得到实现。这也反证出将商品采购额视作商业活动的有用成果是不恰当的。

再就商业活动中的劳动耗费和劳动占用来看，与其他经济活动一样，两者是取得有用成果的必要条件。劳动耗费是商业经营过程中实际消耗的全部活劳动和物化劳动，其价值形式和数量标志是一定时期内发生的商业费用，即由商业部门支付的商品流通费用；劳动占用则仅指各种形式上占用的物化劳动，其价值形式和数量标志是一定时期内占用的全部商业资金。物化劳动占用会部分地、并且是分期地转化为劳动耗费。商业活动为达到预期目的，劳动耗费和劳动占用这两个方面可以有不同的组合。不过，这两个方面还是具有商业自身的特点的。例如，在商业活动的劳动耗费中，活劳动耗费通常占有相当大的比重；在商业活动的劳动占用中，流动资金占有绝大比重。

鉴于这些分析，社会主义商业讲求或提高经济效益，就是力图用最少的劳动耗费和劳动占用来实现同量的商品销售额，或以等量的劳动耗费和劳动占用来实现最大的商品销售额。在达到预期目的的情况下，商业活动自身的经济效益的大小，取决于劳动耗费和劳动占用的节约程度。不断提高商业活动自身的经济效益，是努力提高社会主义商业经济效益的基本内容。

社会主义商业的经济效益还有另一方面的内容，那就是商业活动必定会产生的经济意义上的社会效益。

我们知道，社会再生产过程是生产过程和流通过程的统一。这个统一体的经济效益就是宏观经济效益。依据生产为了消费的原理，比照前述经济效益的概念，所谓宏观经济效益，或称社会经济效益，不妨认为是：社会经济活动所能满足消费需要的程度同生产过程、流通过程中劳动耗费总和与劳动占用总和的比较。当然，也可以引用马克思的一句名言来表述社会经济效益的内涵："真正的财富在于用尽可能少的价值创造出尽可能多的使用价值，换句话说，就是在尽可能少的劳动时间里创造出尽可能丰富的物质财富。"①

但是，社会经济活动是在国民经济的各个部门、各个领域中分别进行的，社会经济效益并不能通过某一种经济活动直接表现出来；而且，社会经济效益也绝不是各种经济活动的经济效益的"总和"。从一种经济活动来看，尽管它已经取得了某种形式的有用成果，但从社会经济活动总体来看，这种有用成果对于满足社会消费需要来说却完全有可能是无效的。在这种情况下，无论单个经济活动的经济效益是否提高了，都会由于其劳动耗费成为无效劳动、劳动占用未起作用而降低社会经济效益的水平。这就表明，任何一类经济活动不仅存在自身的经济效益问题，而且同时会对社会经济效

① 《马克思恩格斯全集》第35卷，人民出版社2013年版，第230页。

益水平产生不同方向的影响。因此，唯有保持各类经济活动经济效益提高的协调一致，才能提高整个社会经济效益的水平。这正是全部社会主义经济管理的关键之所在。

社会主义商业经济效益第二个方面的内容，指的正是商业活动对社会经济效益的影响问题，亦即商业活动的经济意义上的社会效益问题。由商业的特殊职能所决定，商业活动的经济意义上的社会效益，表现为满足社会商品性消费需要的水平，我们称之为商业的社会服务效益。它的有用成果的数量标志，是商业部门实现的社会商品纯销售额，社会商品纯销售额表明实现的价值量和使用价值量的统一。在同等的劳动耗费和劳动占用的条件下，商业部门实现的社会商品纯销售额越大，意味着商业活动在提高社会经济效益水平方面的贡献越大。

商业经济效益的上述两个方面，即商业活动的自身经济效益和社会服务效益，是在一个完整的商业活动过程结束之时（也就是实现了生产与消费的联系之时）同时产生的，是付出同样努力的共同结果。因而，人们无法区分商业活动的哪一部分是在参与提高商业自身的经济效益，哪一部分又是在参与提高社会经济效益。可以肯定的是，无论是处于批发环节的还是处于零售环节的商业企业，只要它们以满足社会消费需要为宗旨，它们的购销活动始终致力于推动商品面向消费运动，那么，它们各自提高自身经济效益的努力都能有助于社会经济效益的提高。当然，这样的情况并不罕见：批发商业和零售商业的经济效益，分开来考察，可能都是不错的，但把它们作为统一整体来研究，就可能看到在这两个商业环节之间存在着商品的无效流通。

总之，社会主义商业既要致力于商业活动自身经济效益的提高，也必须使这种提高有助于社会经济效益的提高，使这两者统一起来。只有这样，才意味着商业经济效益的全面提高。

讲求商业经济效益的意义

马克思主义认为："人们奋斗所争取的一切，都同他们的利益有关。"① 讲求和提高经济效益，说到底，是为了利用已有的资源去求得最大的物质利益。努力提高商业的经济效益，是社会主义基本经济规律和时间节约规律的客观要求，对于加速现代化经济建设、提高人民的物质文化生活水平具有重要意义。

首先，讲求商业经济效益，能够在取得更大有用成果的情况下相对节约流通领域中的劳动耗费和劳动占用，有利于国民经济的更快发展。社会在一定时期内的人力、物力和财力资源是有限的，这些资源又必须按一定比例使用于物质生产领域、流通领域和其他非物质生产领域，以求得国民经济协调发展。商业部门讲求经济效益，用有限的劳动耗费和劳动占用去实现更大量的商品销售额，亦即在人员、设施、资金既定或增加不多的条件下，组织更大规模的商品流转，更大规模地媒介成商品交换，这就能够大大节约社会投入流通领域的人力、物力和财力，从而为加速社会主义现代化经济建设提供有利条件。

其次，讲求商业经济效益，有利于增加商业利润，这既可以税金形式为国家提供更多的资金积累，也可使商业部门本身以企业利润的形式积累更多的资金。商业利润是商品进销差价扣除商业费用后的余额，它随着商品的销售而实现；在进销差价不变、费用率不变或有所降低的情况下，商品销售额越大，盈利水平越高。因此，商业部门讲求商业经济效益，用有限的劳动耗费和劳动占用实现更大量的商品销售额，商业利润总额必然会随同销售额的扩大而增加，这就能够为社会聚集更多的社会消费基金和用于扩大再生产的

---

① 《马克思恩格斯全集》第 1 卷，人民出版社 1956 年版，第 82 页。

积累基金，以加速社会主义物质文明、生态文明和精神文明建设，进一步提高全体人民的物质文化生活水平。

再次，讲求商业经济效益，还能促进商业企业改善经营管理，提高经营管理水平。讲求经济效益与改善经营管理两者之间存在着相互促进、互为因果的关系。一方面，经济效益的大小是经营管理水平高低的直接结果；另一方面，是否讲求经济效益，对经营管理水平也产生着重大影响。商业部门讲求经济效益，必然要求企业采取各种有效措施，尽可能地合理使用资金，加速资金周转，节约流通费用，科学组织劳动，充分挖掘出企业内在潜力，努力扩大商品流转。这样，讲求经济效益的过程，实际上也就是改善经营管理、提高管理水平的过程。

最后，如果从更广泛的意义上认识问题，由于商业活动自身的经济效益与国民经济整体的社会经济效益紧密相连，在商业活动中讲求经济效益，以同等的劳动耗费和劳动占用在扩大的规模上组织商品流通、实现商品的价值和转移使用价值，这对于提高工农业生产的经济效益、更好地满足消费需要，无疑发挥着重大作用。讲求或提高商业经济效益，也就是以等量的劳动耗费和劳动占用来实现最大的商品销售额，或者以最少的劳动耗费和劳动占用实现同量的商品销售额，是我国进行社会主义现代化建设对商业活动不断提出的重大课题。讲求效益，提高效益，应当成为商业企业行为的最重要的准则之一。

讲求商业经济效益应当遵循的原则

我国实行的是公有制为主体、多种所有制经济共同发展的基本经济制度。在这样一种经济形态中讲求经济效益，与在私有制条件下的商品经济中讲求经济效益相比较，具有两个明显不同的特点。其一，利益不同。在社会主义条件下，讲求经济效益不仅仅是为了企业自身的利益。而且也是为了人民的利益、社会的利益，并且可以在不同程度上超越企业自身利益而服从人民利益、社会利益的基础上讲求经济效益。而在私有制条件下，归根到底，讲求经济效益是为了私有者自己的利益。其二，范围不同。在社会主义条件下，既然讲求经济效益必须兼顾企业自身和社会整体的经济利益，因而不仅需要在单个的企业范围内讲求经济效益，而且有可能、也应当从整体上在一个部门（如商业部门）乃至在整个国民经济中讲求经济效益。而在私有制条件下，经济利益的对立性决定了只能在单个企业范围内讲求经济效益。

由此，在社会主义商品经济中讲求经济效益，就有必要遵循一定的原则。从商业部门来看，应当切实注意以下几个主要方面：

讲求商业经济效益，应以正确执行党和国家的有关法令法规、方针政策为前提。在我国，国家对于商品的政策性收购与销售、资金运用、劳动报酬、费用摊销、商品价格、税金缴纳等，都有明确而具体的规定。商业企业一切提高经济效益的努力都必须在法制化环境下、在认真执行这些规定的前提下进行。要坚决反对化"大公"为"小公"、损他人以肥私的错误做法和各种违法行为，严防损害国家利益，严防侵犯生产者、其他商业企业和消费者的经济利益。否则，讲求企业经济效益就会出现片面性而走上邪路。

要正确处理局部与全局的关系，使企业经济效益的提高与社会经济效益的提高一致起来。这里最重要的，就是努力保持商业活动取得的有用成果与商品供给、商品需求的基本协调。与商品供给相协调，就意味着生产出来的商品能够顺利实现；与商品需求相协调，就意味着商品购买力能够顺利实现。这样，商业活动的社会经济效益也会是理想的。反之，如果仅仅由于商业工作方面的原因而导致一部分商品的价值和使用价值不能实现，导致一部分商品购买力不能实现，即使商业企业的经济效益有较大提高，也不能认为商业活动的社会经济效益是理想的。

在商业内部，要正确处理近期经济效益与长远经济效益的关系。为此，对当前经济效益的评价，应当有利于长期经济效益的提高。讲求经济效益，要合理地节约一切可能节约的劳动耗费和劳动占用，但这应以扩大商品经营、取得更大的有用成果为前提。如果忽视这一前提，片面地压缩必不可少的劳动耗费和劳动占用，忽略自身物质技术基础的建设和人员素质的提高，就会削弱商业的职能作用，就会跟不上经济发展和人民生活水平提高的需要，因而也就降低了讲求经济效益的积极意义。

讲求商业活动的经济效益，还应正确处理劳动占用的节约与劳动耗费的节约两者之间的关系。把商业劳动者从繁重的体力劳动中解放出来，逐步改善劳动条件，是社会主义企业始终应予注意的一个重要问题。因此，应当按照物化劳动占用的节约必须服从活劳动耗费的节约这个方向，来选择劳动占用与劳动耗费的最优组合。也就是说，随着商业活动有用成果的增加，物化劳动占用的增加要相对快于劳动消耗的增加，使商业部门的物质技术装备水平逐步提高。

商业企业在提高自身经济效益的同时，还应特别注意提高服务质量。一般来说，服务质量的提高有助于经济效益的提高，因为，提高服务质量有助于增大商业活动的有用成果，从而在对比之下使劳动耗费与劳动占用相对减少。值得注意的是，提高经济效益与提高服务质量并非在任何情况下都会一致，例如，减少劳动耗费以提高经济效益就有可能通过降低服务质量来实现，但这是社会主义商业道德所不允许的。在这里，我们不仅要看到服务质量的高低会影响商业经济效益的大小，还要看到它会间接地、连带地产生若干积极的或消极的社会效益。例如，商业服务质量高，可以密切商业部门与生产者、消费者之间的关系，可以节省生产者、消费者用于商品买卖的时间，可以提高社会主义商业的声誉，可以促进社会主义精神文明的建设；反之，则会产生若干消极的社会效益。可见，考虑商业活动的经济效益，必须同时考虑商业活动可能产生的各种社会效益。

第二节　提高商业经济效益的途径

商业经营者的主观努力

全面提高商业经济效益，是一项复杂的系统工程，既需要创造并保持良性循环、协调运转的社会经济环境，也需要商业经营者坚持不懈地进行多方面的努力。但在外部条件既定的情况下，能否提高商业活动的经济效益，则取决于商业部门、商业企业自身的努力。从这个角度看，提高商业经济效益的潜力是巨大的，途径也是多方面的。

商业部门、商业企业提高商业经济效益的努力，应当围绕扩大商品销售、节约流通费用、加速资金周转、提高劳动效率几个主要方面去进行。具体途径主要有：

第一，科学地制订企业商业计划。

企业商业计划包括商品流转计划、劳动工资计划、财务计划等。这些计划既规定着计划期所要达到的预期目的即有用成果的大小，也规定着达到预期目的的劳动耗费和劳动占用，以及其他有关的经济指标。没有计划会出现盲目性，有计划而不科学也是一种盲目性，都会导致商品脱销或积压，导致人员、资金、设施的安排使用不当，从而降低企业的经济效益。

第二，努力扩大商品销售额。

加强经营观念，以销售为中心地开展商品购销活动，不断扩大商品销售额，是提高商业经济效益的最积极的措施。因为，扩大商品销售额直接增加着商业活动的有用成果。在这方面，充分了解市场需求，加强市场和商业预测工作，准确及时地掌握商情信息，是扩大销售的神经中枢；根据市场需要，在引导、促进生产发展的同时，努力做好适销对路商品的采购工作，是扩大销售的物质基础；科学合理地组织线上销售和线下销售，是网络经济条件下扩大销售的重要途径；广开进货渠道，加强商品宣传，提供追加服务，提高服务质量，合理调整价格，努力开拓市场，则是扩大销售的基本措施。

应当指出的是，不仅商品销售额的大小标志着商业活动有用成果的大小，商品销售额的变动对商品流通费用①水平也有着重要影响。商业企业的流通费用可以区分为直接费用和间接费用。直接费用包括运杂费、保管费、包装费、商品损耗、贷款利息等，其支出的绝对金额一般会随着商品销售额的变动而同向增减，但这种同向增减并非等比例增减。一般说来，直接费用总额的增加或减少的幅度，要小于或大于销售额的增加或减少的幅度；也就是说，销售额越大，这类费用开支的总水平会相对地有所降低；反之，费用水平就会相对地上升。间接费用包括计时工资、固定资产折旧、家具用具摊销、办公费等，其开支的绝对金额一般比较稳定，虽然不会随着销售额的增减而绝对地固定不变，但确定无疑的是：这类费用的相对数，亦即占销售额的百分比，必定会随着销售额的扩大而下降，随着销售额的下降而上升。这些分析说明，努力扩大商品销售

---

① 商品流通费用是商品从生产领域向消费领域转移过程中所耗费的活劳动和物化劳动的货币表现。其中由商业部门支付的部分即为商业费用。商业费用包括：（1）商业人员的劳动报酬；（2）向国民经济其他部门支付的劳务费用，如商品运输费、邮电费等；（3）商业活动中的物质消耗，如固定资产折旧、包装材料消耗等；（4）商品在运输、保管过程中的损耗；（5）资金运用的有偿支付，如银行贷款利息等；（6）经营管理中的其他费用。

额，既是"增产"，又会节支，是节约流通费用的基本途径之一。

第三，精减不必要的商品流转环节。

商品流转环节的多少密切关系到流通费用开支的大小和资金占用的多少。商品流转环节越多，劳动力占用、资金占用就越多，商品停留在流通领域的时间就越长，各项流通费用如工资、运输费、保管费、贷款利息、商品损耗等也就会相应增加。因此，大力精减不必要的流转环节，就成为节约流通费用、提高经济效益的一项重要措施。为了精减流转环节，必须确立多种产销联系形式，既要看到多数商品需要通过批发环节来建立产销联系，也必须承认在一定条件下实行厂店挂钩、户（农村专业户）店挂钩、前店后厂，直接建立产销联系的合理性；必须按经济区域合理设置批发商业机构，确立开放式的批发贸易体系，以有利于尽可能减少批发流转的层次；对于极少数实行计划分配的重要商品，则应根据就近的原则确定并建立直接的商品调拨供应关系。当然精减流转环节并不是说环节越少越合理，而是应当以适应商品流转的客观需要为合理；同时，也不排斥某些商品的流转环节还会随同远方市场的开拓而有所增加。

第四，合理组织商品运输，提高仓储工作质量，不断提高物流水平。

运杂费用占了我国商业费用的很大比重，因而商品运输组织得是否合理，对费用水平有很大影响。为此，在组织商品运输时，必须选择合理的运输路线，选用收费水平较低的运输工具，并做到合理装载货物，实行直达运输，消灭迂回、对流等不合理运输，这对于减少运杂费、商品损耗等费用开支具有明显效果。在实际工作中，这方面的潜力很大，伸缩性很大。所以，合理组织商品运输是节约流通费用、提高经济效益的一条重要途径。

仓储工作质量的高低，直接影响到各项仓储费用的开支水平，并通过影响资金周转速度而间接影响到其他费用的开支水平。为了节约流通费用，减少资金占用，加速资金周转，在仓储工作中必须努力保持正常商品储存，避免商品积压；必须加强商品养护，消灭责任事故和超定额损耗；必须改进堆码技术，最有效地使用仓容或货场的面积；必须提高仓储设施的现代化水平，并实行科学的管理制度，提高仓储劳动效率。

第五，加强资金管理，加速流动资金周转，提高资金利用率。

经商理财，加速流动资金周转，对于提高商业经济效益具有重要意义。因为，流动资金的周转速度加快，意味着用等量的商品经营资金在扩大的规模上完成了商品购销业务，意味着在扩大商品销售额的同时相对减少了资金占用量，并且，这也有利于充分利用现有的物质技术设施，降低流通费用水平。

为了加速流动资金周转，一方面要不断改进对商品购进、物流、销售的业务管理；另一方面则要加强资金管理，管好用好货币资金，使之最大限度地与商品的运动相结合。为此，必须合理安排企业内部各个环节、各种商品资金使用的比例，加强资金使用的计划性；必须把处于结算过程中的货币资金量压缩到最低限度，如加强对委托银行收款、应收款等项目的管理，及时清理收回各项应收待结账款；必须把处于闲置状态的货币资金量压缩到最低限度，并应防止货币资金被抽调、挤占和挪用。所有这些，都能有效地提高资金利用率，加快资金周转速度。

第六，合理组织劳动，提高商业劳动效率。

商业劳动效率，系指商业劳动者在一定时间内购销商品的有效能力，通常以每一商业人员在单位时间内（月、季、年）所完成的平均商品销售额来表示。完成的商品销售额越多，则表明劳动效率越高。其他条件不变，提高商业劳动效率，意味着以同等的劳动力占用和活劳动耗费、同等的物化劳动占用和物化劳动耗费，完成了更多的商品销售额。因此，提高商业劳动效率，对于提高商业经济效益也具有重要意义。

一般说来，在物质技术装备水平既定的条件下，合理组织劳动是提高商业劳动效率的基本措施。具体来说，合理组织劳动，首先要求企业行政管理人员以及其他非业务人员必须与业务人员之间保持合理的比例。在企业管理正常进行的条件下，前者的比例越小，每人平均销售额就越大，劳动效率也就越高。因此，企业应该建立精悍、高效的管理机构，避免机构臃肿、人浮于事，精减一切非业务人员，以尽可能扩大直接参加商品购销存活动的业务人员在职工总数中的比例。

合理组织劳动，还必须实现明确的劳动分工和密切的劳动协作。根据经营商品范围、商品种类多少和业务复杂程度而合理确定的劳动分工，有利于明确每一名职工的职责范围，增强工作责任感，有利于发挥职工的主动性和创造性，提高专业工作能力，从而有利于提高劳动效率。但是，分工必须与协作密切结合。加强企业内部各环节、各工种之间的协作，环环扣紧，配合默契，可以充分利用工作日，减少或消除忙闲不均、工作不协调等造成的劳动力的浪费；加强有关企业之间的协作，则可以使商品更快地通过流通的各个阶段，加速商品流通。这两类协作都可以创造出一种集体力，这种力量大大超出许多单个人劳动能力的总和，从而大大提高每个人的劳动效率。①

此外，建立健全严明的劳动纪律并赏罚分明地付诸实施，以保证工时利用得充分、合理、有效；正确开展劳动竞赛，以充分发挥劳动者的聪明才智；逐步改善劳动环境和劳动条件，以保护劳动者的身体健康等，也都是合理组织劳动的重要内容，对于提高劳动效

---

① 《马克思恩格斯全集》第 23 卷，人民出版社 1975 年版，第 362～366 页。

率具有重要作用。

第七，认真贯彻按劳分配原则。

提高经济效益，有赖于充分发挥商业职工劳动的积极性、主动性和创造性。这不但需要通过强有力的思想政治工作，使广大职工树立全心全意为人民服务的思想和劳动态度，还必须使他们能够在提高经济效益中得到更多的物质利益。如果脱离物质利益空谈革命精神，就不可能真正提高经济效益，即使有所提高，也不可能持久。因为，人们的一切活动，归根到底都是为了一定的物质利益。邓小平同志说得好："革命精神是非常宝贵的，没有革命精神就没有革命行动。但是，革命是在物质利益的基础上产生的，如果只讲牺牲精神，不讲物质利益，那就是唯心论。"①

在社会主义阶段，由于受到生产力发展水平的限制，社会产品还没有极大丰富，劳动还没有成为人们生活的第一需要，劳动产品还不能按照需要进行分配，而是根据按劳分配的社会主义原则进行分配的。因此，承认劳动者的正当的物质利益，就必须认真贯彻按劳分配原则，使职工的劳动所得与劳动成果联系起来，使职工的工资和奖金同企业经济效益的提高更好地挂起钩来，实行多劳多得、少劳少得，体现奖勤罚懒、奖优罚劣。这样，就可以使广大职工从物质利益上关心企业的经济效益和自己的劳动成果，进而充分调动他们的社会主义积极性，激发他们的学习热情和劳动热情，端正劳动态度，钻研业务技术，不断提高劳动效率。认真贯彻按劳分配原则，还能够使职工工资能够作为经济杠杆发挥合理组织劳动、严格岗位责任的作用，这也有助于提高劳动效率，进而有利于提高经济效益。

第八，提高职工队伍素质，提高企业决策水平。

---

① 《邓小平文选》第二卷，人民出版社 1994 年版，第 146 页。

　　马克思主义认为，人是首要的生产力，是生产力诸因素中起主导作用的最积极、最活跃的因素。商业职工的政治觉悟高低、劳动态度好坏和业务技术熟练程度，直接关系到劳动效率的高低。没有一支政治觉悟高、企业忠诚度高、劳动积极性高、智力开发水平高、懂业务、懂技术、懂管理的商业职工队伍，在现代化经济建设的过程中不断提高经济效益是不可能的。只有如同第三章中的有关论述那样去不断提高商业职工队伍的素质，提高经济效益才有可靠的保证。

　　应当指出，提高商业经济效益离不开企业商品购销活动的正常进行。因此，商业企业决策的科学化，就成为提高经济效益的前提条件。企业决策，解决的是企业的发展方向问题，包括发展目标决策，实现目标的重大措施决策，以及经营、人事、分配、财务等方面的重要决策。一项重要决策有误，例如目标市场决策失误，或者进货渠道决策失误，都会影响整个经营活动，不但不能提高经济效益，往往还会降低经济效益。从这个意义上讲，提高企业决策科学化的水平，乃是提高商业经济效益的一条重要途径。为此，必须建立统一的、强有力的、高效率的经营管理系统；必须健全职工代表大会制度和各项民主管理制度，充分发挥广大职工在参与、审议企业重大决策方面的权力和作用；必须建立有效的经营决策体系（包括信息输入、参谋研究、定量分析、定性分析等体系），遵循科学的决策程序，使决策过程成为动态的优化过程。

制约商业经济效益的外部因素

　　商业在社会再生产中处于中介地位，是连接生产和消费的桥梁与纽带，因此，国民经济各个方面的活动，以及国家对经济活动的调控，都必然会在不同程度上影响和制约着商业活动。由此，商业活动取得的有用成果的大小，商业活动中劳动耗费和劳动占用的多少，也就必然受到多方面外部因素的影响和制约。这些因素的存在，不仅要求商业经营者提高经济效益的主观努力必须适应外部条件的变化，而且要求整个国民经济的运转能够为商业经济效益的提高提供良好的必要条件。这种情况表明，提高商业经济效益的努力并不能只是限于商业部门、商业企业本身，而是包含着更为广泛的内容。

制约商业经济效益的外部因素很多，归纳起来主要有：

（一）生产的发展状况

商业经济效益主要在三个方面受到生产发展状况的制约。

首先，生产部门提供的各种商品是否适销对路，是否数量充裕，决定着商业部门的商品经营结构和商品经营规模，直接制约着商业活动所能取得的有用成果的大小和劳动耗费、劳动占用的多少，从而影响着商业经济效益的提高或下降。在商品的数量、质量、品种、规格、花色等方面适合社会消费需要的情况下发展生产，商业部门能够获取适销对路、数量充裕的商品，既可为加速商品流转、扩大商品销售提供有利条件，也能为加速资金周转、降低费用水平提供有利条件，这就有利于商业经济效益的提高。反之，则会影响商业经济效益趋于下降。在商品产不足销、供不应求的情况下，既会限制商业部门商品销售额的扩大，也会使商业部门占用的一部分资金闲置起来；而在货不对路或产大于需的情况下，同样会限制商业部门商品销售额的扩大，并有可能使商业部门的一部分商品经营资金占压在商品形态上，进而增加各项费用支出。

其次，商业部门能否扩大商品销售额，最终还要取决于社会商品购买力水平，而购买力水平及其增长速度归根到底是由生产的发展状况决定的。生产的发展不仅要通过商业部门吸收更多的生产资料，而且也创造着消费品的市场需求。因为，在生产发展的基础上才能增加城乡人民的货币收入，提高生活资料商品购买力；也只有生产发展了，不断开发出新产品，才会在消费者中间引起新的消费需求。

最后，生产的发展状况还决定着商业部门的物质技术装备水平，直接影响着商业劳动效率的高低。生产发展了，生产部门能够在一定时期内向商业部门提供组织商业活动所必不可少的适用、耐用而又较为经济的各种流通手段，特别是能够用先进技术水平的装备装配商业，是大幅度提高商业劳动效率的重要条件。而商业劳动效率的提高，意味着商品销售额的扩大和劳动耗费、劳动占用的相对节约，从而也就意味着商业经济效益的提高。

综上可见，大力发展生产，保持产业结构和生产规模与消费需求相适应，及时向市场提供适销对路、数量充足的商品，并用先进技术装备商业，乃是商业经济效益不断提高的基础。

（二）生产过程更新的速度，以及生产时间与消费时间相衔接的状况

这两者都制约着商业部门商品储存量的大小和商品经营资金的周转速度，从而直接影响着商业活动中劳动耗费和劳动占用的多少。生产周期短、生产过程更新快的商品，或者是常年生产、常年消费的商品，商业部门通常可以源源不断而又比较均衡地安排购进和销售，商品经营资金也就能够比较迅速地实现它的形态变化，因此，商品储存量、资金占用量能够保持在较低的水平上。生产周期较长的商品，商业部门必须在下一批新商品生产出来以前，为保证商品流通不致中断而在较长时间内保持一定数量的商品储存，这就会延长商品经营资金完成一次周转的时间，增加资金占用量。特别是季节生产、常年消费和常年生产、季节消费的商品，需要商业部门集中购进、陆续销售，或者陆续购进、集中销售，其结果都会在

较长时间内形成较大量的商品储存，占用较多的资金，这就会使商品经营资金完成一次周转的时间拉得更长。

这一客观存在的制约因素，要求商业经营者必须十分重视、大力加强对商品储存的管理，因品种而异地分别确定合理的存储量。

（三） 生产力布局和交通运输事业的发展状况

商品在运输过程中需要一定的时间，要耗费和占用一定的社会劳动，并且还会发生商品损耗。因此，生产力布局和交通运输事业的发展状况对商业经济效益的高低产生着很大影响。

生产力布局决定着商品产销地区之间的空间距离。而"商品的销售市场和生产地点的距离，是使出售时间，从而使整个周转时间产生差别的一个经常性的原因。"① 这种空间距离长，商品就需要远程运销，这样，商品在途时间、货款结算时间都会拉长，并且还有可能因此而增加商品集散过程中的商业经营环节，所有这些都会增加劳动耗费（包括运输费用、商品损耗等）和资金占用，都会影响商业部门的商品经营资金以较慢的速度周转，阻碍着商品销售额的扩大。如果这种空间距离缩短了，商业部门的资金周转速度就会随同商品流通时间的缩短而加快，劳动耗费和资金占用就会随之而减少，商品销售额也有可能会扩大。不过，产销地区的空间距离会因为交通运输条件的不同而在时间上变近或变远。随着运输工具的发展，运输服务质量的提高，不仅商品空间运动的速度会加快，"而且空间距离在时间上也缩短了"②，商业中间环节也可能因此而有所减少，这就会大大加快商品经营资金的周转速度，有利于扩大商品销售，减少资金占用，减少商品损耗以及另一些费用开支。

所以，合理布局生产力以缩短产销地区的空间距离，大力发展

---

① 《马克思恩格斯全集》第 45 卷，人民出版社 2003 年版，第 277 页。
② 《马克思恩格斯全集》第 45 卷，人民出版社 2003 年版，第 278 页。

现代化的交通运输事业并努力提供优质的运输服务，是商业部门不断提高商业经济效益的一个极为重要的外部条件。

（四）经济管理体制的状况

国家对工业、农业、商业、运输业，对财政、税收、信贷，对企业、价格、商品等所实行的管理体制，以及由此而形成的宏观调控体系、流通体系、市场体系的状况等，构成了整体的社会营商环境，直接、间接地制约着商业部门的经营与管理，从而对商业经济效益的高低产生着广泛的，乃至决定性的影响。

例如，在过去很长一段时间，由于种种原因，我国基本上是用行政指令、按行政区划、行政系统、行政层次去组织商品流通的。在高度集中的计划体制、统收统支的财政体制、统购包销的商业体制、政企不分的企业管理体制这样一种历史条件下，商业企业也基本上没有什么经营自主权，而只能在"条块分割""城乡分割"的封闭式的市场体系中运营。所有这些，不仅严重压抑了商品生产的发展和商品销售额的扩大，也大大延长了商品流通时间，增加了流通费用和资金占用，严重阻碍了商业经济效益的提高。党的十一届三中全会以来，经过不断深化的经济体制改革，工农业生产迅速发展，一个多渠道、开放式、可控型的新的市场体系已经形成，这就为不断全面提高商业经济效益展现了光明的前景。当前，按照市场在资源配置之中起决定性作用，坚定而有秩序地继续推进和完善我国的经济体制改革，进一步搞活企业，畅通流通，建立高水平的社会主义市场经济体制，巩固和发展社会主义统一市场，清除任何形式的"条块分割"和经济封锁，成为新时代促进商业经济效益较大提高的关键。

除上述几个方面的制约因素外，国民收入的分配状况、商品价格水平及其变动方向、消费者消费心理、消费习惯的变化等，也都在不同程度上影响着商业经济效益的高低变动。商业经营者正确认识、及时把握住这些影响因素的变化，因势利导地采取相宜的措施，对于提高商业经济效益具有重要作用。

第三节　商业经济效益的评价

评价商业经济效益的指标体系

在社会主义条件下评价商业的经济效益，包括对商业活动本身的经济效益及其同时产生的社会服务效益的评价。评价的目的，在于分析商业活动所实现的经济效益的有效程度，为指导商业部门、商业企业高质量地组织商品流通提供必要的经济依据。

从商业活动的当事人（商业企业直至商业部门整体）来看，总是首先关心商业活动本身的经济效益的大小。商业经济效益的大小，既不能只以劳动成果方面的指标如商品销售额、商业利润额等的大小来衡量，也不能仅用劳动耗费和劳动占用方面的指标如流通费用额、流动资金占用额等的多少来表示。仅从这两个方面中的任何一个方面，都是无法评价商业经济效益的好坏的。应当明确，评价商业经济效益，是要考核在取得同等有用成果的条件下劳动耗费和劳动占用的节约程度，或以同等的劳动耗费和劳动占用达到预期效果的程度。因此，评价商业经济效益的指标，应当体现经济效益的内涵，反映出商业活动的有用成果与劳动耗费、劳动占用的比较关系。这类相对指标主要包括：

1. 流通费用率。系指一定时期内的流通费用额与商品销售额的对比关系，它表明每实现百元销售额所支出的流通费用。计算公式为：

$$流通费用率 = \frac{流通费用额}{同期商品销售额} \times 100\%$$

这一指标是从劳动耗费角度评价商业经济效益的一项基本指标。在商业活动中，劳动耗费的价值形式是流通费用，有用成果的数量标志是商品销售额。这样，劳动耗费与有用成果的比较，在价值形式上就表现为流通费用额与商品销售额的对比关系。商业经济效益的大小与流通费用率的高低成反比。流通费用率越低，说明实现百元销售额支出的费用越少，商业经济效益就越好；反之，商业经济效益就越差。

流通费用总额是由运费、保管费、工资、利息、商品损耗、固定资产折旧、家具用具摊销以及其他费用组成的。它不仅可以直接反映商业经营管理各环节上活劳动与物化劳动的消耗量，而且借助于有关的费用项目（如固定资产折旧）还可以间接反映物化劳动的占用量。因此，流通费用率成为比较全面、综合地评价商业经济效益的一项重要指标。

不过，流通费用的支付与实际发生的劳动耗费并非完全相符。例如，占流通费用比重较大的工资就是这样。一方面，由于实行按劳分配，工资与活劳动耗费总的讲是成正比的，但并不能因此而认为工资就是活劳动耗费的指数。因为，劳动时间、劳动强度、工资标准变动不变动，如果变动是按什么方向、什么幅度变动，这三者是完全可以不相一致的。另一方面，商业人员的劳动时间分为必要劳动时间和剩余劳动时间，只是在必要劳动时间内实现的剩余产品的价值是工资的来源，而在剩余劳动时间里实现的剩余产品的价值，则形成为商业缴纳的税金和企业利润。所以，工资并不反映全部活劳动的耗费。再如，由于价格可能背离价值，商业活动中消耗的若干物质资料的价格，与它们本身的价值、亦即与它们内含的社会必要劳动时间未必一致，因而，固定资产折旧等费用项目也就不见得能够真实地反映物化劳动耗费的情况。由于流通费用与实际的劳动耗费如此这般地并不完全一致，流通费用率也就只能近似地而不是精确地从劳动耗费的角度去反映商业经济效益的大小。

2. 流动资金周转率。系指一定时期内商品销售额与流动资金平均占用额的对比关系。它表明一定时期内流动资金周转的次数，或者商品销售额对于流动资金平均占用额的倍数，也可以说是运用每元或每百元流动资金实现了多少商品销售额。比如，一年内流动资金周转了两次，就表明一年内用一元钱做了两元钱的生意，或者说用一百元钱做了二百元钱的生意。计算公式为：

$$流动资金周转次数 = \frac{商品销售额}{同期流动资金平均占用额}$$

这一指标是从资金占用亦即劳动占用角度评价商业经济效益的一项主要指标。在商业活动中，流动资金和固定资金的总额，可以在价值形态上近似地反映物化劳动的占用情况。因而，评价商业经济效益，就应当用商业活动的有用成果与资金占用进行比较。从历史和现状来看，商业部门的流动资金在商业资金总额中占有很大比重，并且，它的运动又是与商品购销活动紧密结合在一起的，因而，通常只以流动资金周转率来表示商业资金有效运用的程度。流动资金周转率提高，也就是流动资金周转速度加快，意味着商业活动以一定的劳动占用取得了较大的有用成果，表明商业活动取得了较好的经济效益。

由于流动资金周转率未能反映固定资金占用的经济效益，因而这一指标只能在一定程度上反映商业活动的有用成果与劳动占用的对比关系。我们知道，固定资金与流动资金的周转方式不同，它是一次垫支，在较长时期内通过摊提折旧逐年收回，并且，它在全部商业资金中只占较小比重。这样，在较短时期内依据资金周转的快慢来评价劳动占用的经济效益时，剔除固定资金是可以的。不过，随着商业网点的增加、经营规模的扩大和物质技术装备的现代化，商业部门固定资金的占用量会逐步增加；即使现在，整个商业部门的固定资金总额也是个巨大的数额。所以，为了全面地从劳动占用的角度评价商业经济效益，只是分析流动资金周转率是不够的。

　　流动资金周转率的倒数可以称作流动资金占用系数，它说明每实现 1 元或 100 元商品销售额占用了多少流动资金。这一指标能够更加直观地表明流动资金的利用状况，也易于明晰地比较不同时期流动资金的利用状况。所以，它是流动资金周转率的一个重要派生指标。由于它是流动资金周转率的倒数，它的比值越小，意味着经济效益越好。

　　3. 商品销售利润率。系指一定时期内商业利润额与商品销售额的对比关系。它表明每销售百元商品所实现的利润额。计算公式为：

$$商品销售利润率 = \frac{利润额}{同期商品销售额} \times 100\%$$

　　这一指标是从劳动耗费角度评价商业经济效益的又一项重要指标。由于商业进销差价的构成要素包括税金、费用和利润这三项。除去按国家规定应缴纳的税金以外，在商品价格不变、经营结构不变的情况下，商业利润与流通费用是互为消长的：费用增加，利润就会减少；费用减少，利润则会增加。可见，流通费用是从正面反映着劳动耗费的数量；利润则可以反证劳动耗费的节约程度，利润额增加，说明费用支出不是相对减少就是绝对减少了。所以，商品销售利润率能够成为从劳动耗费角度评价商业经济效益的指标。商业经济效益与商品销售利润率成正比。商品销售利润率提高了，说明销售一定数量的商品所开支的费用相对或绝对地节省了，所实现的商业利润增加了，商业活动的经济效益也就越好。

　　需要指出的是，在商品价格等其他条件不变的情况下，商业利润的增加主要是依靠商品销售额的扩大，因而商业利润的多少可以从正面反映商业活动所取得的有用成果的大小；同时，商业利润的多少还能直接表明社会主义商业在提供社会公共消费基金和积累基金方面的贡献大小。这样，商品销售利润率就包含了流通费用率不能说明的问题。从这种意义上讲，与流通费用率相比，商品销售利润率可以在更高的程度上综合评价商业活动的经济效益。

不过，也应当指出，当商品购销价格或商品经营结构发生变化时，商业利润比起流通费用来会在更大程度上受到影响。例如，仅仅由于商品销售价格的提高或降低，商业利润会明显增加或减少，但劳动耗费完全可能不变或变化甚微。再如，各种商品的进销差价是不同的，其他条件不变，只是改变经营品种的结构，商业利润就会有明显的增减变动，而劳动耗费也可能维持不变或变化不大。所以，依据商业利润指标从劳动耗费的角度评价商业经济效益时，就比依据流通费用从同一角度来评价多了一层不准确的因素。也就是说，在上述情况下，商品销售利润率不如流通费用率那么比较准确地反映劳动耗费与有用成果的对比关系。

这些分析说明，商品销售利润率与流通费用率这两个指标虽然具有共同反映的问题，但它们又有各自独立反映的问题。

当然，商品销售利润率还会受税率变动的影响。考虑到这一不可比因素，可以计算商品销售税利率。这项指标对于评价商业活动的社会经济效益具有重要意义。

4. 资金利润率。系指一定时期内实现的商业利润额与全部商业资金（包括流动资金和固定资金）的平均占用额的对比关系。它表明每占用百元资金所实现的利润额。计算公式为：

$$资金利润率 = \frac{利润额}{同期全部资金平均占用额} \times 100\%$$

资金利润率可以更全面、更综合地评价商业活动的经济效益。这是因为：其一，资金占用总额包括了流动资金和固定资金，可以全面地近似地反映全部物化劳动占用量；其二，已如上述，利润额的大小可以从相反的方向反映劳动耗费的节约程度；其三，还如上述，利润额一般与商品销售额成正比，利润额的大小直接反映着商业活动取得的有用成果的大小。这样，资金利润率就同时体现了有用成果、劳动耗费、劳动占用诸方面，综合反映着商业活动的有用成果与这种活动中劳动耗费和劳动占用的对比关系，从而比较完整地切合商业经济效益的内涵。资金利润率越高，说明运用同等数量的资金取得了更多的有用成果，因而经济效益也就越大。资金利润率具有综合反映商业活动经济效益的作用这一点，从下列稍加引申的公式中也可以直观地显现出来：

$$资金利润率 = \frac{流动资金}{流动资金 + 固定资金} \times \frac{商品销售额}{流动资金} \times \frac{利润额}{商品销售额}$$

$$= 流动资金占全部资金的比重 \times 流动资金周转率$$

$$\times 商品销售利润率$$

因此，运用这一指标来评价商业经济效益，可以提高商业活动的有用成果，减少劳动耗费，合理地节约地使用各项资金。

尽管资金利润率具有很强的综合性，但要全面考核、评价商业活动的经济效益，仍然需要其他指标相配合。主要是因为，这一指标反映结果，却不能揭示具体原因，它不如其他指标那样能够直接而具体地揭示出影响经济效益大小的原因之所在。

这里需要提到与资金利润率相类似的一个重要指标——投资回收率。计算公式为：

$$投资回收率 = \frac{利润额}{同期自有资金平均占用额} \times 100\%$$

运用这一指标的意义在于：经营者可以从中得知在多长时间之内收回自己垫支的全部资金。

5. 劳动效率。系指一定时期内商品销售额与商业职工平均人数的对比关系。它表明每个商业职工实现的商品销售额。它分为全员劳动效率和售货员劳动效率两个具体指标。其一般计算公式为：

$$劳动效率 = \frac{商品销售额}{同期商业职工平均人数}$$

从上述公式看，这项指标并不直接反映商业活动的有用成果与劳动耗费和劳动占用的比较关系，但它却是评价商业经济效益的一项重要指标。因为，它能够间接地反映这种比较关系。

劳动效率指标直接反映着劳动力占用与有用成果之间的关系，它表明在劳动力占用相等的条件下所取得的有用成果的状况，或者是说在取得同等有用成果的情况下占用劳动力的状况。劳动力占用与劳动耗费虽然是两个不同的概念，但劳动力占用与活劳动耗费有着内在联系。在劳动时间、劳动强度相同的条件下，劳动力占用与活劳动耗费成正比关系，所以，在正常情况下，劳动效率的高低反映着有用成果与活劳动耗费的对比关系。劳动效率越高，说明同等活劳动耗费实现的商品销售额越大，经济效益也就越好。再者，劳动效率指标还间接反映着有用成果与物化劳动占用的对比关系。劳动力占用虽然与劳动占用是两个不同的概念，但劳动力占用与物质技术装备水平、从而也就是与物化劳动占用有着内在联系。当采用先进的物质技术装备而增加劳动占用时，可以在劳动力占用相等甚至减少的情况下提高劳动效率，取得更大的有用成果。

可见，劳动效率指标用以评价商业经济效益是相宜的。它既能从劳动力占用与有用成果的关系这一特定的角度衡量经济效益，又有助于从一个侧面反映劳动耗费与劳动占用的经济效益。在正常情况下，劳动效率越高，经济效益越好。

但是，并不能无条件地认为劳动效率越高越好。商业劳动效率的提高，可以通过合理组织劳动过程来实现，而这总是有一定限度的；可以通过物质技术装备的现代化来实现，而这是需要一定的客观条件的；还可以通过提高劳动强度、延长劳动时间来取得，这在社会主义条件下的商业中不能认为是正确的方向和方法。为此，在运用劳动效率这一指标考核商业经济效益时，应当同时研究商业劳动基金装备率（系指价值形态上平均每个商业职工拥有的物质技术装备）。如果劳动基金装备率这一指标长期不变或增长很少，劳动效率却能持续不断地提高，那么，就不能认为这种提高一直都是正常的。

6. 营业面积利用率。系指一定时期内商品销售额与营业面积的对比关系。它表示在每平方米营业面积上实现了多少商品销售额。计算公式为：

$$营业面积利用率 = \frac{商品销售额}{同期营业面积}$$

这一指标也能间接反映商业活动经济效益的大小。任何经济活动，都是由劳动者、劳动手段、劳动对象三者在一定的时间和空间范围内有机组合、相互作用而形成。营业面积利用率就是商业活动空间效用方面的指标。这一指标，不仅可以反映商品经营品种在一定空间面积上的组合编配是否科学合理，反映营业场所的地面和空间的利用是否充分有效，而且还反映一定空间面积上物质技术装备的状况及其利用程度，反映营业人员的安排配备是否科学合理。所以，这一指标有助于从一个侧面间接地反映劳动耗费与劳动占用的经济效益，并且，它比劳动效率这一指标反映的问题更为综合。对于顾客自我服务的商店如自选市场来说，由于很难分析营业人员的劳动效率，营业面积利用率指标的作用显得尤为突出。显而易见，营业面积利用率越高，经济效益就越大；反之，则经济效益越小。两者的变动趋势是一致的。

综上分析可见，评价商业经济效益可以运用一系列指标，它们各有不同的经济内容，又都各具不同的局限性。单看其中的一项指标，都不足以全面、完整、准确地反映商业活动的有用成果与劳动耗费和劳动占用的对比关系。但是，这些指标互相联系、互相补充，形成为一套指标体系。运用这一指标体系进行综合分析，就能够对商业活动的经济效益作出一个较为全面的基本估价。

上述各项基本指标，对于考察、评价各个商业企业、商业行业和整个商业部门的经济效益，都是适用的。不过，对于不同的商业行业来说，还应当结合各行业的经营特点适当增加某些指标，突出重点地建立各自评价经济效益的指标体系。在评价某一行业和整个商业部门的经济效益时，则应以社会商品纯销售额作为有用成果的数量标志。

随着互联网技术和数字技术的发展、企业数字化转型成为商业发展的主导趋势，对企业和行业经济效益的指标评价，需要结合线上线下销售新组织形式进行探索讨论、修订并逐步完善。特别是零售行业的数字化转型走在前列，线上线下融合的全渠道经营通过线上线下商品与用户数据的打通、线上线下的全链路运营协同来提升经营效率。有关新组织形式的零售企业经济效益评价指标体系设计，可以结合传统线下企业的经济效益指标评价，综合考虑线上线下一体、线上线下转化、线上线下销售占比等具有数字经济特征的形成新的经济效益指标，甚至是颗粒度更细的精细化运营评价指标（人效、平效、品效、汰换率、上新率、动销率等），以形成一套具有数字经济时代特征的商业企业经济效益评价指标体系。

在比较中鉴别经济效益的高低

上述各项指标虽然都是评价商业经济效益的基本指标，但任何一项指标本身都不能揭示经济效益的大小或高低。商业经济效益的大小或高低，只有在比较中才能鉴别。比较的方法有两种：一是横向比较，即比较同类型商业企业之间在同一时期内上述各项指标的差异；二是纵向比较，即比较同一企业、同一行业、整个商业部门不同时期的上述各项指标的差异。只有进行了这两方面的比较，才能说明经济效益的大小或高低，才能总结出有益的经验教训，探索并制订出提高商业经济效益的具体而有效的方案。

比较中出现的差异，无非有三种情况：一是所有指标都比被比较的一方好；二是所有指标都比被比较的一方差；三是比较双方的各种指标此好彼差、互有优劣。在前两种情况下，比较双方的经济效益谁大谁小或谁高谁低是一目了然的，但这两种情况并不多见，常见的情况是第三种。在这种情况下，判断比较双方经济效益的大小或高低，通常较为复杂，也难以精确。一般说来，主要应根据反映经济效益综合性最强或较强的资金利润率、流通费用率这两项指标的比较情况，大体上作出比较双方经济效益谁大谁小或谁高谁低的基本估价。显然，这样一种基本估价并不意味着经济效益较好的一方一切都好、经济效益较差的另一方一切都差，相反，这反而说明了比较的双方在经营管理方面都存在着有待改善和提高的问题，只不过具体内容、轻重程度有所不同罢了。

　　当然，进行这种比较，应当注意不可比的因素；而不能通过各项经济指标的直接比较，简单地作出经济效益谁大谁小、谁高谁低的评价。具体说来，要注意以下几个方面：（1）商品经营结构和经营商品价格的变动，不仅会使商品销售额表现为不同的数量，而且对劳动耗费与劳动占用的组合和数量也会产生影响；（2）不同的商业环节，包括批发环节与零售环节，它们在商品流通中的地位、作用、经营方式不同，商品的销售价格也不同，因而，即使同属于某一行业，它们各自有用成果的大小，以及劳动耗费与劳动占用的数量和结构，必定存在一定差异；（3）物质资料价格、劳务收费标准、银行利率的变动，都会影响劳动耗费、劳动占用的数量和组合；（4）国家税率、税种的增减，会影响商业利润额的变动；（5）商品供求局势的变化会对商品销售额、流通费用、资金占用产生一定影响，甚至是很大的影响。由于这些复杂因素的存在，在评价商业经济效益时，就必须仔细分析形成经济效益大小高低不同的主观与客观原因，这样才有助于找出进一步提高经济效益的正确途径。

　　通过上述数量方面的比较分析来考核、评价商业活动的经济效益，是十分必要的，因为，经济效益的大小主要是通过数量关系反映出来的。但是，任何事物都是质与量的辩证统一，商业经济效益也不例外。为此，评价商业经济效益既要进行上述数量分析，也必须进行定性分析，应着重考察商业经营者讲求经济效益是否遵循了前述的那些原则，是否将企业经济效益的提高与社会经济效益的提高一致起来。只有这样，才能较为准确地揭示出讲求经济效益的真实状况，也才能对商业活动的经济效益作出较为全面的评价。

评价商业活动的社会服务效益，亦即评价商业活动对社会经济效益所产生的影响，是一个十分复杂的问题。对于商业企业来说，重要的是应当进行定性分析。就是说，在评价企业经济效益的同时，要考察企业的经营活动是否执行了党和国家的有关方针政策，是否遵循了国家颁布的有关法令法规，是否违背了社会主义商业道德，是否注重了服务质量的提高。只要在这些方面不存在什么问题，一般说来，企业经济效益的提高都会同时产生良好的社会服务效益，有助于推动社会经济效益的提高。当然，也可以运用某些指标进行定量分析，如前面已经提到的商品销售税利率。对于整个商业部门来说，则应当注重定量分析。只要以商业部门所实现的社会商品纯销售额作为有用成果，然后运用前述有关指标进行比较分析，就可以对商业部门的经济效益作出一个方向性的大体估价。因为，商业部门整体的经济效益的大小，与商业部门的社会服务效益是一致的。商业部门的经济效益好，就意味着整个商业活动推动了社会经济效益水平的提高。

第十章

良好的营商环境是商业活动的重要保障

任何商业活动都是在不断变化的社会经济环境中进行的，这些社会经济环境既可以为商业企业带来市场机会，也可以为商业企业带来制度约束或经营制约。一直以来，良好的营商环境始终是商业活动的重要保障。党的十八届三中全会通过的《中共中央关于全面深化改革若干重大问题的决定》中指出要建设法治化的营商环境，党的十八届四中全会指出"要完善法治化、国际化、便利化的营商环境"。2019 年，中央经济工作会议强调："要依靠改革优化营商环境，深化简政放权、放管结合、优化服务。"营商环境也是一种生产力，优化营商环境就是解放生产力、提升竞争力。党的十九届五中全会提出，全面深化改革，构建高水平社会主义市场经济体制。落实这一重要要求，必须打造市场化、法治化、国际化营商环境，依托国内强大市场，使我国成为吸引全球优质要素资源的强大引力场，为实现高质量发展、构建新发展格局提供助力。《优化营商环境条例》由国务院于 2019 年 10 月 22 日发布，自 2020 年 1 月 1 日起施行，为不断解放和发展社会生产力，加快建设现代化经济体系，推动构建高水平市场体系、经济高质量发展发挥积极作用。

第一节 营商环境的内容与构成

营商环境的定义

营商环境一词来源于世界银行的全球"营商环境项目调查"，但有关营商环境的研究并不是始于世界银行，而是由来已久。已有关于市场环境的研究早已把关于今天营商环境的部分研究内容纳入其中。营商环境建设大体可以分为政府主导和企业需求导向两类。从政府主导的营商环境建设来看，营商环境是指企业等市场主体在市场经济活动中所涉及的政策法律法规的合集、体制机制的影响因素及其制度条件。理解起来，核心是政府与企业的关系，主要是政府部门如何为企业进入、设立、运营过程提供高度法治化、竞争化、国际化的经营环境，具体可以体现在市场准入、政务服务、市场主体保护和监管执法等方面，包括了影响企业进入、设立、运营过程中的一切法治化的制度安排。从企业需求导向的营商环境建设来看，营商环境还包括了企业公平竞争的市场环境、商品和要素自由流通的市场体系、完善的基础设施和商业配套体系、市场信用体系的建立及其完善、消费者信用体系的建立和良好的消费环境、企业诚信制度的建立，等等。因此，营商环境建设的相关措施不仅包括了政府主导的简政放权、法律法规体系建设和相关体制机制的建立，也包括了良好的市场竞争环境和秩序、相关行业协会的自治和企业诚信制度的建立，还包括了良好消费环境的建立等商业活动相联系的、影响商业活动的外部经济性或外部经济条件。

营商环境的理论基础

营商环境本质上是企业与外部环境之间的关系，已有研究主要从政府和企业两大角度展开研究。新制度经济学的有关理论和假说认为，营商环境是政府影响企业市场活动的制度因素总和。这类研究往往假定，过多的政府管制会导致资源错配，最优的制度供给是国家竞争力提高的重要因素，因此基于营商环境优化的制度创新和管制放松能够强化非人格化的、稳定公开透明的正式规范，提升政府运作效率，推动企业制度性交易成本的降低，促进市场竞争和资源合理配置。企业需求的外部性理论认为，营商环境是构成影响企业外部经济性的系统性外部约束条件，认为营商环境的优化应以企业需求为导向，完善涉及企业经营全过程的要素、制度、商业生态等因素或外部条件。

马克思政治经济学和新制度经济学从不同角度解释了这种制度变迁或创新，为政府为什么和怎么样优化营商环境提供了可能的理论支撑。

马克思指出，"人们在自己生活的社会生产中发生一定的、必然的、不以他们的意志为转移的关系，即同他们的物质生产力的一定发展阶段相适应的生产关系。这些生产关系的总和构成社会的经济结构，即有法律的和政治的上层建筑竖立其上并有一定的社会意识形态与之相适应的现实基础。物质生活的生产方式制约着整个社会生活、政治生活和精神生活的过程。不是人们的意识决定人们的存在，相反，是人们的社会存在决定人们的意识。社会的物质生产力发展到一定阶段，便同它们一直在其中运动的现存生产关系或财产关系（这只是生产关系的法律用语）发生矛盾。于是这些关系便由生产力的发展形式变成生产力的桎梏。随着经济基础的变更，全部庞大的上层建筑也或慢或快地发生变革。"① 马克思没有直接研究营商环境，但马克思关于生产力和生产关系的论述，随着生产力

---

① 《马克思恩格斯文集》第二卷，人民出版社 2009 年版，第 591~592 页。

的发展，必须调整不适合新生产力发展的生产关系以及保护这一原有生产关系的上层建筑，其实已经涵盖了营商环境的内容，并且将营商环境相关的制度变革的根本动力视为社会生产力的发展。因此，优化营商环境必然同时涉及经济、政治和法律制度等多结构因素全方位的适应性调整，旨在重塑适应新的市场经济发展的政府和市场关系。我国在营商环境塑造过程中多次使用了如下的语义表述，例如让市场在资源配置中起决定性作用、转变政府职能、加强法治化建设等。

在新制度经济学的已有研究中，营商环境被视为经济发展的制度性安排，优化营商环境被认为是制度变迁的某种体现。新制度经济学在"成本—收益"分析框架下，从理性人期望获取最大化潜在利益的核心假设出发，认为制度是潜在利益或经济增长的决定因素，现有制度安排由于有限理性、机会主义等引起的交易费用，无法达到潜在利益最大化的目的，当一项制度安排创新的潜在收益超出为此付出的成本时，制度变迁或创新就会发生，使显露在现存的制度安排外部的潜在利润内部化。也就是说，营商环境作为一种具有制度属性的公共品，政府自上而下优化营商环境的动力源于降低制度性交易成本，以便激发市场主体活力、获取经济收益和促进经济发展，所以在这个框架中可以说"营商环境就是生产力"。①

营商环境的主要构成

营商环境总体可以界定为企业等市场主体在市场经济活动中所涉及的政策、法律法规、体制机制等因素和影响企业活动的外部经济条件，具体构成包括要素环境、法治环境、政务环境、市场环境和创新环境等。

---

① 李克强. 在全国深化"放管服"改革优化营商环境电视电话会议上的讲话 [J]. 中国行政管理，2019（7）.

要素环境是商业活动营商环境的基础，如获得稳定的电力供应、人力资源和融资环境等具体的生产要素。要素环境是商业活动得以进行的外部条件，包括了用电、人工、融资环境等涉及具有普遍义务服务等公共品性质的相关要素供给环境。获得电力供应是从事商业活动和企业生存发展的基本要素之一，良好的要素环境需要持续的用电便利性、稳定性和费用透明度，这在保障企业生产力和提升经营收入方面发挥着更为突出的作用。人力资源作为影响企业经营的重要生产力要素之一，政府可以通过多种措施促进人力资源有序的社会性流动和合理配置，为企业提供灵活的用工环境。健全的融资环境关系到企业能否获得可持续发展的金融资源，我国中小微企业普遍存在融资难、融资贵的问题，可以通过健全多元化融资体系，完善获得信贷的法律法规和相关措施，降低综合融资成本。

法治环境是商业活动营商环境的制度性因素之一，具有增强制度约束性、减少政策不确定性和稳定市场主体预期的作用，包括了营商环境相关的法律法规或规章制度，公平公正的政府监管，以及依法保护各类市场主体的合法权益。我国营商环境的法治化建设是逐步推进的。目前来看，我国基本已经完善了营商环境法治化的顶层设计，形成了多层次的营商环境制度体系。法治环境制度体系的建立围绕第一部专门的行政法规《优化营商环境条例》为核心，有关部门及时修订、废止了对市场经济良好运行构成制度性障碍或不适应当期营商环境法治化发展需要的相关法律和规定，例如对《民法典》《外商投资法》等多部法律进行了修订，进行了商标注册、专利申请便利化等改革，各个地方分别制定了相应的优化营商环境的专门立法。除此以外，政府还进一步强化了规范行政执法和公平公正监管。自2015年8月以来，我国政府全面开展实施了"双随机、一公开"的市场监管，即在监管过程中随机抽取检查对象，随机选派执法检查人员，抽查情况及查处结果及时向社会公开。2018

年国务院机构改革设立市场监管总局，进一步推进了跨部门综合执法和联合机制。同时，对政府的市场监管方式方法进行了改革创新，推进了信用监管和"互联网＋监管"，基于企业信用评级进行差异化监管，采用互联网、大数据、云计算等手段创新监管模式和提升市场监管的效果。

政务环境重点关注了营商环境中的政府职能，良好的政务环境要求打造人民满意的服务型政府，创新政府的服务方式，提升政府服务效率，用以降低制度性交易成本。自 2015 年首次提出"放管服"（即营商环境）改革的概念以来，我国已经持续推进了"放管服"改革，大幅缩减了行政审批事项，运行了全国一体化在线政府服务平台，政务服务基本实现了"一站式"和"网上办理"，为企业经营发展和群众办事提供便利性的政务服务。同时，政府实施了大规模的减税降费，国家税务总局显示 2020 年新增减税降费超过2.5 万亿元。随着"放管服"改革的逐步推进和行政审批工作在线化、便利化推进，政务诚信建设可以成为政务环境建设的重点工作，为政策的有效落实提供制度保障。政务环境未来优化的相关措施可以进一步考虑放在提升政府的公信力和政策的可预期性方面。

市场环境主要是指商业活动营商环境中市场主体的公平准入、信用体系维护等关系企业经营活动的微观制度环境。从保障市场主体的公平准入来看，目前我国实行了全国统一的市场准入负面清单制度，缩减了企业开办经营的行政程序，降低了市场准入门槛，并进一步推行"证照分离"改革，改善"准入不准营"的情况，进一步降低企业开办时间。从强化社会信用体系建设来看，2019 年国务院办公厅《关于加快推进社会信用体系建设 构建以信用为基础的新型监管机制的指导意见》指出，"按照依法依规、改革创新、协同共治的基本原则，以加强信用监管为着力点，创新监管理念、监管制度和监管方式，建立健全贯穿市场主体全生命周期，衔接事前、事中、事后全监管环节的新型监管机制，不断提升监管能力和水平，进一步规范市场秩序，优化营商环境，推动高质量发展。"目前，我国的市场管理基本旨在建立信用承诺制度，全面建立市场主体信用记录，并推进信用分级分类监管，建立对失信联合惩戒对象进行认定的机制。

创新环境是商业活动营商环境中有关企业创新发展的相关制度保障。我国目前的经济发展阶段已经进入了发展的关键期，正在逐步向经济高质量发展阶段转变。对创新驱动发展的重视，一方面是创新环境本身具有重要性，良好的创新环境意味着企业具有市场活力，技术的不断创新意味着未来社会生产力能够得到持续的提升；另一方面，我国目前的经济发展动力正转变为更多地依靠人力资本质量和技术进步，只有良好的创新环境才能吸引和留住人才、推动技术发展和应用，但过往的政策更多侧重于研发创新的投入和产出，相对忽视了创新环境的营造和优化，存在知识产权保护不到位、创新人才和创新活力不足、缺乏长期导向的创新文化氛围等诸多痛点。外部环境中持续提升的不稳定不确定性因素迫切要求改善创新环境，要加强鼓励创新的制度建设，如进一步强化知识产权保护制度；政府创新支持政策除了关注创新费用优惠方面，还要强化落实创新驱动发展战略，注重创新生态体系的建设，推动产学研深度融合、创新活动与多层次金融资源的有效匹配以及增加创新人才的可获得性；营造创新友好的文化氛围，打造鼓励创新、容忍试错的文化环境，为培育创新性的企业家精神打造培育的沃土。

第二节 营商环境就是生产力

习近平总书记指出，让市场在所有能够发挥作用的领域都充分发挥作用，推动资源配置实现效益最大化和效率最大化，让企业和个人有更多活力和更大空间去发展经济、创造财富。① 2017 年，李克强总理在全国深化"放管服"改革电视电话会议上指出"营商环境就是生产力"。营商环境需要针对经济发展阶段、市场主体需求进行相应的制度性创新，优化营商环境可以降低商业企业经营活动中的制度性交易成本，关系到企业的生产经营效率和创新积极性，减少企业经营活动中的制度性交易成本有助于提升企业的经济效益，从而使得企业有更多的意愿去投资技术和创新，因此良好的营商环境就是社会生产力的重要体现，是激发市场活力和社会创造力的重要保障，对于构建新发展格局、推动经济高质量发展具有重要的现实意义。

营商环境对企业经营活动的影响

营商环境关系到企业经营的准入、设立、运营、退出的全生命周期，优化营商环境主要是解决企业经营活动全过程中的难点、痛点和堵点，影响企业的经营成本、经营效率和经营收益，培育更多市场主体并激发企业经营活力。从企业经营活动出发，营商环境具体优化的措施可以包括如下几点。

企业的市场准入退出和开办经营更便捷。通过实行市场准入负面清单和行政审批制度改革等措施，能够缩短证照获批周期、降低市场准入门槛和拓展企业经营投资的市场范围。通过商事制度改革和"证照分离"改革加强法治化保障等措施，如自 2022 年 3 月 1 日起施行的《中华人民共和国市场主体登记管理条例》，压缩了企业开办时间、增强了企业开办经营的便利性，便于新企业进入市场和生存发展，尤其是中小微企业。根据国家统计局的数据显示，我国市场主体总数由 2012 年的不足 0.6 亿户增加至 2020 年的 1.4 万

---

① 习近平在中共中央政治局第十五次集体学习时强调　正确发挥市场作用和政府作用　推动经济社会持续健康发展 [N]. 人民日报，2014 – 5 – 28.

亿户，其中个体工商户为 9800 万户，企业为 4600 万户。商事登记的企业有 90% 是中小微企业，这些企业的发展和活力关系到我国经济发展的"细微末节"，关系到稳就业和扩大内需。

降低企业运营成本。成本是企业获取经营利润的重要影响因素，一方面政府通过推进"增值税"改革、治理不合理政务收费等大规模减税降费措施，降低企业税费成本，大部分企业将节约的这些资金用来增收入、搞科研、稳就业。另一方面，通过完善水、电、气、通信的公共服务供应，完善企业融资的金融环境，创新信贷服务模式以增加企业尤其是中小企业融资的便利性和优惠性，降低企业要素获取成本，进而促进企业经营利润的提升。

维护企业经营的公平竞争，降低企业制度性交易成本和提升企业生产效率。采取政策公开透明和监管公平公正，对政府内部行政执法的规范性进行监督，打造良好的政商关系，消除企业寻租渠道，对不同所有制的市场主体一视同仁、平等对待，维护市场的公平有序竞争，以合理的方式降低企业的合规成本、以竞争有序的市场环境促进企业生产效率的提升和生产质量的提高。除了保障市场的有序竞争和良好经营环境以外，可以通过收入分配体制改革、劳动力和人才社会流动性的体制机制改革等一揽子需求侧管理的政策配套，结合供给侧结构性改革，激发内需潜力，做大企业营收的"蛋糕"。

营商环境对企业创新活动的影响

营商环境关系到企业创新意愿、创新能力、创新投入和产出，优化营商环境主要是通过完善创新环境来影响企业创新行为和创新投入，具体可以包括如下几点措施。

加强创新投入和产出的法治化建设，促进企业的创新意愿。通过进一步完善知识产权保护体系建设、加强知识产权侵权的执法力度等法治化手段，为企业提供稳定可预期的创新环境，减少企业面临的创新投入和获取创新产出收益的不确定性风险，促进企业研发投入、创新人才投入、市场创新投入等创新投入意愿和专利保护意愿。

创新政府对新兴行业的监管方式，如采取包容审慎或触发式监管等适应新经济发展的监管措施，保护企业新业态、新模式方面投入的积极性和创造力。随着数字技术与实体经济深度融合，新业态、新模式层出不穷，平衡数字经济创新和反垄断监管之间的关系，助力企业投入数字化应用场景的创新，保护企业进行技术创新的意愿。

完善资金要素市场，缓解企业创新创业活动的融资约束。资金是企业创新创业活动及其产出的重要决定因素之一，通过完善投资者保护的法律法规，建立多层次的、创新友好型的资本市场体系等措施，如科创板、北京证券交易所的设立，激励投资者增加风险投资投入，拓展企业创新创业活动的资金来源和规模，提升企业创新投入与资金匹配效率。

通过优化政务环境，降低制度性交易成本，提升企业创新投入产出水平和效率。通过"放管服"改革、减税降费等多种措施协同优化政务环境和创新行政制度，能够降低企业制度性交易成本，为企业创新节省资金，进而增加企业创新投入；同时也能减少创新项目的开展、实施和产出保护认证的制约性因素，节约非创新活动投入的时间，提升企业创新活动效率和创新产出。

国家层面通过构建创新驱动发展战略，加快国家创新体系的建设，如进一步推动产学研深度融合、发挥好市场和政府的相应作用，为企业加强核心技术研发赋能，提升企业自主创新能力，打破目前在国际市场上碰壁和卡脖子的难题，强化科技创新和产业链供应链韧性。

优化营商环境是激发市场活力和社会创造力的重要保障

激发市场活力和社会创造力本质上就要处理好政府与市场的关系，使市场在资源配置中起决定性作用，更好地发挥政府作用，具体表现为三个方面：市场主体数量动态增长，市场主体经营的外部不合理制约因素少或交易成本低，以及市场主体创新的外部激励高。营商环境作为影响市场主体经营和创新的系统性外部约束因素或条件，优化营商环境通过系统性破除企业经营或创新过程中不合理的外部约束因素，为企业获取经营、创新或投资收益营造稳定、公开、透明、可预期的制度环境，激发企业等市场主体更有活力和创造力地参与经济活动和创造财富、更有能力吸纳就业和推动技术进步。

优化营商环境为激发市场活力和社会创造力提供有力保障，主要体现为以下系统性关联的四个方面：一是通过重塑政府与市场的关系，转变政府与企业在营商环境中的角色定位和职能，推动政府向服务型、法治型、廉洁型、诚信型的治理角色转变，形成以企业营商办事需求为导向，这能够减少政府对市场直接的或不当的干预，为企业等市场主体放权赋能；二是通过坚持市场化、法治化、国际化原则①，保障市场主体的公平准入与退出、公平有序竞争，完善市场主体经营和创新的法治保障，对接国际通行经贸规则和积极对标国际先进水平，有助于培育壮大各类市场主体，加强企业参与国内外经济活动的活力和竞争力；三是通过以持续深化"放管服"改革为抓手，进一步做好简政放权的"减法"、做强监管的"加法"和优化服务的"乘法"②，进一步系统性完善企业营商办事

---

① 李克强．在全国深化"放管服"改革优化营商环境电视电话会议上的讲话 [J]．中国行政管理，2019（7）.

② 中国政府网．李克强在全国深化简政放权放管结合优化服务改革电视电话会议上发表重要讲话［EB/OL］．http://www.gov.cn/premier/2017-06/13/content_5202214.htm.

的要素环境、法治环境、市场环境、政务环境和创新环境，降低市场主体的制度性交易成本，强化市场主体的创新激励；四是通过推动"放管服"改革的区域协同，依托全国一体化在线政务服务平台促进政务服务的"跨省通办"，减少限制生产要素自由流动的非市场因素，为形成国内统一大市场提供协同的制度保障，适应企业日益频繁的跨区域经营活动。

良好的营商环境有助于推动经济高质量发展

优化营商环境就是发展生产力，最终目标是推动经济社会发展。随着我国经济已由高速增长阶段转向高质量发展阶段，迫切要求加快建设现代化经济体系，激发市场活力和社会创造力，这既要优化以供给侧结构改革为主线的经济结构和加快形成创新驱动发展的增长动力，更要推动经济体制机制创新，处理好政府与市场的关系。优化营商环境作为涉及市场主体经济活动的体制机制创新，是一个国家或地区综合竞争力的体现，对于建设现代化经济体系、促进经济高质量发展发挥着重要作用。

良好的营商环境可以激发微观市场主体活力。市场主体活力是市场活力和社会创造力的微观体现，也是经济高质量发展的内在动力，优化营商环境有助于破除微观市场主体经营过程中的不合理、不正当的外部性制约因素，降低市场主体的制度性交易成本和其他运营成本，提升市场主体的全要素生产率和经营收益，激励更多的市场主体参与市场竞争、开办经营和吸纳就业。

良好的营商环境是加快形成创新驱动的新发展动力。创新是引领发展的第一动力，企业发挥创新主体作用，优化营商环境通过完善影响企业创新活动的法治保障、政务服务、资金和人才要素、市场竞争与监管等外部环境，增强企业的创新意愿，激励企业持续进行创新投入和开展研发创新、技术创新、市场创新等创新活动，努力提升自主创新能力，由企业创新推动社会技术进步，为经济高质量发展提供创新驱动的新动能。

　　良好的营商环境可以进一步完善社会主义市场经济体制，为经济高质量发展提供制度保障。通过"放管服"改革来优化营商环境，有助于更有效地发挥市场机制的作用，促进市场统一开放、要素自由流动、竞争公平有序，也有助于创新和完善国家在经济高质量发展中的宏观调控的战略导向作用。

　　良好的营商环境有助于推动形成全面开放的新格局。全面开放的新格局是以国内大循环为主体、国内国际双循环相互促进的新发展格局的重要组成部分，也是经济高质量发展的重要条件，通过营造国际一流的营商环境，一方面能够更好地对接国际通行的经贸规则，推动国际贸易和投资的自由化和便利化，吸引更高水平的外资，加强国内外创新能力的开放合作；另一方面也以更高的规则标准促使我国企业更好地参与国际竞争和提高国际竞争力，以及提升我国在全球经济治理中的主动权和话语权。

第三节　营商环境评价及其建设

营商环境的评价指标

（一）世界银行营商环境的评价指标

　　世界银行发布的《营商环境报告》是全球较具有权威性的营商环境评价报告，其报告收集了相关数据对全球 190 个经济体中最大的商业城市的营商环境进行比较排名。世界银行营商环境评价指标体系的构建考虑了企业生命周期的全流程，包括创办、经营到破产的各个阶段，以最大商业城市的中小企业为研究对象，通过向中小企业、会计师事务所、律师事务所、建筑师事务所、报关公司等发放问卷企业问卷，收集各经济体营商环境的情况，并以对测评对象有约束力的相关法律法规或规范性文件作为调查辅助（见表 10 – 1）。世界银行的营商环境指标体系最初只包含 5 个一级指标，包括开办企业、员工聘用与解聘、执行合同、获得信贷和办理破产，20 个二级指标。发展至今，逐步完善到了 12 个一级指标和 49 个二级指标。

表 10 – 1　　　　　　　世界银行营商环境指标体系①

一级指标	二级指标
开办企业	开办企业程序、开办企业时间、开办企业成本、最低法定资本金
办理施工许可	手续、时间、成本、建筑质量控制
获得电力	手续、时间、成本、供电可靠性和电费透明度指数
登记财产	财产登记程序、时间、成本、财产转移的便利度、土地管理质量指数
获得信贷	合法权利力度指数、信用信息深度指数、信用登记范围、信用局覆盖率
保护少数股东	披露程度指数、董事责任程度指数、股东诉讼便利度指数、股东权利指数、利益冲突程度监管指数、公司透明度指数、所有权范围和控制权指数、股东治理程度指数、少数股东保护指数
纳税	缴税频率、税及派款总额、时间、报税后程序指标
跨境贸易	出口时间、出口成本、进口时间、进口成本
执行合同	时间、成本、司法程序质量指数
办理破产	回收率、时间、成本、是否持续经营、破产框架力度
劳动力市场监管	雇佣、工作时间、裁员规则、裁员成本
政府采购	建造学校、提供医疗服务、向公共设施提供信息技术服务以及公共交通系统服务团队人员的招募等

---

① World Bank Group. Doing Business 2020［R］. The World Bank, 2019.

（二）我国营商环境的评价指标

我国营商环境的评价指标有多种文献来源。第一种来源是国家发展改革委发布的《中国营商环境报告》，建立的中国营商环境评鉴指标体系包括了 18 个一级指标和 87 个二级指标。与世界银行的营商环境评价指标体系相比，中国评价指标体系的建立更符合中国国情。中国营商环境评价指标体系增加了对企政务服务等 6 个指标，包括了获得用水用气、招标投标、政务服务、知识产权保护和运用、市场监管、包容普惠创新。与世界银行评价指标体系相同的一级指标部分，中国营商环境评鉴指标体系在开办企业、办理建筑许可等六项指标的二级指标内容上作出了微小改变，比如获得电力指标下增加了二级指标电力价格，获得信贷指标下删除了二级指标信用局覆盖率，办理破产删除了结果评价指标。

第二种来源是国内学者提出的中国营商环境评价指标体系。例如，中国分省份市场化指数和中国城市营商环境评价指标体系。在世界银行的营商环境概念提出之前，学者就已提出了市场化指数概念，在研究中国营商环境的评价指标中具有权威性。该指数对中国 30 个省份（不含港澳台和西藏）从计划经济向市场经济过渡的体制改革进程进行了评价，包含了五个方面的评价指标：政府与市场的关系、非国有经济的发展、产品市场的发育程度、要素市场的发育程度、市场中介组织发育和法律制度环境（见表 10 - 2）。

表 10 – 2　　　　　　　中国分省份市场化指数构建体系①

方面	一级指标
政府与市场的关系	市场分配资源的比重
	减少政府对企业的干预
	缩小政府规模
非国有经济的发展	非国有经济在工业企业产品销售收入中所占比例
	非国有经济在全社会固定资产总投资中所占比例
	非国有经济就业人数占城镇总就业人数的比例
产品市场的发育程度	价格由市场决定的程度
	减少商品市场上的地方保护
	金融业的市场化（包括：金融业的市场竞争、信贷资金分配的市场化）
要素市场的发育程度	人力资本供应情况（包括：技术人员供应、管理人员供应、熟练工人供应）
	技术成果市场化
	市场中介组织的发育（包括：律师、注册会计师人数分别与当地人口的比例）
市场中介组织发育和法律制度环境	维护市场的法制环境
	知识产权保护

　　中国城市营商环境评价指标体系深入到了城市级，对 4 个直辖市、5 个计划单列市、27 个省会城市以及其他 254 个地级市的营商环境进行评价和分析。数据来自 EPS 全球统计/分析平台中的"中国城市数据库""中国城乡建设数据库"，该评价指标包含六个一

----

　　① 王小鲁，樊纲，余静文. 中国分省份市场化指数报告（2018）[M]. 北京：社会科学文献出版社，2018.

级指标：政府效率、人力资源、金融服务、公共服务、市场环境、创新环境，以及 17 个二级指标（见表 10 – 3）。

表 10 – 3　　　　　　中国城市营商环境评价指标体系①

一级指标	二级指标
政府效率	一般预算内支出
	政府服务效率
人力资源	平均工资水平
	高校在校人数
	年末单位从业人员数
金融服务	民间融资效率
	总体融资效率
创新环境	科学支出
	创新能力指数
公共服务	人均道路面积
	供水能力
	供气能力
	供电能力
	医疗卫生服务
市场环境	人均 GDP
	固定资产投资额
	当年实际使用外资金额

① 李志军. 中国城市营商环境评价［M］. 北京：中国发展出版社，2019.

政府主导的营商环境建设

良好的营商环境供给是一种特殊的公共产品，是政府加强公共治理的结果。目前，政府主导的营商环境建设可以尝试从以下几个方面进行探讨。

（一）政府决策的公开透明

2020 年的中央经济工作会议进一步强调了要"建立公平开放透明的市场规则和法治化营商环境"。政府决策的公开透明保障了行政权力的有效运行，市场主体可以了解并按照相关规则从事生产经营。营造公开透明的政务环境，需要持续推进政务服务信息的公开，可以创新政务公开的方式方法，采用信息化技术，通过线上线下等渠道公开政府服务事项、办事指南等信息，同时还要做到政府办事服务全过程的公开透明。在市场监管的行政执法中，可以按照"谁执法谁公示"的原则，坚持"双随机、一公开"，将行政执法职责、依据、程序、结果等向全社会公开。同时，可以采用数字化手段进一步规范政府信息制作、获取、公开等相关流程。

（二）政府与市场的合理边界

良好的营商环境建设需要明晰政府与市场的合理边界。自改革开放以来，我国经济从计划经济向市场经济转型过程中的多次实践就是一直在界定经济活动中政府与市场的合理边界。一方面，市场可以自发地进行调节；另一方面由于市场主体的有限理性，市场必然会存在着失灵，这要求政府需要发挥合意的作用。关于政府与市场合理边界的相关政策论述一直体现在我国多部政策文件决议之中。例如，2013 年，党的十八届三中全会中"使市场在资源配置中起决定性作用和更好发挥政府作用"的论述，党的十八大报告中关于"经济体制改革的核心问题是处理好政府和市场的关系，必须更加尊重市场规律，更好发挥政府作用"的论述，党的十九大报告中关于"着力构建市场机制有效、微观主体有活力、宏观调控有度的经济体制，是建设现代化经济的基本体制保障"的论述。这些都要求政府推进自身的职能转变，把政策重点放在良好的市场环境建设与激发市场主体活力上，处理好政府与市场的关系。

（三）法治化营商环境的建设

在立法层面，要建立健全相关法律法规，强化营商环境建设的法治保障。例如，2020 年 1 月开始实施的《优化营商环境条例》，就是采取法治化的办法把营商环境的改革成果固定下来的重要形式。地方政府可以通过制定地方性法规，对滞后于现实要求、与新产业新业态新模式发展相矛盾的有关规定，要加快修订更新。对与改革决策相冲突的行政法规、部门规章和有关规范性文件，要尽量修改或废除。在行政执法层面，要坚持依法行政，加大执法力度，营造公平公正的行政执法。建立以保障良好营商环境为主旨的公正严明的执法体系，按照执法部门执法程序严肃查处各种扰乱市场秩序的违法违规行为。加强社会信用体系，例如企业征信系统建设，建立健全失信惩戒制度，提高企业的违法成本。在具体的制度层面，要保证营商环境制度具有融贯性，建设可预期的法治化营商环境。俗话说"新官不理旧账"，政府负责人的变动会带来制度的不连续，不连续的制度不利于建立稳定的营商环境。同时，建设可预期的法治化营商环境，还能够有效提高政府的公信力。

企业需求导向的营商环境建设

与政府供给导向下营商环境建设互补，企业需求导向的营商环境建设是为了进一步优化商业经营活动的外部条件和外部环境。企业的经营活动不是作为一个孤立的个体运营，而是嵌入涉及社会经济文化等多种因素的外部环境中，涉及包含生产者、同行竞争者、消费者、甚至整体行业发展等在内的诸多主体相互关联的外部环境。具体来说，除制度环境外，企业嵌入的多维宏微观环境涵盖市场环境、基础设施及商业配套体系、消费环境等方面，这些环境的变化会影响包括制度性交易成本、要素获取成本、商业活动运营成本、配套性商业成本等在内的交易成本。因此，营商环境优化并不是简单地等同于通过降低制度交易成本建立高效的制度环境，还需要对企业所嵌入的多维宏微观环境进行综合优化，最终降低企业的综合交易成本，消除外部不经济，持续提升企业外部经济。

（一）公平竞争的市场环境

公平竞争的市场环境是保障市场有效运行的基本保障。公平竞争的市场环境建设需要关注并解决以下两类问题：一是我国目前依然存在以保护本地企业生存发展为由，通过行政政策和司法手段偏袒本地企业、限制外地企业竞争的情况，限制了相关市场经营者的有效竞争，损害了市场公平竞争的秩序；二是具有市场势力的垄断企业实施垄断行为，滥用市场支配地位，损害了中小企业的利益，破坏了市场的竞争秩序，这类问题不仅仅存在于传统的垄断行业，也存在于数字经济发展的互联网等新兴行业。为解决上述问题，2016 年国务院发布《关于在市场体系建设中建立公平竞争审查制度的意见》，要求建立公平竞争审查制度，以规范政府有关行为，防止出台排除、限制竞争的政策措施，逐步清理废除妨碍全国统一市场和公平竞争的规定和做法。同时，政府应当探索并完善新经济发展下的反垄断监管和产权保护制度，消除企业的不平等待遇，为中小企业建设公平竞争的市场环境，保障市场活力和有序竞争。

（二）商品和要素自由流通的全国统一市场

建设全国统一大市场是建设高水平社会主义市场经济体制，畅通国内大循环，提高市场配置资源要素效率，加快形成高效规范、公平竞争、充分开放的市场体系的内在要求。全国统一市场的建设要求实现商品和要素的充分市场化，由市场化运行机制来配置商品和要素，使其在全国范围内充分自由流通，从而消除价格和数量扭曲带来的不必要的成本。当前，我国建设全国统一市场的阻碍依然可见于商品流通过程中的高物流费用、过路费、过桥费等流通壁垒，还大量可见于生产要素领域，要素市场化程度远弱于商品，表现在土地要素、劳动力要素、资本要素、技术要素、数据要素等多个方面。例如，农村土地征用权、城市土地分配权、使用者选择权等，个别制度在管理和交易层面缺乏灵活性，限制了土地要素的使用效率；我国目前还没有正式建立按常住地登记户籍的制度，户籍与当地社会福利和公共资源挂钩，这天然地排斥了劳动力要素自由进入和退出市场，不利于劳动力要素的流动；我国技术要素出现制度性分割，表现为科技成果的所有权或长期使用权与处置权、收益权的分割，评价体系与知识产权保护制度也不够完善，不利于技术间的紧密联系与自由流动；数据要素市场正处于发展阶段，对数据要素的市场化配置缺乏完善的治理规则，还需要加强对数据要素市场的市场建设、监管和反垄断执法。[①] 此外，不同的生产要素具有不同的特点，构建商品和要素自由流通的统一市场需要进行分类讨论，确定针对商品和不同类别要素采用的相关政策措施或市场机制决定配置。建设全国统一大市场需要持续推动国内市场高效畅通和规模拓展，发挥市场促进竞争、深化分工等优势，努力形成供需互

---

① 刘志彪. 建设国内统一大市场影响因素与政策选择 [J]. 学术月刊, 2021, 53 (09): 49 – 56 + 84.

促、产销并进、畅通高效的国内大循环，扩大市场规模容量，不断培育发展强大国内市场，保持和增强对全球企业、资源的强大吸引力。需要进一步降低市场交易成本，加强和改进反垄断反不正当竞争执法司法，破除妨碍各种生产要素市场化配置和商品服务流通的体制机制障碍，降低制度性交易成本，促进现代流通体系建设，降低全社会流通成本。需要促进科技创新和产业升级，通过市场需求引导创新资源有效配置，促进创新要素有序流动和合理配置，完善促进自主创新成果市场化应用的体制机制，支撑科技创新和新兴产业发展。以国内大循环和统一大市场为支撑，有效利用全球要素和市场资源，使国内市场与国际市场更好联通。①

（三）完善的基础设施和商业配套体系

完善的基础设施和商业配套体系是商业活动的基本保障。商业基础设施建设包括具有公共品性质的冷库建设和商业物资用仓库等设施的建设。商业是联系生产与消费的纽带和桥梁。商业基础设施建设不能完全采用市场机制决定配置，特别是对于一些关系国计民生的重要农产品和工业品的存储需要进行有规划的国家筹建。对于鲜活农产品而言，由于其保鲜时间较短、对保鲜要求高的鲜活农产品也可以有规划的进行公用冷库建设，以帮助中小农户和中小商户解决商品的储存和转运问题。完善的基础设施建设可以涵盖到商业活动相关的通信、电、水、气等基础设施建设，这些往往具有公共品性质和普遍义务服务的特点。除此以外，随着数字经济的发展，商业配套体系的发展还有可能会随着某一平台型企业的发展演变成商业生态体系的配套。现代商业活动的良好运营，往往需要很好的融资体系、成熟的上游产业供应商、畅通的线上线下销售渠道、完

---

① 2022 年 3 月 25 日发布的《中共中央　国务院关于加快建设全国统一大市场的意见》。

善的产业链条服务与之配套，这超出了对原有基础设施和配套体系的理解，上升到了行业发展和产业配套的成熟商业体系建设的层面。

（四）消费者信用体系的建立和良好的消费环境

消费者信用体系是社会信用体系的重要组成部分，构建完善的消费者信用体系，营造诚信良好的消费环境，是政府建设高效制度环境的重要内容。国民消费能力与生产力发展水平密切相关，在生产决定消费的大前提下，消费者被动地接受生产者提供的商品。生产者的诚信存在局限性，消费者诚信也并不能单纯依靠个体内在的道德约束，更需要通过建立外部制度，即消费者信用体系来维持。也就是说，诚信良好的消费环境是国家强制性法律法规和社会个体伦理道德观念共同作用的结果。构建消费者信用体系、维护诚信良好的消费环境，可以通过加强全社会征信系统建设、增加消费环境的监督主体、培养消费者诚信意识等方式实现。

（五）企业诚信良好的营商环境

从企业社会责任的角度来看，企业既是商品的生产者或供给者，也是消费环境的创造者。商业企业信用建设是强化社会信用建设、打造诚信营商环境的重要组成部分。营造企业诚实守信、规范有序的营商环境，建立和完善企业信用体系是促进市场经济发展的客观要求，目前，我国企业信用体系尚不完善，企业违背承诺、弄虚作假的问题突出，应当建立健全相关法律法规，大力打击假冒伪劣产品以及坑蒙拐骗、偷税漏税等行为。企业家个人信用也是维护企业诚信良好的营商环境的重要一环，企业家应自觉遵纪守法，诚信经营，主动抵制制假售假、侵犯知识产权等违法行为。需要加强对企业的法律意识、诚信道德和社会责任的宣传教育和规范引导，能够帮助营造企业诚信良好的经营氛围。反过来，则需要提高消费者维权意识，加强企业社会责任问责，加大惩罚力度，提高企业违法的成本，也可以倒逼企业承担社会责任，营造诚信良好的营商环境。